Spanish Grammar Drills

Spanish Grammar Drills

SECOND EDITION

Rogelio Alonso Vallecillos

McGraw Hill

New York   Chicago   San Francisco   Lisbon   London   Madrid   Mexico City
Milan   New Delhi   San Juan   Seoul   Singapore   Sydney   Toronto

The **McGraw·Hill** Companies

Copyright © 2012 by The McGraw-Hill Companies, Inc. All rights reserved. Printed in the United
States of America. Except as permitted under the United States Copyright Act of 1976, no part
of this publication may be reproduced or distributed in any form or by any means, or stored in a
database or retrieval system, without the prior written permission of the publisher.

6 7 8 9 10 11 QVS/QVS 21 20 19 18 17

ISBN   978-0-07-178947-9
MHID   0-07-178947-2

e-ISBN 978-0-07-178948-6
e-MHID   0-07-178948-0

Library of Congress Control Number 2012931123

McGraw-Hill products are available at special quantity discounts to use as premiums and sales
promotions or for use in corporate training programs. To contact a representative, please e-mail
us at bulksales@mcgraw-hill.com.

This book is printed on acid-free paper.

Contents

Preface

If you've picked up this book, you know that to learn a language well—to read and write and to understand others and be understood yourself—at some point you just have to buckle down and deal with the grammar. *Spanish Grammar Drills* will enable you to take charge of the grammar that you need to know Spanish well by providing you with plenty of writing drills that will reinforce your knowledge and enhance your ability to speak, read, and write with finesse.

This book shows you how each grammatical structure functions with comprehensive descriptions and practical examples. The selection of varied exercises at the end of each chapter progresses from simple to more complex. The last exercise in each is always a translation task, which will help you produce well-constructed Spanish sentences.

The chapters are presented in an order that will help you organize your studies. They have been arranged so you will be able to make a logical progress toward developing more complex sentences. There are review units of the concepts encountered in the various chapters. The exercises in the reviews serve as an aid in determining which concepts you have learned well and which you might need to go over again. Answers to all the exercises are provided in the Answer Key. You will find Chapters 23 to 34 especially useful. They cover linking elements that are necessary for the construction of longer, more interesting sentences.

Once you've worked your way through *Spanish Grammar Drills*, not only will you find yourself confidently on your way to fluency, but this book will remain a unique resource any time you need to clarify or review essential grammatical concepts.

1

Ser Versus *Estar*

Ser is connected with *what the subject is*, *what the subject is like* (or *usually looks like*), and *who the subject is*. It is therefore used to designate, describe, and refer to characteristics that are part of or typical of (inherent to) the subject:

Eso es un reloj.	*That is a clock.*
Ella es enfermera.	*She is a nurse.*
Juan es alto, delgado y moreno.	*Juan is tall, slim, and dark.*
Somos los nuevos profesores.	*We are the new teachers.*

Ser is also used to say *when* or *where* something takes place:

La boda es mañana.	*The wedding is tomorrow.*

Estar refers to a situation or location:

Estamos en un lío.	*We are in trouble.*
Estamos en Nueva York.	*We are in New York.*
Eso está en Londres.	*That is in London.*

The verb *To be in* translates as **Estar**:

Marta no está.	*Marta isn't in.*

Estar is also used with adjectives that refer to characteristics that are presumably temporary, to refer to looks or aspect at the moment of speaking, and in the construction of progressive tenses with the gerund:

Ella está muy guapa.	*She looks very beautiful.*
Estoy muy nervioso.	*I am very nervous.*
Ella está preocupada.	*She is worried.*
Estamos estudiando.	*We are studying.*

Estar expresses a change in characteristics. *Ella es muy alta* states only that *She is very tall*. *Ella está muy alta* implies that *She has become very tall*. **Estar** refers to situation *at* or *around* the moment of speaking. *Soy soltero* (*I am unmarried*) is my general situation; *estoy soltero* is my situation now. **Casado** (*married*) takes **estar**.

Adjectives that end in *-ing* in English take **ser**, whereas those that end in *-ed* take **estar**:

Ella es aburrida.	She is boring.
Ella está aburrida.	She is bored.

Passives need **ser**, but past participles acting as adjectives take **estar**. Compare *La puerta fue abierta* (*The door was opened*) with *La puerta estaba abierta* (*The door was open*).

Adverbs take **estar**. Compare *Él está bien* (*He is fine*) with *Él es bueno* (*He is good*). "Being too old or not in good shape" for something and "being in the mood" for something are expressed by **estar**:

Yo ya no estoy para estos juegos.	*I'm no longer young enough for these games.*
No estoy para celebraciones.	*I'm not in the mood for celebrations.*

Exercise 1

Fill in the blanks with the correct form of **ser** or **estar**. Use the present tense. In some cases both verbs are possible.

1. La cocina _____ abajo.

2. La cocina _____ demasiado pequeña.

3. Mis padres no _____ divorciados.

4. Ella _____ interesada en el arte.

5. _____ mis cuñados.

6. Ellos _____ aquí mañana.

7. _____ las dos de la tarde.

8. _____ muy simpática.

9. Tu hijo _____ muy alto.

10. Yo _____ un hombre casado.

11. Los chicos _____ en esa clase.

12. _____ muy difícil hacer eso.

13. ¡Tú _____ loco!

14. Pedro _____ enamorado de ti.

15. Mis padres _____ comiendo.

16. ¿ _____ usted soltero?

17. Esto _____ para tu hermana.

18. El paciente _____ bastante bien.

19. Tus notas _____ excelentes.

20. ¡Qué tarde _____ !

Exercise 2

Match the items in the first column with the item in the second column.

1. Dos helicópteros   A. están jugando al fútbol.

2. No puedo salir, porque   B. está buscando a dos convictos.

3. Mis amigos   C. están sobrevolando la ciudad.

4. Los recién casados   D. está explicando la lección.

5. La policía   E. estoy enfermo.

6. Tom no sabe que su padre   F. es malo.

7. La fiesta de los González   G. está más guapa que nunca.

8. Marta   H. está con otra mujer.

9. El profesor   I. están de viaje de novios.

10. Fumar   J. es el sábado que viene.

Exercise 3

Find and correct any mistakes made with the verbs **ser** and **estar**.

1. Todos los chicos de mi clase están en clases particulares.

2. Son más de cincuenta alumnos los que vienen mañana.

3. Esta película está sencillamente asombrosa.

4. El examen de matemáticas está el jueves que viene.

5. Esta comida está muy buena, pero no es muy saludable.

6. La puerta es cerrada y yo no tengo llave.

7. Están seis dólares y cincuenta centavos, por favor.

8. ¿Cómo son los padres de Jane? ¿Son simpáticos?

9. Sé lo del accidente. ¿Cómo es tu hermano?

10. Mi tío Jorge está diabético, y mi tía Gertrudis es alcoholizada.

11. La casa que es junto a la mía está de un hombre de Los Ángeles.

12. La gente son muy mala.

13. La policía están intentando proteger al testigo.

14. Los libros de biología están en el segundo estante.

15. No entiendo este texto. Está escrito en alemán.

16. Está muy sano hacer ejercicio por las mañanas.

17. Las correcciones son listas para el lunes.

18. Los padres de Javier están ricos. Tienen doce casas.

19. Hoy soy libre de ocho a doce de la noche. Podemos salir un poco.

20. La Biblia dice que los hombres son libres.

Exercise 4

Fill in the blanks with the correct form of **ser** or **estar**. Use the present tense. Sometimes two answers are possible.

(1) _____ muy posible que Juan haya olvidado que su aniversario de boda
(2) _____ la semana que viene. Si (3) _____ así, ya (4)
_____ la cuarta vez que lo olvida. Su mujer (5) _____ muy
seria últimamente, y no (6) _____ para menos. Dice, y yo creo que (7)
_____ cierto, que su marido (8) _____ el hombre menos
romántico del mundo. Ella a veces le disculpa diciendo que tiene demasiado trabajo. (9)
_____ ausente todo el tiempo que (10) _____ en casa, y
cuando (11) _____ con los niños, no (12) _____ dispuesto
a jugar con ellos. Los que le conocemos sabemos que Juan (13) _____ en una
situación muy difícil. (14) _____ desempleado, porque le despidieron el mes
pasado, aunque su mujer piensa que (15) _____ en la oficina de siempre. (16)
_____ verdad que Juan no (17) _____ muy atento con su
mujer y nunca (18) _____ interesado en celebraciones, pero ahora todo (19)
_____ mucho peor. Con una familia que mantener, hipoteca, seguro médico y
un sinfín de otras cosas, Juan no (20) _____ precisamente para acordarse de
aniversarios y cenas.

Exercise 5

Translate the following sentences. Use **ser** or **estar** as appropriate.

1. My husband is at the office.

_____

2. María isn't working at the moment.

_____

3. My friends are very happy with the results.

_____

4. Tom's brother isn't married. He is single.

_____

5. What is your (*tú*) sister studying?

_____

6. Marta is very interested in history.

_____

7. Are you (*tú*) free tonight?

_____

8. Don't be nervous (to a woman). I'm here with you (*tú*).

_____

9. Mr. Fernández isn't in. He is at home.

_____

10. You (*tú*) look wonderful tonight (to a woman).

_____

11. All the lights are on.

_____

12. Are you (*ustedes*) here on holiday?

_____

13. How are your (*tú*) parents?

_____

14. Your (*tú*) father looks very young for his age.

_____

15. What is Andrea like?

_____

16. She is short, slim, and dark.

_____

17. She is very fat, but she is now eating less.

_____

18. These books are for Carmen.

_____

19. The school bus is no longer suitable for long journeys.

_____

20. What is this for? Is it for the new installation?

_____

21. I am not in the mood for parties.

_____

22. What color are the new drapes?

_____

23. How much is it?

_____

24. The meat is ten dollars and the melon is two dollars.

_____

25. It's the second of January.

_____

2

Present Simple Versus Present Continuous

The **present simple** refers to:

- actions that always happen or usually happen:

  Vivo con mis padres.   *I live with my parents.*
  Este río desemboca en el Atlántico.   *This river flows into the Atlantic Ocean.*

- future plans, intentions, and arrangements:

  Mañana no vengo.   *I'm not coming tomorrow.*

- predictions with a high degree of certainty:

  Mi equipo gana seguro.   *My team is going to win.*

- proposals and suggestions of the type *Shall I/we . . .* and *How/What about doing . . .*:

  ¿Comemos?   *Shall we eat?*
  ¿Qué tal si comemos?   *What about eating?*

- decisions made at the moment of speaking:

  De acuerdo. Yo voy.   *All right. I'll go.*

- actions that are taking place at the moment of speaking (present continuous in English):

  ¿Qué haces?   *What are you doing?*

The **present continuous** refers to:

- actions that are being done at or around the moment of speaking:

    Estoy dando clases de conducir.   *I'm taking driving lessons.*

- development and change:

    Los precios están subiendo.   *Prices are going up.*

- habitual actions or situations, but then the speaker mostly considers the action as temporary or recently started:

    Ahora estoy viviendo con mis padres. *I'm living with my parents now.*

The present continuous <u>cannot</u> be used to refer to future plans, intentions, or arrangements.
    The present simple of **ir a** is equivalent to the present of *to be* + *going to*:

    Voy a comprar una casa.   *I'm going to buy a house.*

The gerund of **ir** (*go*) and **venir** (*come*) can be used only when the focus is on the movement itself:

    Están yendo hacia el arrecife.   *They are going toward the reef.*

The gerund of stative verbs such as **gustar** (*like*), **odiar** (*hate*), **preferir** (*prefer*), and so on, is not that common (much as in English):

Eres muy descuidado.	*You are very careless.*
Estás siendo muy descuidado.	*You are being very careless.*
Tengo dos ordenadores.	*I have two computers.*
Estoy teniendo problemas con mi auto.	*I'm having problems with my car.*
Hueles a vino.	*You smell of wine.*
Estoy oliendo la comida.	*I'm smelling the meal.*
Esto sabe horrible.	*This tastes awful.*
Ella está probando la sopa.	*She is tasting the soup.*
Peso ochenta kilos.	*I weigh eighty kilos.*
Estoy pesando la carne.	*I'm weighing the meat.*

However, **gustar** and **costar** (*cost*) can be used in the progressive to mean *so far*:

Me está gustando la comida.   *I have liked the meal so far.*
Eso me está costando una fortuna.   *That has cost me a fortune so far.*

Note: In referring to what is being done at the moment of speaking, the present simple doesn't always sound natural, so the present continuous is preferred. In questions, on the other hand, the present simple can be used more freely:

¿Qué haces? = ¿Qué estás haciendo?   *What are you doing?*

Pleasure or irritation with **siempre** (*always*), **continuamente** (*continually*), and so on, are usually expressed by the present continuous. **Nunca** (*never*) prefers the present simple:

Siempre me estás molestando.   *You are always bothering me.*
Nunca me ayudas.   *You never help me.*

Exercise 6

Fill in the blanks with the verbs in parentheses. Use the present simple.

1. La madre de Elena _____ (*querer*) enviar a su hija a la Universidad.

2. Mis padres no _____ (*poder*) comprar esa casa en la costa.

3. Ella _____ (*decir*) que yo _____ (*deber*) estudiar más.

4. Mi cuñado _____ (*necesitar*) otro coche de inmediato.

5. ¿Por qué no _____ (*venir*) (tú) con nosotros?

6. Usted _____ (*tener*) que presentar otros documentos.

7. Estos documentos no _____ (*parecer*) estar en orden.

8. Mis vecinos _____ (*pensar*) construir una piscina en el jardín.

9. El hijo de Antonio siempre _____ (*suspender*) en matemáticas.

10. Mi mujer _____ (*opinar*) que yo _____ (*conducir*) muy mal.

11. Yo no _____ (*conocer*) a tus suegros.

12. Juan _____ (*volar*) a París todas las semanas.

13. Esta sopa _____ (*oler*) estupendamente.

14. Sara _____ (*ir*) a comprar el bolso del escaparate.

15. Ella siempre _____ (*leer*) un poco antes de dormir.

Exercise 7

Fill in the blanks with the present continuous of the verbs in parentheses.

1. Los Vázquez _____ (*cenar*) en este momento.

2. El pintor _____ (*pintar*) la cocina de mi casa.

3. ¿Qué (usted) _____ (*hacer*) con esas tijeras?

4. Los precios de los comestibles _____ (*subir*) constantemente.

5. (Nosotros) _____ (*tener*) unos días estupendos en el sur.

6. Las autoridades _____ (*intentar*) solucionar los problemas de esa fábrica.

7. Las tropas _____ (*ir*) hacia la frontera.

8. Carlos no _____ (*leer*) ningún libro en este momento.

9. Ese señor _____ (*dar*) de comer a las palomas.

10. _____ (*llover*) mucho estos últimos días.

11. El bebé _____ (*dormir*) en su habitación.

12. Tú _____ (*fumar*) demasiado últimamente.

13. Ahora mismo (nosotros) _____ (*sobrevolar*) los Alpes.

14. _____ (*caer*) gotas. _____ (*empezar*) a llover.

15. Este auto _____ (*hacer*) unos ruidos muy extraños.

Exercise 8

Fill in the blanks with the verbs in parentheses. Use the present simple or present continuous; sometimes both tenses are possible. Indicate also when **ir a** is possible or compulsory.

1. Esta noche nos _____ (*reunir*) con los jefes de mi marido.

2. ¿Qué _____ (*hacer*) (usted) este fin de semana?

3. El año que viene (yo) _____ (*estudiar*) en la universidad.

4. Siempre (tú) _____ (*dejar*) todas tus cosas por medio.

5. El reloj _____ (*dar*) las doce en este momento.

6. Ahora (yo) _____ (*cenar*) con mis padres. Llama más tarde.

7. ¿De qué _____ (*hablar*) este hombre?

8. Mañana (yo) _____ (*necesitar*) tu ayuda.

9. Mi equipo _____ (*ganar*) el campeonato.

10. Marta me _____ (*decir*) que (ella) _____ (*tener*) problemas con su jefe.

11. ¿Por qué (tú) _____ (*llorar*)?

12. Hola, Pedro. ¿Dónde (tú) _____ (*ir*)?

13. ¿Qué te _____ (*poner*) para ir a la boda?

14. Pablo _____ (*estudiar*) español el trimestre que viene.

15. Mi marido y yo _____ (*pintar*) la casa, así que no vengas hasta la semana que viene.

Exercise 9

Find and correct any mistakes.

1. Esta semana no voy a poder acompañarte.

2. Estoy yendo a comprar pan y fruta.

3. Nunca me estás echando una mano con mis deberes.

4. Juan está constantemente intentando conseguir una cita con Elena.

5. Jorge está el nuevo director de la empresa.

6. Estoy creyendo que ella viene esta noche.

7. Los policías están viniendo hacia acá.

8. Está haciendo viento.

9. Estoy pesando noventa kilos.

10. No me está gustando la novela.

11. ¿Por qué no te estás reuniendo con nosotros esta noche?

12. Estoy pensando que el verde es mejor.

13. Los estudios de mis hijos me están costando mucho dinero.

14. Ella está sentando al lado de Antonio.

15. Los invitados se están sentando en este momento.

Exercise 10

Translate the following sentences.

1. She is coming next week.

_____

2. What are you (*tú*) going to do with the old television?

_____

3. They are going to spend their vacation in Brazil.

_____

4. Tom never lends me his books.

_____

5. My parents are always telling me off.

_____

6. Miguel lives in a small village in the mountains.

_____

7. My wife is going to buy me a new tie.

_____

8. Are you (*tú*) having lunch with them tomorrow?

_____

9. They aren't working this weekend.

_____

10. The teacher is explaining the lesson.

_____

11. I don't like this house.

_____

12. How many guests are coming?

_____

13. How many people are living in that house?

_____

14. What are you (*tú*) eating?

_____

15. What time do the stores open?

_____

16. The film starts in ten minutes.

_____

17. I think that it is going to rain.

_____

18. Why don't you (*tú*) eat with us?

_____

19. It is windy at the moment.

_____

20. Rosa says that her boyfriend wants to marry her.

_____

21. He says that Martin is going to sell his car.

_____

22. I'm redecorating my apartment. You (*tú*) are going to like it.

_____

23. My neighbors are always arguing.

_____

24. They are going to be here all weekend.

_____

25. I want to be a doctor.

_____

26. She is going to have a baby.

_____

27. We are having some guests to dinner.

_____

28. I'm seeing them this afternoon.

_____

29. Nicolás is translating the letter for me.

_____

30. I'm going to put on my gray suit.

_____

3

Articles

Spanish uses definite articles when talking in general terms and with sports, games, days of the week, and so on:

Odio el pescado.	*I hate fish.*
Las mujeres son más eficientes.	*Women are more efficient.*
Practico el tennis.	*I practice tennis.*
Me encantan las matemáticas.	*I love math.*
Ella viene los lunes.	*She comes on Mondays.*

Definite articles are not usual with proper nouns, but certain geographical names take them. Place and building names need definite articles when a common noun is part of the whole name:

Las Islas Canarias	*The Canary Islands*
Los Alpes	*The Alps*
El hotel Hilton	*The Hilton Hotel*
La calle Cervantes	*Cervantes Street*

Adjectives used in place of nouns are preceded by the definite article, which must agree in gender and number with the noun omitted:

Dame la verde.	*Give me the green one.*
Los grandes están en ese estante.	*The big ones are on that shelf.*
Los ricos deberían pagar más.	*The rich should pay more.*

Lo + **adjective** translates *the* + adjective + *thing* or *what is* + adjective:

Lo realmente interesante es...	*What is really interesting is . . .*
lo malo	*the bad thing*

The indefinite article is not needed when referring to professions or occupations, unless the sentence is followed by a **que** clause:

Soy profesor.	*I'm a teacher.*
Ella es secretaria.	*She is a secretary.*
Juan es <u>un</u> médico <u>que</u> trabaja...	*Juan is a doctor who works . . .*

Verbs such as **tener** (*have*) and **haber** (*there is/are*, etc.) do not take the indefinite article, unless the speaker is thinking of numbers. *No tengo libro* means that *I don't have <u>the</u> usual book in that class.* *No tengo un libro* can mean that *I don't have <u>one</u> book or that I don't have <u>any books</u> at all.*

Unos and **unas** (*some*) are usually omitted in plural sentences, unless the speaker wants to stress that it is a small quantity or needs to specify to whom or what the sentence refers. *Hay chicos en la calle* (= *Hay unos chicos en la calle*) means that *There are some boys in the street*, but *Hay unos chicos que quieren verte* (*There are some boys who want to see you*) refers to "those boys specifically."

With ciphers, **unos** and **unas** mean *approximately*:

Había unas mil personas.	*There were about one thousand people.*

With uncountable nouns, indefinite articles are not usual, unless *the sort* or *the kind* is meant. *Un aceite* means *A type of oil.*

Singular feminine nouns beginning with a stressed **a** or a stressed **ha** (the letter *h* is mute) take a masculine article, whether definite or indefinite. Compare *un arma (a weapon)* with *unas armas (some weapons).*

Other uses of definite and indefinite articles are very similar to English.

Exercise 11

Fill in the blanks with the appropriate definite article.

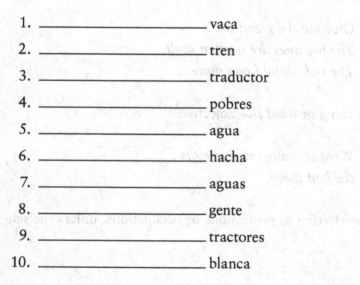

1. _____ vaca
2. _____ tren
3. _____ traductor
4. _____ pobres
5. _____ agua
6. _____ hacha
7. _____ aguas
8. _____ gente
9. _____ tractores
10. _____ blanca

11. _____ árbol

12. _____ azúcar

13. _____ televisión

14. _____ radio

15. _____ moto

16. _____ malos

Exercise 12

Fill in the blanks with the appropriate definite article where necessary.

1. Me encantan _____ uvas.

2. Ellos quieren pasar _____ verano en _____ montañas.

3. Rosa tiene _____ auto en el taller.

4. Raúl dice que su padre no tiene _____ auto, porque no sabe conducir.

5. ¿Qué vas a hacer con _____ roja?

6. Ese hombre estuvo en _____ guerra.

7. ¿A qué hora tienes _____ inglés?

8. ¿A qué hora tienes _____ examen de inglés?

9. Yo creo que _____ ingleses son muy simpáticos.

10. La vecina de Tomás es _____ americana.

11. Me gustaría volver a ver a _____ americana que conocí anoche.

12. Mi mujer dice que _____ hombres somos muy torpes.

13. Vamos a tener un bebé. Es _____ niña.

14. Prefiero _____ vino a _____ cerveza.

15. Quiero visitar _____ Alemania.

16. Voy a escalar en _____ Apalaches.

17. Quiero reservar habitación para _____ próximo jueves.

18. Creo que no debes venir en _____ agosto.

19. Nunca me he alojado en _____ Palace.

20. ¿Qué sueles hacer _____ fines de semana?

Exercise 13

Fill in the blanks with the appropriate indefinite article where necessary.

1. Jorge dice que le encanta ser _____ maestro.

2. Necesito hablar con _____ sacerdote.

3. No tengo _____ auto. Prefiero caminar a todas partes.

4. Voy a cenar con _____ amigos que han venido a verme.

5. Tengo _____ libros sobre la industria en América.

6. Quiero _____ copa de vino.

7. Siempre me tomo _____ zumo en el desayuno.

8. Hay _____ señal en la puerta.

9. Esta noche no me apetece llevar _____ corbata.

10. Me he comprado _____ zapatos muy bonitos.

11. He comprado _____ zapatos y _____ falda.

12. Ella llevaba _____ chaqueta y _____ sombrero.

13. Aún queda _____ carne de ayer.

14. Camarero, deme _____ tinto, por favor.

15. Este auto usa _____ gasolina especial.

16. A Luisa la atacaron _____ hombres que llevaban _____ máscara.

17. Fernando se quiere casar, pero aún no tiene _____ piso.

18. Préstame _____ dólares para echar gasolina.

19. Voy a tener que llamar a _____ fontanero.

20. Tienes que comprar _____ chocolate y _____ dulces.

Exercise 14

Fill in the blanks with the appropriate definite or indefinite article where necessary.

1. Sabes muy bien que _____ tabaco es malo para _____ salud.

2. Si sigues conduciendo así, _____ día tendrás _____ accidente.

3. Todo ocurrió _____ oscuro día de _____ diciembre. Al amanecer, _____ extraño llamó a _____ puerta. Me sorprendió ver que _____ extraño llevaba _____ sombrilla abierta.

4. Amparo estaba regando _____ macetas. Sin querer, le dio _____ codazo a una y la dejó caer a _____ calle. En ese momento, _____ hombre que pasaba se llevó _____ susto de su vida.

5. Hubo _____ grave accidente en _____ carretera nacional 340.

6. Tengo _____ impresión de que Antonio no va a estar presente en _____ cumpleaños.

7. Estoy buscando _____ champú para combatir _____ caspa.

8. Yo pediré _____ ensalada y _____ filete de ternera. Espero que _____ filete esté bien hecho.

9. Estoy seguro de que _____ hombre pisará algún día _____ planeta Marte.

10. Parece que _____ personas cercanas a _____ cantante aseguran que ésta se está recuperando satisfactoriamente de _____ enfermedad que la aquejaba _____ semana pasada.

11. Hay _____ pozo en _____ patio central. Yo he visto _____ pozo y te puedo asegurar que _____ profundidad es enorme.

12. Yo creo que _____ pantanos que tenemos en _____ sur de España no son suficientes para combatir _____ sequía. Es posible que _____ año _____ gobierno tenga que imponer _____ restricciones muy serias.

13. Ana dijo que no pudo terminar _____ informe semanal, porque _____ impresora estaba averiada.

14. Me encanta _____ física, pero mucho me temo que no soy bueno en _____ matemáticas.

15. Mi padre me ha quitado _____ paga semanal porque he suspendido

_____ geografía y _____ religión. Él dice que se podría

imaginar que yo tuviera problemas con _____ química o con

_____ matemáticas, pero no con _____ asignaturas

tan fáciles.

16. Me han puesto _____ nota muy mala en _____

examen final.

17. Yo creo que _____ religión es muy importante en

_____ vida.

18. Mi profesor de _____ música me dijo que yo necesitaba

_____ piano para practicar

más, así que fui a _____ tienda y compré uno que tenía

_____ precio muy bueno. En

realidad se trataba de _____ piano que había pertenecido a

_____ grupo musical.

19. A veces me pregunto por qué _____ humanos hacen

_____ tonterías que hacen.

20. Sería _____ logro si pudiéramos pagar _____

hipoteca en dos años.

Exercise 15

Translate the following sentences.

1. Men are usually taller than women.

_____

2. We are going to have a storm.

_____

3. Ana needs the tools that you (*tú*) have at home.

_____

4. We are going to have some problems.

_____

5. Are you (*tú*) good at biology?

_____

6. We are having very bad weather at the moment.

_____

7. There is some milk, but there isn't any bread.

_____

8. I can see the water from here.

_____

9. She keeps her husband's weapon in a box in the loft.

_____

10. Felipe's brother is not going to be at the office tomorrow.

_____

11. I always failed math at school.

_____

12. She is going to stay at the Tattom (hotel).

_____

13. My son studies at Fabiola (school).

_____

14. My children are playing with some kids in the street.

_____

15. I have about fifty dollars.

_____

16. Waiter, please can you (*usted*) give me some orange juice?

_____

17. She hates spiders, but she adores snakes.

_____

18. Joan never eats meat; she is a vegetarian.

_____

19. My son wants to be a pilot.

_____

20. I always have chemistry at ten o'clock.

_____

21. I hate chemistry. It is a very difficult subject.

_____

22. English grammar is not so difficult.

_____

23. I think that the Spanish are very nice people.

_____

24. My father never wears a tie.

_____

25. I need to buy some jeans and a jacket.

_____

26. There are some empty glasses on the table.

_____

27. Some people want to talk with your father.

_____

28. This car needs a special type of fuel.

_____

29. They intend to visit some places on the Atlantic Ocean.

_____

30. Life is very expensive in big cities.

_____

31. Cars produce more pollution than planes.

_____

32. Children are growing all the time.

_____

33. I prefer horror films.

_____

34. The blue one (*camisa*) is in the bedroom.

_____

35. I'm going to buy the white one (*vestido*).

_____

36. He is a plumber who works on Saturdays.

_____

37. The bad thing is that she doesn't know the truth.

_____

38. My favorite color is red.

_____

39. She doesn't have a motorbike.

_____

40. She has a boyfriend who studies Chinese.

_____

4

Object Pronouns

In Spanish the object pronouns are **me, te, le/lo/la, nos, os,** and **les/los/las.** When preceded by prepositions, the singular object pronouns become **mí, ti, él/ella.** With the preposition **con** (*with*), **mí** becomes **conmigo** (*with me*) and **ti** becomes **contigo** (*with you*). Don't forget that the formal **usted** and **ustedes** always take the third person:

Ella nos quiere decir algo.	*She wants to tell us something.*
Esto es para usted, no para él.	*This is for you, not for him.*
Marta quiere hablar contigo.	*Marta wants to talk with you.*

Object pronouns are placed before the first verb of a verb sequence, but object pronouns also can be placed after and attached to a gerund or infinitive:

Me están ayudando./Están ayudándome.	*They are helping me.*
Él no nos quiere ver./Él no quiere vernos.	*He doesn't want to see us.*

Third-person object pronouns used with transitive verbs (i.e., verbs with a direct object) become **le** or **lo** (to refer to people in the masculine singular), **la** (to refer to feminine singular nouns in general), and **lo** (to refer to masculine singular nouns of animals and things). In the plural, the same convention applies to **les/los** and **las:**

Las puedo ver.	*I can see them (girls).*
No lo puedo coger.	*I can't pick it up (book).*
No le/lo puedo ver.	*I can't see him (boy).*

Lo refers to actions—for instance, in the sentence *No lo quiero hacer,* **lo** can refer to an action such as painting the fence.

A + subject pronoun (in the function of direct object) can be added for emphasis or clarification without leaving out the object pronoun:

No la voy a invitar a ella./A ella no la voy a invitar.	*I'm not going to invite her.*

A + proper noun/common noun (as a direct object) causes the object pronoun to be left out, unless the **a...** phrase is placed at the beginning of the sentence:

No puedo ver a Antonio./A Antonio no le/lo puedo ver.	*I can't see Antonio.*
Voy a llamar a tu hermana esta tarde./A tu hermana <u>la</u> voy a llamar esta tarde.	*I'm going to phone your sister this afternoon.*

With intransitive verbs, the only third-person object pronouns that can be used are **le** and **les**:

Le he dado las llaves.	*I have given him/her the keys.*
Les he dado comida.	*I have given them food.*

Third-person indirect object pronouns must not be omitted:

Le voy a dar a tu hermana este libro./Le voy a dar este libro a tu hermana.	*I'm going to give this book to your sister.*
Les voy a decir a mis padres que no voy al colegio mañana.	*I'm going to tell my parents that I'm not going to school tomorrow.*

The **a...** phrase is usually placed at the beginning of the sentence when the speaker intends to mention a specific person:

A tu hermano le voy a comprar un reloj.	*I'm going to buy your brother a watch.*
A tu hermana la voy a llevar a Londres.	*I'm going to take your sister to London.*

In emphatic constructions, it is usual to use **a mí** with **me**, **a ti** with **te**, **a él/a ella/a usted** with **le**, and so on:

A ti te voy a llevar al parque.	*I'm going to take you to the park.*
A él le he dicho que no es posible.	*I have told him that it is not possible.*

In sentences that contain both direct and indirect objects, the pronoun **se** always acts as the indirect object when the direct object is represented by a pronoun. In such cases, **le** and **les** are never possible. Instead of saying *Yo (a ella) le estoy dando el dinero (I'm giving her the money)*, you can omit **dinero** (which is masculine) and say *Yo se lo estoy dando (I'm giving it to her)*. As **se** doesn't clarify who is meant, it is usual to add *a ella, a él, a Antonio*, and so on, in these cases.

Exercise 16

Fill in the blanks with the appropriate object pronoun. Where necessary, the subject is provided in parentheses.

1. Mi jefe no _____ (*yo*) quiere subir el sueldo.

2. Mis padres no _____ quieren comprar la bici a mi hermana.

3. _____ (*nosotros*) van a llevar a un famoso parque de atracciones.

4. _____ (*ellos*) voy a dar una sorpresa muy desagradable.

5. A tu perro no _____ podemos llevar en el auto.

6. El profesor _____ (*ella*) ha dicho que _____ (*ejercicios*) tiene que hacer pronto.

7. A usted _____ (*hombre*) tenemos que dejar en esta sala.

8. He preguntado por el auto y _____ (*yo*) han dicho que _____ (*auto*) están revisando.

9. Ella dice que no puede vivir sin _____ (*tú*).

10. _____ he enviado una carta de protesta a esa empresa.

11. Ya _____ he dado de comer al ganado.

12. Necesito hablar con _____ (*usted*) sobre este asunto.

13. Lo voy a hacer por _____ (*ella*), no por _____ (*yo*).

14. _____ he dicho a ustedes que aquí no pueden aparcar.

15. _____ (*vosotros*) voy a enseñar lo que _____ he comprado a mi novia.

Exercise 17

Find and correct any mistakes.

1. Lo siento, señora; no la puedo decir dónde está mi jefe.

2. Sara no quiere ir con mí a la fiesta de graduación.

3. A ustedes las voy a traer unas bebidas deliciosas.

4. No le quiero llamar a Jorge.

5. A Jorge no lo quiero llamar.

6. Me han dado la llave del apartamento que ella comparte con les.

7. Está claro, señora, que a usted la han engañado.

8. Buenos días, Doña Ana, ¿le puedo ayudar en algo?

9. A Carlos le multaron el otro día por ir a más de cien millas por la ciudad.

10. Están reparándomelo.

11. Los tendrás que decir que no pueden venir esta noche.

12. Se la (*mi bicicleta*) voy a prestar a mi hermano.

13. ¡Me van a despedir a mí, no a ti!

14. ¿Cuándo van a traer a ti el ordenador?

15. Van a dar a mí cincuenta dólares para el fin de semana.

Exercise 18

Underline the correct option.

1. A Juan *le / lo* van a dar un premio.

2. Es posible que a ustedes *los / les* interese la segunda opción.

3. Todos esos regalos van a ser para *ti / te*.

4. El señor Alférez quiere hablar con *usted / le*.

5. A tu perro *lo / le* tienes que cuidar como si fuera una persona.

6. A Carlos no *le / –* voy a decir lo que ha pasado.

7. *Le / La* tienes que dar de comer a la gata.

8. Ana *le / –* va a decir a Juan que su relación ha terminado.

9. A mis amigas no *las / les* quiero contar esto.

10. Luisa está *mirando nos / mirándonos*.

11. *Les / Los* advierto de que eso no es posible.

12. Carlos quiere *dar / darme* a mí su ordenador.

13. ¿Puedes *prestar / prestarle* dinero a tu hermano?

14. A Antonio *le / lo* quedan más de cien dólares.

15. ¿*Lo / –* vas a vacunar a tu perro?

Exercise 19

Substitute a pronoun for the direct object, as in the examples.

Examples: Yo le doy el libro a Luis.
Yo se lo doy a Luis.

Voy a comprar la casa para mi mujer.
Se la voy a comprar a mi mujer.

1. Tengo que prestarle a Juan mi ordenador.

_____

2. Ella no me quiere dar la raqueta.

_____

3. Te voy a enseñar mi jardín.

_____

4. Os voy a traer unos bocadillos.

_____

5. Marta no me quiere enviar los documentos.

_____

6. Yo a usted no le pienso decir lo que pasó.

_____

7. No quiero dejarte mi auto para esta noche.

_____

8. Los amigos de Tony no nos van a mostrar sus trucos.

_____

9. María no sabe contarme el chiste.

_____

10. Tienes que comunicarnos todo lo que sabes.

_____

11. El profesor les va a perdonar los errores.

_____

12. Juan le quiere comprar a su hijo una moto.

_____

13. Yo le estoy reparando la calefacción a mi vecina.

_____

14. Esos albañiles les están construyendo la casa.

_____

15. ¿Cuándo te repararon la máquina por última vez?

_____

Exercise 20

Translate the following sentences.

1. I'm going to give you (a group of friends) Tom's address.

_____

2. I have to tell him that this is for her, not for him.

_____

3. She is going to take Felipe to the movies.

_____

4. We can't tell Mary that Andrés is here.

_____

5. ¿What can I do for you (*usted*)?

_____

6. My father wants to send me to that school.

_____

7. She always brings us candy.

_____

8. I don't want to see you (*ustedes*) here.

_____

9. Can I help you (*tú*)?

_____

10. Do you (*tú*) have an appointment with him?

_____

11. Why don't you (*tú*) send them (*amigas*) a postcard?

_____

12. I prefer to phone them (*amigas*).

_____

13. I think that I have them (*libros*) in my room.

_____

14. Can you (*tú*) see it (*auto*)?

_____

15. You (*tú*) have to repair it (*televisión*).

_____

16. I'm not going to tell Philip that I buy it (*fruta*) in another store.

_____

17. She doesn't want to help us.

_____

18. Carlos can't be working with them (fem.).

_____

19. She can't explain it (*accidente*).

_____

20. Roberto has to tell the teacher that it is his fault.

_____

21. I am telling you (*usted*) that we can't help you (*hombre*).

_____

22. You (*tú*) have to give this to your brother.

_____

23. She can't lend Juan the money.

_____

24. She doesn't want to show us her house.

_____

25. What time are you (*vosotros*) going to be with them (*ellos*)?

_____

26. We are watching it (*película*).

_____

27. Mr. Barros is going to hire Tomás. (Begin with *A Tomás...*).

_____

28. Can you (*tú*) pass me the potatoes, please?

_____

29. Are all these presents for me?

_____

30. Yes, they are all for you (*tú*).

_____

31. I'm sending it (*libro*) to them.

_____

32. I'm going to bring them (*niños*) to you (*usted*).

_____

33. She doesn't want to tell it (*combinación*) to us.

_____

34. She is writing it (*tarjeta postal*) to them.

_____

35. Juan can't show them (*documentos*) to us.

_____

5

Reflexive Verbs

A great many Spanish verbs need the reflexive pronouns **me, te, se, nos,** and **os** whenever the action refers to the subject:

No me quiero sentar.	*I don't want to sit down.*
Paco se está afeitando.	*Paco is shaving.*

With the verbs **ir** and **venir,** the use of the reflexive pronoun depends on whether or not the action is definitive. *Voy a mi casa (I'm going to my house)* expresses only a movement or an intention, but *Me voy a mi casa* implies that I will stay there.

With verbs like **comer** and **beber,** reflexive pronouns indicate completion of the action. *Ella bebió leche (She drank milk)* expresses what she drank; *ella se bebió la leche* indicates that the entire action was completed (*She drank up her milk*). Note the need for the article in these cases.

Reflexive pronouns also indicate for whom (or whose) the mentioned object is intended:

Me voy a comprar un auto.	*I'm going to buy a car (for myself).*
Me estoy lavando el pelo.	*I'm washing my hair.*

Use of the reflexive will change the meaning of many verbs:

No quiero poner esto allí.	*I don't want to put this there.* <u>but</u>
No me quiero poner una corbata.	*I don't want to put on a tie.*
Lo siento.	*I'm sorry.* <u>but</u>
Me siento bien.	*I'm feeling fine.*

If object pronouns are used with a gerund or an infinitive, the order is **verb + reflexive pronoun + object pronoun** when the speaker chooses to attach them to the verb, and **reflexive pronoun + object pronoun + verb** sequence when the speaker chooses to place them before the verb:

Ella está comiéndoselo.	*She is eating it up.*
Ella se la está bebiendo.	*She is drinking it up.*

Most English combinations with *get + adjective/past participle* are reflexive in Spanish:

Ella se va a casar.	*She is going to get married.*
Me estoy poniendo nervioso.	*I'm getting nervous.*
El paciente se está debilitando.	*The patient is getting weak.*

Verbs that express feelings about something (liking, disliking, terror, etc.) are not conjugated by subject pronouns, but by **a mí me, a ti te, a él/ella/usted le** (never **lo** or **la**), **a nosotros nos, a vosotros os,** and **a ellos/ellas/ustedes les** (never **los** or **las**) followed by the third-person form of the verb (singular or plural) depending on the number of the object talked about. The **a...** phrase can be left out when the context is clear enough and when the speaker doesn't want to be emphatic:

Me gusta esta ciudad.	*I like this town.*
A ella le encanta su trabajo.	*She loves her job.*
A Juan le aterran las arañas.	*Juan is terrified by spiders.*

These verbs are conjugated normally when used with a noun or subject pronoun:

Yo no le gusto a ella.	*She doesn't like me.*
Elena no le gusta a Antonio.	*Antonio doesn't like Elena.*

In both types of conjugation, the **a...** phrase can be used in different positions in a sentence (*Yo no le gusto a tu madre, Yo a tu madre no le gusto, A tu madre yo no le gusto*).

Reflexive pronouns can also indicate reciprocal actions or states (*each other/one another*):

Ellos se odian.	*They hate each other.*
Nosotros nos amamos.	*We love each other.*

Exercise 21

Fill in the blanks with the appropriate reflexive pronoun. In some cases, object pronouns are necessary.

1. Carla _____ está lavando el pelo en el cuarto de baño.

2. Mi novio y yo _____ lo estamos pasando muy bien en Florida.

3. Nunca _____ divierto con esas cosas.

4. Sabes que _____ tienes que acostar a las diez.

5. ¿Por qué no _____ pones el vestido azul?

6. Creo que _____ vais a arrepentir de esto.

7. ¿Cómo _____ siente usted?

8. ¿Dónde _____ vais a alojar?

9. A Luis no _____ gustan los tomates.

10. ¿Qué día _____ marchan ustedes a Nueva York?

11. ¿_____ quieres estar quieto?

12. Paco _____ fuma más de cien cigarrillos al día.

13. Ella y yo _____ enviamos postales por Navidad.

14. Esa moto _____ parece un poco cara a mi padre.

15. _____ debéis llevar bien. Sois hermanos.

Exercise 22

Find and correct any mistakes.

1. A Juanita la gusta viajar mucho.

2. A mí me parece que esto es muy peligroso.

3. Los vecinos van a mudar a otra casa.

4. Juan se parece mucho a su madre.

5. Mi padre se quiere comprar una moto de agua.

6. Mi padre quiere comprar un ordenador nuevo.

7. Los niños están se comiendo la comida.

8. Ahí va un taxi. Llamemos.

9. Rafael está cepillando sus dientes.

10. Necesito hablar contigo. Podemos reunir a las diez.

11. Espero que diviertas mucho en la feria.

12. Últimamente no siento bien. Duele el estómago.

13. ¿Queréis sentaros?

14. Cómetelo todo y vete a la cama.

15. Yo nunca pongo nervioso cuando ella se entra.

16. El camino estrecha cada vez más.

17. Me está dando hambre.

18. Me está entrando sed.

19. A ella no se apetece venir con nosotros.

20. Los chicos están pasándoselo muy bien.

Exercise 23

Underline the correct option.

1. Ella dice que no debemos *arriesgar / arriesgarnos* a perder nuestro dinero.

2. Ella dice que no debemos *arriesgar / arriesgarnos* nuestro dinero.

3. Simplemente *niego / me niego* a participar en eso.

4. Los chicos dicen que *se aburren / aburren* con estas películas.

5. Marta *entró / se entró* y *sentó / se sentó* cerca de la ventana.

6. El gato *metió / se metió* en la caja.

7. Como estaba lloviendo mucho, decidimos *quedarnos / quedar* en casa.

8. No juguéis con eso, porque podéis *lastimar / lastimaros*.

9. Si *le / se* parece bien, podemos discutirlo aquí.

10. A mi mujer no *le / se* apetece viajar al extranjero este año.

11. ¿Qué *te / –* parece si *nos / –* vamos de aquí?

12. Eso *os / –* está bien merecido por no hacerme caso.

13. La hija de Antonio *se / –* tiene que operar. Tiene un bulto en un brazo.

14. Esta tarde tengo que *operar / operarme*. La paciente es una actriz famosa.

15. Tengo que *meter / meterme* todo esto en la maleta.

Exercise 24

Rewrite the following sentences as shown in the examples.

> *Examples*: Tu casa se va a quemar.
> Se **te** va a quemar **la casa.**
>
> El ordenador <u>de Mari</u> se rompió.
> **A Mari** se le rompió el ordenador.

1. Tu sombrero se va a caer.

_____

2. Los pies de Ana se enfriaron.

_____

3. Tu cara se ha puesto roja.

_____

4. Nuestros cristales se van a empañar.

_____

5. El dinero de Pepe se va a perder.

_____

6. Nuestra cosecha se ha estropeado.

_____

7. El pelo de Martín se está cayendo.

_____

8. La comida de tu mujer se quemó en el horno.

_____

9. La pelota de mis amigos se perdió en los arbustos.

_____

10. El auto de tus padres se ha averiado.

_____

11. El bigote de Roberto se está poniendo gris.

_____

12. El perro de Sara se ha escapado de la casa.

_____

13. Su (*de usted*) reloj se ha parado a las diez.

_____

14. Nuestro gato se ha puesto enfermo comiendo algo en mal estado.

_____

15. Su (*de ellas*) televisión se estropeó justo antes del campeonato.

_____

Exercise 25

Translate the following sentences.

1. I don't like what (*lo que*) you (*tú*) are doing.

_____

2. It seems to me that Angela is making a big mistake.

_____

3. She says that she is feeling very well.

_____

4. I'm going home. See you tomorrow.

_____

5. We are leaving for Washington next Monday.

_____

6. Susana always gets very nervous when she sees Antonio.

_____

7. I'm getting a little hungry. Can you (*tú*) give me something to eat?

_____

8. Your (*tú*) parents are going to get very angry.

_____

9. Life in big cities is getting very expensive.

_____

10. The road is getting narrow.

_____

11. You (*tú*) are going to get drunk if you keep drinking like that.

_____

12. You (*tú*) are going to get hurt.

_____

13. We are getting bored. Why don't we go to the movies?

_____

14. I always have coffee for breakfast.

_____

15. I am going to have a cup of coffee.

_____

16. You (*tú*) have to stand up when he comes in.

_____

17. We are going on vacation next week.

_____

18. You (*tú*) have to behave (yourself) when you are at your grandmother's.

_____

19. Can I take off my shoes, please?

_____

20. I know the lesson by heart.

_____

21. Carlos prefers working at night.

_____

22. Carlos doesn't like getting up early.

_____

23. Patricia doesn't like potatoes.

_____

24. Ana likes me very much.

_____

25. We love spending our holidays in the mountains.

_____

26. They are going to meet at this pub.

_____

27. Carla and Tomás hate each other.

_____

28. We write to each other from time to time.

_____

29. We are seeing each other in the park tomorrow.

_____

30. He can't get off the train.

_____

31. Why don't you (*tú*) get into the car?

_____

32. My brother-in-law retires next week.

_____

33. Felipe is looking at himself in the mirror.

_____

34. You (*tú*) are going to get burned!

_____

35. I'm sure that we are going to have a very good time there.

_____

Review 1

Exercise 26

Fill in the blanks with the appropriate definite article, object/subject pronoun, or reflexive pronoun.

Cuando Rosa venga (1) _____ semana que viene, (2) _____ va a llevar una gran sorpresa. (3) _____ hemos preparado una habitación preciosa que da a (4) _____ piscina y también (5) _____ hemos comprado mobiliario nuevo para que (6) _____ sienta a gusto. (7) _____ otra vez que estuvo aquí (8) _____ dijo a mi marido y a mí que (9) _____ quería llevar bien con nosotros, ya que (10) _____ empezaba a considerar sus padres de verdad. Estamos muy contentos con (11) _____ , porque es (12) _____ hija que nunca hemos podido tener. Estamos dispuestos a hacer lo que haga falta para que (13) _____ acostumbre a (14) _____ y (15) _____ vea como (16) _____ padres que anda buscando desde que era una niña pequeña. Ya (17) _____ hemos abierto una cuenta en (18) _____ banco. A mi marido y a mí (19) _____ gustaría que (20) _____ decidiera a estudiar en (21) _____ universidad. Pensamos que puede llegar muy lejos si (22) _____ esfuerza. A mí (23) _____ parece que tiene un gran potencial y que (24) _____ puede convertir en una persona plena y feliz.

Exercise 27

Write meaningful sentences using all the listed words.

1. Francisco, un, de, a, traer, país, le, voy, regalo, a, mi

_____

2. yo, que, con, estoy, cree, saliendo, ella, otra

_____

3. Gerardo, me, no, su, prestar, diccionario, quiere

_____

4. a, viento, te, el, va, cometa, destrozar, la

_____

5. de, porque, los, sus, padres, castigar, malas, Luis, a, notas, muy, lo, son, van

_____

6. desayuno, té, tomo, el, nunca, en

_____

7. miedo, nos, de, ver, no, películas, gusta

_____

8. a, esta, me, rosa, voy, noche, el, voy, vestido, poner

_____

9. qué, libros, a, no, con, sé, hacer, estos, voy

_____

10. interesante, estoy, un, en, muy, libro, este, leyendo, momento

_____

Exercise 28

Fill in the blanks with a verb from the list that follows. Use the present simple. Each verb can be used once only.

apetecer	dar	deber	decir	dejar	doler	esperar estar
examinar	gustar	insistir	marchar	negar	odiar	parecer
poder	preferir	querer	repasar	robar	saber	sacar
sentir	ser	tener	tener que	venir	ver	

1. Hoy no me _____ muy bien. Me _____ la cabeza.

2. Me _____ que María no _____ engañar a sus padres.

3. Todos mis amigos _____ permiso para quedarse hasta las doce.

4. Hoy no _____ ir con vosotros. _____ ayudar a mis padres en la tienda.

5. No me _____ mucho la carne. _____ el pescado.

6. Marta _____ las matemáticas. Siempre _____ sufriendo con ellas.

7. La semana que viene me _____ a París. Mi hermana no

   _____ conmigo.

8. Siempre me _____ hambre después de entrenar.

9. ¡Es la cuarta vez que me _____ este año! ¡_____ el

   colmo!

10. ¿Por qué no te _____ la lección? Mañana te _____.

11. Me _____ la lección muy bien. Estoy seguro de que

    _____ una magnífica nota.

12. Paco _____ que no _____ tomar parte en la carrera.

13. Nos _____ a las doce en el gimnasio, ¿vale? Juan nos

    _____ allí.

14. Mi cliente _____ todos los hechos. _____ en su

    inocencia.

15. No me _____ comer ahora. ¿Por qué no lo _____

    (nosotros) para más tarde?

Exercise 29

Find and correct any mistakes.

1. Les he puesto detrás de la cafetera.

2. La niña no se quiere sentar.

3. Pablo se sabe todos esos teléfonos de memoria.

4. Se lo va a caer al suelo.

5. Niños no obtienen mejores resultados que niñas.

6. No llevo un dinero encima.

7. Necesito bolígrafo para rellenar esto.

8. Vamos a alojar en hotel Milton.

9. Hola, Pedro. ¿Dónde vas con todo eso?

10. Me estoy sintiendo mareado.

11. Ese vino no está oliendo bien.

12. Esta comida sabe a gloria.

13. La educación de nuestros hijos nos está costando mucho dinero.

14. Estamos llegando el lunes que viene.

15. Estoy teniendo un juicio este martes.

Exercise 30

Match the items in the first column with the items in the second column.

1. David no se siente bien.   A. me marcho de vacaciones.

2. Juan dice que no   B. tenemos un problema.

3. No lo puedo comprar, porque es   C. va a quemar la comida.

4. La semana que viene   D. muy bueno en su especialidad.

5. A la fiesta   E. malvado por naturaleza.

6. Me parece que   F. le gusta ese chico.

7. El doctor Ramírez es   G. trabaja esta noche.

8. A Sandra no   H. Está pálido.

9. Se le   I. vienen todos mis amigos.

10. El ser humano es   J. demasiado caro.

Exercise 31

Underline the correct option.

1. *Le / la* tengo que devolver este libro a Juan.

2. Mañana *me / –* voy a levantar más temprano.

3. El próximo campeonato lo *ganamos / estamos ganando* nosotros.

4. Siempre que se pone nerviosa *se toca la nariz / toca su nariz*.

5. *Los / –* Ramírez están de vacaciones.

6. Ahora no puedes entrar porque la puerta *es / está* cerrada con llave.

7. Deben de estar en casa, ya que la luz *es / está* encendida.

8. Estos autos son *los / –* más caros del mercado.

9. Ella es *la más / más* inteligente que las otras chicas.

10. ¿Dónde vas a colgar *un / el* cuadro que vas a comprar?

11. Parece que *unas / –* personas quieren verte ahora mismo.

12. Nunca *me echas / me estás echando* una mano en la cocina.

13. Ellos *fueron / se fueron* del cine antes del final de la película.

14. Tengo que *acostar / acostarles* a los niños.

15. Ya *se / –* está oscureciendo. Debemos marcharnos.

Exercise 32

Translate the following sentences.

1. I have to be at the office at three o'clock.

_____

2. My husband can't come with us.

_____

3. Is Felipe working tomorrow?

_____

4. My brother is repairing his car at the moment.

_____

5. The house that she wants to buy is very old.

_____

6. My wife is showing them the house.

_____

7. The children are watching television at the moment.

_____

8. She is not feeling very well. She needs to go to the doctor.

_____

9. What time does Marta get up?

_____

10. How much money are you (*tú*) going to need?

_____

11. It is not raining, but it is very windy.

_____

12. What time is lunch? Is it at two o'clock?

_____

13. I can't translate this, because I don't speak Spanish.

_____

14. Do you (*tú*) like these jeans?

_____

15. My knowledge of Spanish grammar is very good.

_____

16. Vegetarians never eat meat.

_____

17. She says that the film starts in ten minutes.

_____

18. What is the village like? Is it small?

_____

19. How many doors does Peter's car have?

_____

20. They are getting married next week.

_____

21. I don't want to argue with you (*tú*).

_____

22. María's boyfriend needs to talk with Mr. Jackson.

_____

23. Your (*tú*) glass is empty. Do you want some more whisky?

_____

24. Waiter, please can you (*usted*) give me the bill?

_____

25. Where does he keep his tools?

_____

26. I have to make an appointment with Mr. Smith.

_____

27. What do you (*tú*) have for breakfast?

_____

28. Are you (*tú*) going to eat those potatoes?

_____

29. I don't want to look at myself in the mirror.

_____

30. I think that Janet is going to get very angry.

_____

31. You (*tú*) are going to make the same mistake if you don't listen to me.

_____

32. Why don't you (*tú*) have another drink?

_____

33. She is very young. She can't do that.

_____

34. The new teacher is not very tall.

_____

35. The Spanish lesson is not today; it is tomorrow.

_____

36. Ana, you (*tú*) look very beautiful tonight!

_____

37. I need to do something.

_____

38. He is going to make a long journey.

_____

39. How many rooms does that apartment have?

_____

40. They say that the weather is going to get worse.

_____

6

Imperfecto Versus *Indefinido*

The **pretérito imperfecto** refers to actions that were habitual, usually true, or in progress at the past time referred to:

Ella venía todos los martes. — *She came (used to come) every Tuesday.*
Los veranos duraban más entonces. — *Summers lasted (used to last) longer then.*
Ellos caminaban hacia la frontera. — *They were walking toward the border.*

As you can see, the **imperfecto** is the counterpart of the English *past continuous* in talking about actions that were in progress at the past moment referred to:

Los niños jugaban tranquilamente. — *The kids were playing quietly.*

The **pretérito indefinido** refers only to finished actions at the past moment referred to:

Compré dos trajes. — *I bought two suits.*
Ellos vinieron en autobús. — *They came by bus.*

This means that the **imperfecto** embraces a period of time, while the **indefinido** refers only to a specific point in time. With certain verbs (**tener, querer,** etc.) the **imperfecto** implies that the action talked about was known in advance. In the sentence *Pedro quería hacerlo* (*Pedro wanted to do it*), the subject *Pedro* had wanted to do it for some time. *Pedro quiso hacerlo* (*Pedro wanted to do it*) says that *Pedro* wanted to do it at that very moment.

The verb **estar** can sometimes be confusing. *Ella estaba en la casa* (*She was in the house*) conveys the idea that she was there during some period. *Ella estuvo en la casa* refers to the fact of her being in the house at a specific moment.

In talking about actions that were still in progress, the *past continuous* (**imperfecto** of **estar** with the gerund) is equivalent to the **imperfecto**:

Ellos dormían cuando llegué. — *They were sleeping when I arrived.*
Ellos estaban durmiendo cuando llegué. — *They were sleeping when I arrived.*

With the same limitations as the *present continuous*, the *past continuous* is more advisable when talking about actions being done at the moment referred to.

Similarly to English, the **imperfecto** of **ir a** is used to talk about actions that were going to be done:

Iba a ducharme cuando tú...   *I was going to take a shower when you . . .*

The **imperfecto** of the verb **soler** is used to refer to situations that happened regularly, but not with verbs that imply continuous action without any pauses (**vivir**, **trabajar**, etc.):

Yo solía ir allí.   *I used to go there.*

Yo vivía en esa casa.   *I used to live in that house.*

Yo trabajaba de portero.   *I used to work as a doorman.*

Exercise 33

Fill the blanks with the correct form of the verbs in parentheses. Use the **imperfecto** or **indefinido**.

1. Ayer _____ (*ver*) a Luis cinco veces.

2. Aquella mañana Sara _____ (*llevar*) una falda azul.

3. Después de cenar nos _____ (*ir*) a bailar.

4. Nosotros lo _____ (*pasar*) muy bien en aquella fiesta.

5. Matías siempre me _____ (*ayudar*) con los deberes.

6. Ellos _____ (*entrenar*) todos los miércoles.

7. El pobre Leo _____ (*coger*) un terrible resfriado.

8. El auto se _____ (*estrellar*) contra un árbol.

9. Más de veinte personas _____ (*resultar*) heridas en el accidente.

10. Los servicios de basura no _____ (*venir*) los sábados.

11. Mis padres nos _____ (*llevar*) al cine el domingo pasado.

12. Cuando yo _____ (*estar*) allí entró Juan.

13. Todo sucedió mientras nosotros _____ (*salir*) de la oficina.

14. El otro día se _____ (*declarar*) un incendio en ese bosque.

15. Mi padre me dijo que yo no _____ (*poder*) salir sin hacer mis deberes primero.

Exercise 34

Find and correct any mistakes.

1. Carlos se quitaba los zapatos cuando entró en la habitación.

2. Nadie estaba haciendo nada en aquel momento.

3. Mary arrancaba el coche y se marchaba.

4. Cuando el doctor llegaba, el paciente ya estuvo muerto.

5. Les dije que no podían entrar.

6. No les quise llevar en mi coche.

7. Vi un vehículo que tuvo unas personas muy extrañas dentro.

8. Ella se marchó a las nueve, porque tuvo una reunión a las diez.

9. Pedro quiso comprar esa casa desde hacía mucho tiempo.

10. Los chicos que vinieron ayer rompían dos cristales.

11. ¿Dónde ibas cuando te vi?

12. ¿Dónde estaban yendo todos esos alumnos?

13. No comprendí lo que la profesora quiso decir.

14. Eran más de las doce cuando ella llegó.

15. Les dije que llegaban a tiempo. La fiesta estuvo a punto de empezar.

Exercise 35

Underline the correct option. In some cases both tenses are possible.

1. Me *bajé / bajaba* del auto a toda prisa para ayudar. *Tiré / Tiraba* con fuerza de la portezuela donde se *encontró / encontraba* el conductor, pero me *fue / era* imposible abrirla.

2. Cuando *entré / entraba* en mi casa *percibí / percibía* un olor extraño. Me *pareció / parecía* que *vino / venía* de la cocina, así que *fui / iba* a ver.

3. Todos los obreros que en aquel momento *trabajaron / trabajaban* en aquella obra *tuvieron / tenían* la sensación de que su jefe les *engañaba / estaba engañando*. Ésa fue la razón por la que *organizaron / organizaban* una huelga que *duró / duraba* tres días.

4. Dos de los alumnos *dibujaron / estaban dibujando* en la pizarra cuando el profesor *abrió / abría* la puerta. El dibujo no *fue / era* precisamente agradable, así que el profesor se *enfadó / enfadaba* mucho y les *expulsó / expulsaba* de clase.

5. El partido *comenzó / comenzaba* a las cinco. Todos *estuvimos / estábamos* preparados, pero nos *faltó / faltaba* algo muy importante: Tony, nuestro mejor jugador, *tuvo / tenía* que venir aún y sólo *quedaron / quedaban* cinco minutos para el comienzo.

6. El miércoles pasado *estuve / estaba* en Madrid. Me *divertí / divertía* mucho, ya que es una ciudad encantadora. De día *visité / visitaba* museos y otros lugares interesantes, y por la noche *bailé / bailaba* con unos amigos que *conocí / conocía* de antes.

7. El oficial de aduanas me *preguntó / preguntaba* que cuántos días *pensé / pensaba* quedarme en el país. Yo le *respondí / respondía* que sólo cuatro, ya que mi intención *fue / era* ultimar unos negocios y marcharme.

8. Marcelo me *contó / contaba* que *fue / era* el cumpleaños de Ana a la semana siguiente. Yo le *comenté / comentaba* que le *pudimos / podíamos* comprar algo para el viaje que ella *quiso / quería* hacer al sur de Argentina.

9. *Fueron / Eran* las fiestas del pueblo. Todo el mundo *estuvo/estaba* muy contento y ocupado en los preparativos de los festejos que se *celebraron / celebraban* todos los años en la plaza del ayuntamiento. Este año se *esperó / esperaba* a unos cantantes de la capital que *vinieron / venían* a cantar para los lugareños.

10. El juez le *preguntó / preguntaba* al acusado si se *consideró / consideraba* culpable, y el acusado *respondió / respondía* que él no *tuvo/tenía* nada que ver con los hechos que se le *imputaron / imputaban*.

11. Los invitados *vinieron / venían* a las nueve. Casi todo *estuvo / estaba* preparado, pero aún *hubo / había* que terminar unas cuantas cosas. Marco *ayudó / ayudaba* a Silvia. Él *bañó / bañaba* a los niños mientras ella *preparó / preparaba* los aperitivos.

12. Las fuerzas policiales *empezaban / empezaron* a cargar contra los manifestantes cuando éstos *prendieron / prendían* fuego a unos contenedores de basura. *Había / Hubo* veinte detenciones, aunque al día siguiente *salían / salieron* todos libres con cargos.

13. El químico del laboratorio *cometió / cometía* un error muy grave. *Sostenía / Sostuvo* en el aire una probeta con un líquido muy peligroso y, al darse la vuelta, lo *vertió / vertía* sobre el rostro de la estudiante que se *encontró / encontraba* a su lado.

14. El artículo del periódico *decía / dijo* que, según un estudio científico que *estuvo / estaba* a punto de hacerse oficial en Alemania, uno de cada tres hombres con edades superiores a los

cincuenta años *fueron* / *iban* a tener algún tipo de experiencia con el cáncer si no se *cambiaron* / *cambiaban* drásticamente algunos hábitos alimentarios.

15. El viento *golpeó* / *golpeaba* fuertemente los cristales de las ventanas. Charlie, que *estuvo* / *estaba* acostado solo en su cuarto, *miraba* / *miró* con auténtico pánico las figuras que el viejo roble del jardín *dibujaba* / *dibujó* en la pared que *había* / *hubo* frente a su cama.

Exercise 36

Read the text, then decide whether the statements that follow are true or false.

Los grandes almacenes Conrad eran el edificio más majestuoso que había en el centro de mi ciudad. Sus escaparates de la planta baja abarcaban todo el perímetro del edificio, y eso significa que, puestos en línea recta, ocupaban casi un kilómetro de longitud. El viejo Conrad fundó este negocio a finales del siglo diecinueve. Al principio sólo tenía cuatro plantas, pero con el tiempo pasó a tener ocho. En unos años en los que todo eran carencias y salarios de hambre, darse un paseo por los distintos departamentos de estos grandes almacenes era como entrar en un mundo de magia y abundancia, sobre todo para un niño como yo, con nueve primaveras y procedente de un hogar de la clase obrera. Mi madre solía ir allí con alguna frecuencia, porque en los supermercados Conrad los precios eran más bajos que en las típicas tiendas de ultramarinos de la ciudad. Cuando yo la acompañaba, algún sábado por la mañana, me deleitaba mirando todos los maravillosos objetos que se exponían por todas partes. Grandes carteles se encargaban de anunciar la venta de las últimas tecnologías y modas. Desde luego, para un niño de ahora, todo lo que allí se ofrecía al comprador sería algo más bien digno de risa y desprecio, pero para alguien de aquella época, a las puertas de la Primera Guerra Mundial, Conrad era la fuente de toda posible fantasía.

1. El autor dice que la historia empieza en primavera.
2. El autor tenía nueve años en aquel entonces.
3. Los almacenes Conrad tuvieron ocho plantas desde el principio.
4. La historia se enmarca después de la Primera Guerra Mundial.
5. El edificio tenía un perímetro de casi un kilómetro.
6. Los supermercados Conrad eran algo más caros que los de las otras tiendas.
7. El autor iba con su madre casi todos los días.
8. En aquella época, los salarios eran muy bajos.
9. Los artículos se anunciaban mediante carteles.
10. Los almacenes Conrad se fundaron después del año 1900.

Exercise 37

Translate the following sentences.

1. I did all my exercises last night.

_____

2. He left early because he wanted to finish an important report before twelve.

_____

3. What were you (*tú*) doing when I phoned you?

_____

4. I had to take two buses to get here.

_____

5. Silvia couldn't finish the exam because she started to feel unwell.

_____

6. She told me that she had something important to do the following day.

_____

7. We had some problems with the car on our way here.

_____

8. Javier was going to open the door when the phone rang.

_____

9. He finished dinner while she was cleaning the bedroom.

_____

10. How many books did you (*tú*) have to read last term?

_____

11. What time did the plane arrive?

_____

12. How much money did she spend on food?

_____

13. She told us that she didn't like the film that we were watching.

_____

14. She didn't like last night's film.

_____

15. Sara was not in the office when the boss arrived.

_____

16. She was there for a few minutes, but then she left.

_____

17. Did you like fishing when you were a boy?

_____

18. Somebody was trying to open the door of my house.

_____

19. He was telling us a very funny story.

_____

20. It was raining very hard when I got up.

_____

21. We were there when it happened.

_____

22. I used to meet them in Peter's house.

_____

23. I used to swim a lot when I was young.

_____

24. He used to be a police officer.

_____

25. He was a sailor from 1990 to 2000.

_____

26. He was a sailor at that time.

_____

27. She said that she couldn't come, because she had guests for dinner.

_____

28. Somebody was shouting when I woke up.

_____

29. The workmen were having coffee when the truck arrived.

_____

30. Rafael had a strange experience when he was coming to town.

_____

31. Suddenly I remembered that the documents were at the office.

_____

32. She forgot to water the plants.

_____

33. The plane landed at exactly two o'clock.

_____

34. What time did she finish the test?

_____

35. Why didn't he want to come?

_____

36. Did she know that Paco was coming that afternoon?

_____

37. What did you (*tú*) use to do when you were eighteen?

_____

38. My team couldn't win the match.

_____

39. Why did you (*usted*) choose this country?

_____

40. I told him that they were married.

_____

7

Possessives

The possessive adjectives **mi, tu, su, nuestro,** and **vuestro** must agree in number with their accompanying nouns. **Nuestro** and **vuestro** also show agreement in gender:

Tu padre.	*Your father.*
Tus padres.	*Your parents.*
Nuestro jefe.	*Our boss.*
Nuestras casas.	*Our houses.*

The forms **su** and **sus** can be confusing. They can refer to **él, ella, ellos, ellas, usted,** and **ustedes,** which is why Spanish speakers usually prefer other constructions when the context is not very clear. In the sentence *Pedro y su madre están aquí* (*Pedro and his mother are here*), it is very clear that **su** refers to Pedro, but putting **su** or **sus** at the very beginning of a sentence can be problematic if the conversation is relatively complex. *Su madre está aquí* can be *His/Her/Their/Your* (form.) *mother is here.* In such cases it is preferable to say *La madre de Pedro está aquí.* Such a solution is not possible when addressing somebody with **su** or **sus**:

Su auto está listo, señor.	*Your car is ready, sir.*

The possessive pronouns **mío, tuyo, suyo, nuestro,** and **vuestro** must agree in gender and number with the noun referred to:

Esa casa es mía.	*That house is mine.*
Estos libros son míos.	*These books are mine.*
Esas camisas son tuyas.	*Those shirts are yours.*

Possessive pronouns must be preceded by the definite article when they act as the subject, direct object, or indirect object of the sentence. Definite articles are also necessary when there is a preposition (or in comparatives with the word **que**: see Chapter 30) before the possessive pronoun:

La mía es verde.	*Mine is green.*
Voy a usar el tuyo.	*I'm going to use yours.*
Ella quiere jugar con el nuestro.	*She wants to play with ours.*
Es más grande que el mío.	*It is bigger than mine.*

After the verb **ser** no articles are needed to indicate simple possession. Articles are used when the pronoun substitutes for a noun that has already been mentioned in the conversation. If you are showing your car to someone, you say *Este auto es mío* (*This car is mine*), but if you are showing several cars, you can say *Este auto es el mío*. The article in these cases is usual, but not compulsory.

Possessive pronouns are used without the article after a noun that itself is preceded by the definite article. If the noun is accompanied by an adjective, the article with the possessive pronoun is optional:

La camisa es mía.	*The shirt is mine.*
La camisa blanca es (la) mía.	*The white shirt is mine.*

The definite article is also optional after clauses joined by **que**:

La camisa que me puse es (la) tuya.   *The shirt that I put on is yours.*

After the neuter demonstrative **esto** no article is possible. Compare:

Esto es mío.	*This is mine.*
Ésta es (la) mía.	*This one is mine.*

Third-person possessive pronouns have the same drawback as third-person adjectives when the context is not very clear. Instead of *La suya* you can say *La de ella, La de él, La de Paco,* and so on. When no articles are used, only the preposition **de** precedes the subject pronoun or noun.

A noun preceded by an indefinite article is followed by pronouns or **de...** constructions:

Un amigo mío viene esta noche.	*A friend of mine is coming tonight.*
Un hijo de Juan ha tenido un accidente.	*A son of Juan's has had an accident.*

Exercise 38

Rewrite the following sentences to include possessive pronouns. Do not change the meaning.

Examples: Él dice que éste es su auto.
      Él dice que éste es (el) suyo. (= Él dice que este auto es [el] suyo.)

      Nuestras amigas van a venir luego.
      Las nuestras van a venir luego.

1. Tu libro debe de estar en el dormitorio.

_____

2. Voy a lavar tu camisa esta tarde.

_____

3. Ella cree que éste es nuestro paraguas.

_____

4. Juan asegura que ésa es su oficina.

_____

5. La madre de Federico nos va a invitar a cenar.

_____

6. Estoy saliendo con la hermana de Pablo.

_____

7. Ellos están haciendo el trabajo con nuestro ordenador.

_____

8. No quiero traducir esto sin tu diccionario.

_____

9. Esta moto es mucho más rápida que tu moto.

_____

10. Elena es más guapa que la hermana de Luis.

_____

11. Estas tartas son mucho más sabrosas que las tartas de tu mujer.

_____

12. Yo creo que estos documentos son de Manuel.

_____

13. Ellos van a invertir su dinero en esa empresa.

_____

14. No me gusta tu actitud.

_____

15. Piensan que todos éstos son nuestros niños.

_____

Exercise 39

Underline the correct option. In some cases both answers are possible.

1. *La suya / Suya* debe de ser de ese país.

2. Les voy a decir que no pueden aparcar en *mío / el mío*.

3. ¿Por qué no pones *tuyos / los tuyos* en esta mesa?

4. Estos lápices no pueden ser *tuyos / los tuyos*.

5. Jaime necesita *suya / la suya* para esta tarde.

6. *La suya / La de ella* no puede ser tan cara.

7. Todos estos juguetes son *de él / suyos*.

8. Las cosas que hay en esa habitación son *Paco / de Paco*.

9. Señor Ramos, *suyo / el suyo* está en la segunda planta.

10. El gobierno asegura que la responsabilidad no es *suya / la suya*.

11. Yo sé que estos calcetines son *vuestros / los vuestros*.

12. Los discos que escuché ayer no son *de ella / los de ella*.

13. ¿Tiene usted *suyo / el suyo* aquí?

14. Las joyas que vimos en la foto no eran *nuestras / las nuestras*.

15. ¿Es esto *tuyo / el tuyo*?

Exercise 40

Find and correct any mistakes.

1. ¿Es éste el tuyo?

2. Juan dice que el suyo no es tan caro.

3. Yo opino que suyo debe de costar más que nuestro.

4. Nuestras cosas y las vuestras están allí.

5. Señor Antúnez, su documentos están en esta oficina.

6. Eso es el suyo, señora.

7. Ana y Pedro son nuestros hijos.

8. El vestido que trajo Leticia no era suyo.

9. Debes poner los de Antonio en esta caja.

10. ¿Me dejas usar tuyo un momento?

11. Lo siento, no sabía que este asiento era tuyo, señor Zamora.

12. Una amiga de Mari me va a prestar las herramientas.

13. Aún tengo dos libros de tuyos.

14. Ellos piensan que esto es suyos.

15. Las de Luis no pueden venir con nosotros.

Exercise 41

Read the text, then decide whether the statements that follow are true or false.

Anoche tuve a varios de mis amigos de visita. No había nada especial que celebrar, pero nos gusta reunirnos de vez en cuando en la casa de uno de nosotros y contarnos nuestras últimas peripecias. Fue una velada muy agradable, a pesar de que algunos trajeron a sus mujeres, lo cual podía dificultar contar todas nuestras verdades en su presencia. Yo siempre pienso que la mayoría de los hombres tienen algún secreto o alguna cosa en sus vidas que prefieren no contar a sus parejas. Sin embargo, la noche fue muy amena y las esposas también participaron contando sus propias experiencias en las últimas semanas. La de Carlos fue la más valiente, porque nos dijo que tenía un compañero de trabajo que quería salir con ella a cenar. Podéis imaginaros la cara que puso Carlos. Su color pasó del rojo al púrpura en cuestión de segundos. Al final todo acabó bien, ya que ella añadió que lo rechazaba siempre y que no le gustaba.

1. No todos mis amigos vinieron.

2. La celebración era especial.

3. Siempre nos reunimos en la misma casa.

4. No todos trajeron a sus mujeres.

5. Las esposas contaron sus cosas.

6. Carlos fue el más valiente.

7. La cara de la mujer de Carlos se puso roja y púrpura.

8. Carlos tenía un compañero que quería salir con su mujer.

9. A la mujer de Carlos no le gustaba su marido.

10. La noche acabó bien y no hubo problemas.

Exercise 42

Translate the following sentences.

1. You (*tú*) can use mine (*ordenador*), if you want.

   _____

2. Elena's (*niños*) are trying to learn English.

   _____

3. She says that this ring is hers, but I think it is his.

   _____

4. Marta says that she is going to take hers (*auto*) to the garage.

   _____

5. Why doesn't he use ours (*oficina*)?

   _____

6. I'm going to give him mine (*entrada*), because I don't need it.

   _____

7. A pupil of yours (*tú*) wants to see you right now.

   _____

8. A sister of Carla's was here yesterday.

   _____

9. Carlos can't show us his (*sellos*).

   _____

10. I'm going to send mine (*mujer*) all the money.

    _____

11. I told you (*vosotros*) that yours (*perro*) bit my son.

    _____

12. You (*tú*) know that I like yours (*novela*) very much.

    _____

13. I talked with her yesterday. She told me that hers (*hija*) was going to study there too.

    _____

14. Antonio's brother can't repair the television. Hers can't either.

    _____

15. Emilia's dress is blue. Mine is red.

_____

16. The newspaper that you were reading was mine.

_____

17. The dog that was barking all night long was his.

_____

18. Can you (*tú*) show me yours (*pasaporte*), please?

_____

19. I'm coming with my wife at three tomorrow. She wants to meet yours.

_____

20. They maintain that theirs (*propuesta*) is much better.

_____

21. Are you (*tú*) sure that Jorge's (*casa*) has two gardens?

_____

22. You (*tú*) can sit down next to hers (*marido*).

_____

23. That (masc.) is ours, not theirs.

_____

24. That room is ours, not yours (*vosotros*).

_____

25. Sara's (*marido*) and Susana's (*marido*) are very good friends.

_____

8

Pretérito Perfecto

The **pretérito perfecto** is formed with the present of **haber** and a past participle. In many cases it is very similar to the English *present perfect*:

He estado con ella.	*I have been with her.*
¿Has comido?	*Have you eaten?*

The Spanish **pretérito perfecto** is connected with the present or with what the speaker considers recent, but it is a real past tense. This means that it can be used with **cuándo** (*when*):

¿Cuándo has estado allí?	*When were you there?*

In fact, the **pretérito perfecto** is used to refer to past actions that have been completed in a period of time that can be indicated by the demonstrative *this* (*this morning, this week, this year*, etc.). The period of time doesn't always have to be mentioned; it is often simply understood:

Hemos comprado esta casa.	*We have bought this house.*
Se han casado.	*They have gotten married.*

This implies that the **pretérito perfecto** is used in situations where English would use a *past simple*—for example, a question asked at three o'clock in the afternoon about something that happened at eleven o'clock in the morning—as long as the demonstrative *this* is, or can be, used:

¿Qué has hecho esta mañana? (asked at 11:00 A.M.)	*What have you done this morning?*
¿Qué has hecho esta mañana? (asked at 3:00 P.M.)	*What did you do this morning?*

This consideration of "recentness" is in many cases a matter of personal appreciation. Thus the speaker might choose the past simple if he sees the action as something in the real past. A question asked at night before going to bed about something that happened that morning is not incorrect in the past simple.

The English construction *have just + past participle* is translated by the verb **acabar de** followed by infinitive:

Acabo de ver a Juan.	*I have just seen Juan.*
Ella acaba de comer.	*She has just eaten.*

The English *present perfect* with *for* and *since* is translated by a present simple. *For* translates as **desde hace** and *since* as **desde** (or **desde que** if a sentence follows):

Vivo aquí desde 1980.	*I have lived here since 1980.*
Estamos casados desde hace diez años.	*We have been married for ten years.*

The verb **llevar** translates *have been* in structures with the gerund and with *for*, which is then not translated:

Llevo dos años haciendo esto. = Llevo haciendo esto dos años.	*I have been doing this <u>for</u> two years.*

How long translates as **cuánto tiempo hace que** (the noun **tiempo** can be left out) and as **desde cuándo**:

¿Desde cuándo tienes este auto?	*How long have you had this car?*

When **llevar** is used, *how long* should not be translated by **desde cuándo** or by **cuánto (tiempo) hace que**. Only **cuánto (tiempo)** is advisable.

Llevar is accompanied by **sin** and an infinitive when the sentence implies something negative:

Llevo meses sin ver a Antonio.	*I haven't seen Antonio for months.*

The **pretérito perfecto** is possible in many of the cases with *since* and *for*, but it can be confusing. The present simple is better.

In sentences without *for/since*, the English *present perfect continuous* and the Spanish **pretérito perfecto continuo** are quite similar:

¿Has estado corriendo?	*Have you been running?*
He estado pintando.	*I have been painting.*

In most Latin American regions, the **pretérito perfecto** is rarely used (only in very formal speech and in literature); they prefer the **indefinido**. In Spain and in some Latin American areas, the **pretérito perfecto** is common in everyday use.

Exercise 43

Fill in the blanks with the correct form of verbs in parentheses. Use the **pretérito perfecto**.

1. Juan dice que no _____ (*poder*) terminar el trabajo todavía.

2. Nosotros ya _____ (*comer*) en ese restaurante dos veces.

3. Los hermanos de Patricia no _____ (*querer*) quedarse esta tarde.

4. Tú no _____ (*tener*) la culpa.

5. Mis padres _____ (*comprar*) un terreno fuera de la ciudad.

6. El marido de Ana _____ (*ser*) despedido.

7. Todos mis amigos _____ (*suspender*) el examen de matemáticas.

8. Usted no _____ (*rellenar*) bien este formulario.

9. Carlos _____ (*tener*) que repetir los ejercicios.

10. ¿Qué _____ (*hacer*) Carlos con el dinero?

11. ¿Y tú por qué no _____ (*escribir*) esa carta?

12. Ellos no _____ (*ver*) esa película.

13. Mi madre _____ (*preparar*) comida para doce personas.

14. ¿Qué _____ (*hacer*) tu padre con la vieja televisión?

15. Mi país _____ (*cambiar*) mucho desde entonces.

Exercise 44

Underline the correct option. Use the form common in Spain.

1. Hoy *hemos visto / vimos* un robo.

2. Este año no *hemos tenido / tuvimos* muy buenos resultados.

3. La semana pasada *hemos hablado / hablamos* con el secretario.

4. Todos los alumnos *han aprobado / aprobaron* este trimestre.

5. Como puedes ver, *he pintado / pinté* la cocina.

6. Este año *ha sido / fue* muy bueno para nuestra empresa.

7. El examen que *hemos hecho / hicimos* la semana pasada *ha sido / fue* muy difícil.

8. Hola cariño, ¿*has dormido / dormiste* bien?

9. La película justo *ha terminado / acaba de terminar*.

10. Lo *he tenido / tengo* desde hace años.

11. ¿Cuánto tiempo hace que *has practicado / practicas* ese deporte?

12. Hoy *he estado escribiendo / he escrito* veinte cartas en inglés.

13. Estás rojo. ¿*Has corrido / Has estado corriendo*?

14. Miguel es un buen amigo. Le *conozco/ he conocido* desde que *éramos / fuimos* niños.

15. ¿Cuánto tiempo *llevas / has llevado* con él?

Exercise 45

Fill the blanks with the correct tense of the verbs in parentheses. Use the present, the present or past of **ir a**, the **imperfecto**, the **indefinido**, or the **perfecto**. Sometimes more than one answer is possible.

1. La hermana de Angelina nos _____ (*decir*) esta mañana que se
   _____ (*ir*) a Canadá de vacaciones el verano próximo.

2. Tú no les _____ (*poder*) molestar ahora. (Ellos) _____
   (*Cenar*) y no _____ (*querer*) hablar con nadie.

3. En este momento (nosotros) no _____ (*hacer*) nada importante. ¿Por qué
   no te _____ (*venir*) a nuestra casa y _____ (*charlar*) un
   poco con nosotros?

4. ¡Qué rico _____ (*estar*) todo! ¡(Yo) _____ (*Comer*)
   estupendamente! Ahora me _____ (*fumar*) un puro y me
   _____ (*tomar*) un coñac.

5. Elena _____ (*decidir*) comprar el vestido que _____
   (*ver*) en el escaparate la semana pasada, el que _____ (*tener*) los volantes
   floreados, pero yo le _____ (*tener*) que prestar el dinero mañana.

6. Los chicos que _____ (*romper*) el cristal esta mañana
   _____ (*tener*) que pagarlo. Nosotros ya _____ (*hablar*)
   con sus padres.

7. Ellos nos _____ (*visitar*) ayer, pero no _____ (*poder*)
   porque _____ (*tener*) una importante avería y _____
   (*tener*) que aplazarlo para otro día.

8. Veo que (tú) ya _____ (*pintar*) la valla de verde. Te (ella)
   _____ (*quedar*) preciosa, pero (tú) no _____ (*tener*) que
   haberlo hecho hoy, porque _____ (*llover*).

9. Mi mujer y yo _____ (*invertir*) todo nuestro dinero en esa empresa.
   (Nosotros) _____ (*Estar*) muy preocupados, porque no

_____ (saber) cómo _____ (salir) todo. A veces (yo) _____ (pensar) que (nosotros) no _____ (tener) que haberlo hecho.

10. Ellos _____ (acabar) de oír que sus padres _____ (tener) un serio accidente. Ahora (ellos) _____ (hacer) las maletas, porque (ellos) _____ (coger) el primer avión a París mañana.

11. Veo que (tú) ya _____ (terminar) de hacer tus deberes. ¿Te _____ (apetecer) venir ahora conmigo a dar un paseo? (Tú) _____ (Necesitar) distraerte un poco.

12. (Yo) _____ (Oír) que te _____ (casar) dentro de poco. La verdad es que la noticia me _____ (extrañar) bastante, porque tú siempre _____ (decir) que (tú) no _____ (pensar) casarte.

13. Cuando (nosotros) _____ (ir) camino del supermercado, el auto _____ (empezar) a hacer ruidos extraños y a dar sacudidas. (Nosotros) _____ (Tener) que bajarnos, porque _____ (ser) imposible seguir así. Al final _____ (resultar) ser que (nosotros) no _____ (tener) gasolina.

14. ¡Lo que (tú) _____ (hacer) está muy mal! ¡Me (tú) _____ (decepcionar)! ¡Siempre (yo) te _____ (dar) caprichos y ahora (tú) _____ (hacer) algo así!

15. Cuando (yo) la _____ (ver), ella me _____ (decir) que (tú) _____ (comprar) la casa, pero que al final (tú) no _____ (poder), porque (tú) no _____ (tener) suficiente dinero.

Exercise 46

Find and correct the mistakes (each sentence contains at least two).

1. Marta acaba de dejar suyo cerca de estación.

2. No hemos podidos verles aún, ya que acabamos llegar.

3. Ayer he leído que las autoridades deciden derribar ese puente.

4. Llevo dos meses buscado un buen empleo, pero aún no lo encontrado.

5. Usted has cogido esto sin mío permiso.

6. Mañana estamos cenando con un amigos nuestro en mi casa.

7. Acabo de hablado con ellos, pero no han dicho me nada.

8. No he dicho nada a Pepe, pero creo que él ya lo sé.

9. ¿Has ponido tuyo en la cochera?

10. Esta noche nos estamos quedando en casa, porque no nos apetece saliendo.

11. He escribido dos cartas en español sin ayuda de alguien.

12. Un amigo de míos ha llamado hace dos días para me decir que viene hoy.

13. Ellas no están inscritos en registro mercantil.

14. Nadie saben que nosotros los hemos cogidos.

15. ¿Quién quieren venir con nos?

Exercise 47

Translate the following sentences. Note that the verbs *can* and *be able to* must be translated by **saber** with verbs such as **conducir** (*drive*), **nadar** (*swim*), and so on: that is, with actions that are the result of a learning process.

1. She has just been here.

_____

2. Mark hasn't been working this morning.

_____

3. Carla has been decorating her apartment.

_____

4. Antonio has just received an important letter.

_____

5. My father has sold his old car.

_____

6. Have you (*tú*) eaten well or are you still hungry?

_____

7. He has been training very hard this week.

_____

8. They have just left.

_____

9. Mark has been translating Spanish documents all morning.

_____

10. María hasn't had to do anything today.

_____

11. Have you (*usted*) filled out the form?

_____

12. We have just heard the news.

_____

13. Felipe hasn't phoned us yet.

_____

14. I have put yours (*tu maleta*) in your room.

_____

15. Hers (*niños*) have been playing with ours in the garden.

_____

16. How long have you (*tú*) been waiting?

_____

17. How long has she been working in this office?

_____

18. She has been a nurse for two years now.

_____

19. I have been collecting stamps for two months.

_____

20. We have been living in this neighborhood for six months.

_____

21. How long has he been a doctor?

_____

22. I have played the piano since I was a little boy.

_____

23. Miguel has had a moustache since he was in college.

_____

24. They have been married for twenty years.

_____

25. They have taken the money.

_____

26. They have taken them (*ellos*) to the movies.

_____

27. Pablo has told us that his wife has been studying Spanish for a year.

_____

28. I have had to tell them that this is not possible.

_____

29. How long has your (*vosotros*) son been playing tennis?

_____

30. I have been able to drive since I was eighteen.

_____

31. They have just told us that Carlos is going to visit them (*ellos*) tomorrow.

_____

32. She has just finished her work.

_____

33. I haven't drunk anything today.

_____

34. Amelia has bought hers (*diccionario*) in the new bookstore.

_____

35. Have you (*tú*) had enough?

_____

36. They haven't been able to bring it (*fotografía*).

_____

37. Has she written the letter?

_____

38. What has he done with his bike?

_____

39. You (*usted*) have been very kind to me (*conmigo*).

_____

40. What have they said about this?

_____

9

"Wh-" Questions

The interrogative (question) pronouns are:

what	qué/cuál
which	qué/cuál
when	cuándo
where	dónde
who	quién
whose	de quién
why	por qué

Both *how* and *what . . . like* translate as **cómo**. *What . . . like* can only be used with **ser**:

¿Cómo está tu madre?	*How is your mother?*
¿Cómo es tu profesor?	*What is your teacher like?*

Qué can be followed by nouns, **cuál** cannot. **Qué** does not refer to a specific item within a group, whereas **cuál** does:

¿Qué auto te gusta?	<u>*What car*</u> *do you like?*
¿Cuál te gusta?	<u>*Which one*</u> *do you like?*

Cuál becomes **cuáles** in the plural, and can refer to people:

¿Cuáles te gustan?	*Which ones do you like?*

Qué without an accompanying noun is an even more general question:

¿Qué quieres?	*What do you want?*

Quién becomes **quiénes** when the speaker refers to more than one person:

¿Quién está ahí?	*Who is there?*
¿Quiénes están ahí?	*Who is there* (plural)?

With the preposition **de** (*of*), in referring to people, both **quién/quiénes** and **cuál/cuáles** can be used interchangeably:

¿Quién/Cuál de ellos es tu hijo?	*Which of them is your son?*

In Spanish, questions of the type Where are you <u>from</u>? place the preposition at the beginning of the question:

¿Con quién fuiste?	*Who did you go with?*
¿Para quién trabajas?	*Who do you work for?*

When the direct object of the verb is a human being, Spanish verbs are followed by the preposition **a**. This implies that **quién** must be preceded by **a** when it acts as the direct object of the action. Compare:

¿Quién te llamó?	*Who phoned you?* <u>but</u>
¿A quién llamaste?	*Who did you phone?*

De quién (*whose*) cannot be followed by a noun, but must be placed at the beginning of the sentence. A sentence such as *Whose umbrella is this?* is not possible in Spanish. The correct order is *¿De quién es este paraguas?* (*Whose is this umbrella?*)

How much translates as **cuánto/cuánta** and *how many* translates as **cuántos/cuántas**:

¿Cuánto dinero tienes?	*How much money do you have?*
¿Cuántas chicas hay?	*How many girls are there?*

Interrogative pronouns can appear in sentences that are not formally interrogative but only imply a question:

Quiero saber quién hizo esto.	*I want to know who did this.*

In expressing movement toward a place, **adónde** can be used instead of **dónde**:

¿Adónde/Dónde vas?	*Where are you going?*

Exercise 48

Fill in the blanks with a suitable interrogative pronoun.

1. De todos estos pantalones, ¿_____ te gustan más?

2. ¿_____ son estos libros? ¿De Jaime?

3. ¿Con _____ vestido fuiste a la boda?

4. ¿_____ de esos niños son los que te han pegado?

5. ¿_____ de esas camisas te vas a poner?

6. Me gustaría saber con _____ está saliendo mi hija.

7. No sé _____ se enfadó Patricia. No veo el motivo.

8. ¿_____ pasteles te comiste? ¿Cinco?

9. ¿_____ es ella? ¿Es simpática?

10. Juan me preguntó que _____ estaban mis padres, y yo le respondí que muy bien.

11. El policía quería saber _____ nos dirigíamos. Yo le respondí que a Los Ángeles.

12. De todos estos alumnos, ¿_____ es tu favorito?

13. Tú no eres _____ para darme a mí órdenes.

14. No sé en _____ lugar puse las gafas.

15. Necesito saber _____ es el auto que está aparcado delante del mío. No puedo salir.

Exercise 49

Find and correct any mistakes.

1. No sé cuál camisa ponerme.

2. ¿Cómo son tus hermanos? ¿Son bien?

3. ¿Quién trabajas para?

4. No sé de dónde salen todos estos ratones.

5. Aún no he decidido cuál elegir.

6. ¿Quién han cogido los programas?

7. ¿Cuánto leche queda en la cocina?

8. ¿Quién es este bolígrafo? ¿Es de Tomás?

9. ¿Cómo sueles ir a la universidad?

10. Quiero saber quién ha estado tocando mis cosas.

11. Ellos no saben adónde ir de vacaciones.

12. ¿Cuántas gente había en la boda?

13. No sé dónde son ellos de.

14. ¿Dónde vas con esas cajas?

15. ¿Cuálas has tenido que vender?

Exercise 50

Create questions for the following answers. Use the underlined words as a clue.

    Example: **Marisa** cogió la raqueta de Pablo.
                      <u>**¿Quién** cogió la raqueta de Pablo?</u>

1. Antonio lo hizo <u>porque tenía hambre</u>.

_____

2. Marisa suele ir al colegio <u>en autobús</u>.

_____

3. Invité a <u>todos mis amigos</u> a mi fiesta de cumpleaños.

_____

4. La nueva profesora es <u>alta, rubia y tiene los ojos azules</u>.

_____

5. El chico del otro día está <u>bastante bien</u>.

_____

6. Sólo tengo <u>dos dólares</u>.

_____

7. Hay <u>más de veinte</u> chicas en mi clase.

_____

8. Trabajo <u>para un economista alemán</u>.

_____

9. Todas estas tierras son <u>de un señor que vive en la capital</u>.

_____

10. Lo necesito <u>para apretar estos tornillos</u>.

_____

11. Me voy a quedar <u>con el rojo</u>.

_____

12. Mi película favorita es <u>Casablanca</u>.

_____

13. Las camisas las compré <u>en una tiendecita que hay detrás de la iglesia</u>.

_____

14. Ella nació <u>el seis de junio de 1963</u>.

_____

15. Fui al cine <u>con Juan</u>.

Exercise 51

Match the items in the first column with the items in the second column.

1. ¿Cuál		A. vienen esos pájaros?
2. ¿Cuántos		B. te ha llamado?
3. ¿Por qué		C. viajas más cómodo?
4. ¿De quién		D. te levantaste ayer?
5. ¿De dónde		E. lo hiciste?
6. ¿Con quién		F. es tu primer apellido?
7. ¿A qué hora		G. fuiste a la fiesta?
8. ¿Cuándo		H. son todos estos libros?
9. ¿Cómo		I. nació tu hija?
10. ¿Quién		J. alumnos hay?

Exercise 52

Translate the following sentences.

1. How many cookies did you (*tú*) eat?

_____

2. When was Martín born?

_____

3. How much money are you (*vosotros*) going to need?

_____

4. Whose was the book that she was reading?

_____

5. He didn't tell me when he was going to buy it (*casa*).

_____

6. Why don't you (*tú*) apply for that job?

_____

7. Why can't you (*vosotros*) stay with us (masc.) tonight?

_____

8. Where did he hide the jewels?

_____

9. What are your (*tú*) surnames?

_____

10. What is your (*tú*) favorite color?

_____

11. How is she going to do that?

_____

12. What is Miguel's boss like?

_____

13. Which ones did he have to take?

_____

14. I'm not going to tell him how I did it.

_____

15. How is the new patient (masc.) feeling today?

_____

16. How many books do you (*tú*) have to read this summer?

_____

17. Whose newspaper is this?

_____

18. Which house does she live in?

_____

19. Who did he work for?

_____

20. Why couldn't they finish the test?

_____

21. The teacher wants to know who broke the board.

_____

22. The newspaper doesn't say when the king arrives.

_____

23. The instructions don't say how we can assemble this.

_____

24. Who took him to the theater?

_____

25. Who did he take to the theater?

_____

10

Use of *How*

English constructions with *how* usually translate with **qué** in Spanish:

how old	qué edad
how tall	qué estatura
how high	qué altura
how long	qué longitud
how wide	qué anchura
how deep	qué profundidad
how big	qué tamaño
how far	a qué distancia

How large, when referring to surface, is also translated by **qué superficie**. These constructions go with the verb *to be* in English. In Spanish they all go with **tener** (*have*):

¿Qué edad tiene Pablo?	*How old is Pablo?*
¿Qué longitud tiene ese barco?	*How long is that ship?*

In talking about size in general, the verb **medir** (*measure*) is very common. Its exact meaning depends on the context:

¿Cuánto mides?	*How tall are you?*
¿Cuánto mide esta habitación?	*How large is (What is the surface of) this room?*

How old can also be **cuántos años**.

The same questions can be asked in English by means of *what is + noun*. The Spanish counterpart is **cuál es** used with the nouns given in the opening list:

¿Cuál es tu edad?	*How old are you (What is your age)?*
¿Cuál es la longitud de ese barco?	*What is the length of that ship?*

In talking about distance from one place to another, the structure **qué distancia hay** is very common:

| ¿A qué distancia está tu casa del centro? | How far is your house from downtown? |
| ¿Qué distancia hay de tu casa al centro? | What is the distance from your house to downtown? |

With other English adjectives/adverbs, it is possible to ask **cómo de + adjective/adverb**:

| ¿Cómo de rápido llegaste allí? | How quickly did you get there? |
| ¿Cómo de bien hiciste el examen? | How well did you do the exam? |

With *weight* Spanish uses the verb **pesar**, preceded by **cuánto** (*how much*), although **cuál es + peso** and **qué peso + tener** are often used instead. It is even possible to ask **qué + pesar**:

¿Cuál es tu peso?	What is your weight?
¿Cuánto pesas? = ¿Qué peso tienes?	How much do you weigh?
¿Qué pesas?	How much do you weigh?

How often translates as **cuántas veces** or as **con qué frecuencia**:

| ¿Cuántas veces entrenas a la semana? | How often a week do you train? |

How long, when used in time contexts, translates as **cuánto tiempo**. If *how long* is followed by the perfect tense in English, its translation is **cuánto (tiempo) hace que** or **desde cuándo**:

¿Cuánto tiempo estuviste allí?	How long were you there?
¿Cuánto hace que lo sabes?	How long have you known?
¿Desde cuándo lo sabes?	How long have you known?

In exclamations, Spanish always uses **qué**. If a noun and an adjective appear in the exclamation, the noun and the adjective are separated by **tan** or **más**:

| ¡Qué bonita! | How pretty! |
| ¡Qué chica tan/más bonita! | What a pretty girl! |

How + adjective/adverb translates as **lo + adjective/adverb** when no exclamation is meant (always followed by **que**):

| Debes saber lo peligrosa que es ella. | You *must know how dangerous she is.* |

When **lo + adjective** refers to actions, the adjective is always masculine and singular:

... lo peligroso que es conducir y beber.   *. . . how dangerous it is to drink and drive.*

Exercise 53

Fill in the missing word(s).

1. No sé _____ edad tiene esa mujer.

2. Hay que ver _____ cara que está la vida.

3. Has aumentado de _____ . Ahora pesas noventa kilos.

4. ¿Cuántas _____ al mes sales a comer fuera?

5. Tienes que considerar _____ difícil _____ era conseguir comida en aquella época.

6. ¿Cuál es la _____ del barco más largo del mundo?

7. Tu hijo ha crecido mucho. ¿Qué _____ tiene ahora?

8. ¿_____ duró la película?

9. ¿Cuánto _____ el hermano de David? ¿Es más alto _____ tú?

10. ¿Con qué _____ visitas los museos de tu ciudad?

11. La _____ del Everest es de más de ocho mil metros.

12. El avión volaba a dos mil pies de _____ .

13. El barco hundido se encuentra a mil pies de _____ .

14. ¿Cuánto tiempo _____ que tienes esos mareos?

15. No me dijiste _____ tonta que era esa chica.

Exercise 54

Underline the correct option. In one case only are both answers correct.

1. No sé qué *altura / estatura* tiene esa montaña.

2. No sé qué *altura / estatura* tiene mi hija.

3. Ella me preguntó que *qué distancia / a qué distancia* estaba mi colegio.

4. Les pregunté *qué grande / qué tamaño* tenía su casa.

5. *¡Qué mujer guapa! / ¡Qué mujer más guapa!*

6. Yo no sabía *lo / la* bonita que era esta ciudad.

7. El submarino no está a suficiente *profundo / profundidad*.

8. Yo creo que este lago no es muy *profundo / profundidad*.

9. No sé *qué distancia hay / a qué distancia hay*.

10. No se le debe preguntar nunca *la edad / lo vieja* a una señora.

11. El doctor me dijo que debía controlar mi *peso / pesado*.

12. El policía me preguntó que *cómo de viejo era yo / qué edad tenía yo*.

13. ¡No te puedes imaginar *qué mal / lo mal que* he hecho la prueba!

14. No sabes *lo mal / lo mal que* lo he pasado allí.

15. *¿Cuánto pesas? / ¿Cómo de pesado eres?*

Exercise 55

Create questions for the following answers. Use formal pronouns where possible.

1. Mi nueva casa tiene cinco dormitorios.

_____

2. Sólo llevo veinticinco dólares encima.

_____

3. Mi casa está a dos millas del centro de la ciudad.

_____

4. De mi colegio al gimnasio hay más de una milla.

_____

5. La edad de mi esposa es de cincuenta años.

_____

6. Mi hijo tiene doce años de edad.

_____

7. Esa colina tiene unos cien metros de altura.

_____

8. La anchura de nuestro dormitorio es de cinco metros.

_____

9. No vi la película porque no llegué a tiempo.

_____

10. Mi novio mide un metro noventa.

_____

11. La superficie de mi casa es de doscientos metros cuadrados.

_____

12. La hija de Pedro pesa más de cien kilos.

_____

13. Mi peso actual es de ochenta kilos.

_____

14. Voy a elegir el azul que está a la derecha.

_____

15. Voy a pedir una pulsera para Navidad.

_____

Exercise 56

Translate the following sentences. Use formal singular forms where possible.

1. How old is Jennifer's daughter?

_____

2. What is your age, Mrs. Alonso?

_____

3. How many times a month do you play tennis with your friend Ana?

_____

4. How far is your office from the supermarket?

_____

5. How wide is the new bridge?

_____

6. How much does that cow weigh?

_____

7. What is your favorite food?

_____

8. What is the length of this side?

_____

9. What is Tom's height?

_____

10. How many houses are they going to build in this area?

_____

11. How many times a week did she use to go to classes?

_____

12. How long have you been using this dictionary?

_____

13. How long were you in the United States?

_____

14. How long ago did you buy the farm?

_____

15. How far from their town is the university?

_____

16. How much does he have to pay for this apartment?

_____

17. How much does this magazine cost?

_____

18. How much do I owe you?

_____

19. You must know how important it is for me to obtain their help.

_____

20. How many times did he win that race?

_____

Review 2

Exercise 57

Underline the correct option. In some cases both answers are possible.

1. Señor López, ¿quiere que *le / lo* ayude con el equipaje?

2. Señora Antúnez, ¿quiere que *le / la* lleve a la ciudad?

3. Ana no *encuentra / se encuentra* la carta que Juan *la / le* envió.

4. Ayer no *hemos visto / vimos* a la mujer de Pedro.

5. El lunes que viene me *estoy reuniendo / reúno* con unos clientes.

6. En estos momentos los policías *están yendo / van* hacia la multitud.

7. Carlos no *puso / se puso* de pie cuando *entraba / estaba entrando* el presidente.

8. Hace varios años que no *he hablado / hablé* con Tomás.

9. ¿Con quién *estás reunido / te vas a reunir* mañana?

10. Joaquín no *quiere / se quiere* poner el abrigo.

11. *Les / Las* he dicho que no pueden usar *mío / el mío*.

12. Los presos *han escapado / se han escapado* de la cárcel.

13. Ya he oído *lo mal / el mal* que lo pasaste en ese colegio.

14. *¿Has hecho / Hiciste* algún curso de idiomas *año / el año* pasado?

15. Carla *puso / se puso* a escribir cuando me vio.

16. Ella me dijo a las seis que a las siete *tuvimos / teníamos* que estar en el aula.

17. Yo les aseguré que no *trabajaba / estaba trabajando* al día siguiente.

18. Ella insinuó que su padre no *trabajaba / estaba trabajando* en esa fábrica.

19. *¿Cuánto hace que / Desde cuándo* coleccionas mariposas?

20. Lo siento, mañana no te *puedo / voy a poder* llevar al aeropuerto.

Exercise 58

Find and correct any mistakes.

1. A Antonio no gusta pasear por playa.

2. Creo que alguien han estado tocando mis cosas.

3. Debes acostar más temprano. Así mañana levantas sin cansancio.

4. Ella dio a mí una bofetada apenas me veía.

5. A ella lo que pasa es que se odia estudiar de noche.

6. La hermana de María no ha dicho nos nada todavía sobre su posible boda.

7. El portero no nos dejó entrar porque no nos teníamos chaqueta y corbata.

8. Ella parece a su padre en el carácter, pero no físico.

9. Usted no puedes entrar aquí sin mío permiso.

10. Las dije que tenían que intentar llegar más temprano a la oficina.

11. ¿A usted qué les parecen estos cuadros, don Claudio?

12. ¿Estás teniendo alguna cita este fin de semana?

13. Te se va a caer el dinero al suelo.

14. Pablo encanta comer en restaurantes italianos.

15. La chica que está llevando puesta la chaqueta marrón es mi novia.

16. ¿Qué pasa a Mario?

17. Ya es bastante tarde. Voy a mi casa. Mañana tengo madrugar.

18. Me gusto mucho fruta, pero odio naranjas.

19. Mi madre dice que no debo tocar mi nariz cuando estoy comiendo.

20. Carmen no puede salir ahora. Está lavando su pelo.

Exercise 59

Read the text, then decide whether the statements that follow are true or false.

Ya estoy harto de las tonterías de mis amigos. Siempre se están comportando como niños pequeños, y eso empieza a irritarme. Les he dicho que no pienso seguirles la corriente por más tiempo. Me he metido en bastantes líos por su culpa y mis padres están muy enfadados conmigo. Su última fechoría fue vaciarle el depósito de gasolina al profesor de matemáticas, además de romperle uno de los espejos del auto. Lo peor del caso fue que me echaron la culpa a mí. Aún no he podido convencer ni a mis padres ni al profesor de que yo no tuve nada que ver con el caso. De momento no puedo salir los fines de semana y me han rebajado la paga. Comprenderéis que esto que os cuento es muy grave, ya que por las actuaciones de unos tontos me veo en una situación muy desagradable. No lo digo por el castigo. Lo que más me enfada es la desconfianza de mis padres, el hecho de que no me creen. Nunca he tenido un comportamiento de esa índole y, en realidad, siempre he evitado el contacto con gente así, pero es muy difícil, por no decir imposible, escapar del influjo de chicos que actúan como auténticos tiranos en los colegios. Si no les haces caso, te maltratan. Si entras a formar parte de su mundo, te conviertes en un descerebrado como ellos. Hace unos meses, para no ser su víctima, decidí ser uno de ellos, y no os podéis imaginar los problemas que he tenido. Pero ya basta. Ya está bien. A partir de ahora voy a ser el que era y voy a correr el riesgo de tener que enfrentarme a ellos.

1. El narrador es un adulto.

2. El narrador está encantado con la conducta de sus amigos.

3. El narrador se dirige a sus padres en este texto.

4. El narrador rompió el depósito de gasolina del auto del profesor de matemáticas.

5. El narrador no tenía problemas antes con sus padres.

6. Los amigos del narrador son agresivos.

7. Los padres no dejan al narrador salir los sábados.

8. El narrador ha decidido dejar de ser amigo de esos chicos.

9. El narrador opina que no es fácil evitar el contacto con chicos así.

10. El narrador no está dispuesto a cambiar su situación.

Exercise 60

Fill in the blanks with a verb from the list that follows. Use the tenses covered so far. Some of the verbs can be used more than once.

acabar	castigar	cenar	colaborar	comprar	crecer	dar	deber
decir	descubrir	empezar	encontrar	estar	gustar	hacer	invitar
ir a	jugar	leer	llegar	llevar	necesitar	parar	poder
poner	presentar	querer	robar	salir	tener	tener que	tratar
saber	saltar	ser	venir	ver	vivir		

1. No puedo ir contigo esta tarde. _____ un examen muy importante mañana

   y me _____ falta repasar.

2. La novia de Aitor _____ este martes. Esto _____ una

   sorpresa para él, ya que no _____ nada.

3. Los alumnos _____ al fútbol cuando el director _____

   al patio a llamarles.

4. Alguien nos _____ explicar cómo (nosotros) _____ usar

   esto.

5. ¿(Tú) No _____ a Juana? Pero si _____ de marcharse. La _____ ver en la escalera.

6. Los niños _____ demasiado rápido. Los nuestros ya _____ mayores y no nos _____ cuenta.

7. Veo que (tú) aún no _____ terminar la maqueta. ¿(Tú) _____ ayuda?

8. El electricista nos _____ que (nosotros) _____ cambiar la instalación, porque _____ muy peligroso mantenerla así.

9. Los señores _____ en este momento, así que no le _____ atender, caballero.

10. ¿Dónde (tú) _____ la revista que (yo) _____ esta mañana?

11. Los vecinos del quinto no _____ a la reunión del pasado jueves. Siempre (ellos) _____ lo mismo. Mucho protestar y luego (ellos) nunca _____ para solucionar los problemas del edificio.

12. El otro día (yo) _____ llamar a la policía. Resulta que un individuo _____ la verja de mi jardín y _____ las bicis de mis hijos.

13. Esta misma mañana (yo) le _____ a Pablo que no _____ poder ser testigo en su boda, porque mi jefe me _____ enviar a Brasil a hacer un reportaje en la misma fecha.

14. La tía de Juan _____ dos años buscando casa en los alrededores de la ciudad y aún no _____ nada a su gusto.

15. (Nosotros) No _____ jugar al tenis esta tarde porque _____ lloviendo sin cesar. _____ a llover a las dos y aún no _____ .

16. Ahora mi hija _____ perfectamente que si (ella) _____ a casa más tarde de las doce, (yo) la _____ un mes sin salir con las amigas.

17. La chica que (tú) me _____ ayer _____ muy simpática. Creo que (ella) me _____ . ¿Me puedes decir dónde (ella) _____ ?

18. El vestido que mi mujer _____ puesto en la pasada recepción del embajador

_____ un regalo que yo le _____ por su cumpleaños.

La verdad es que (el vestido) no _____ muy caro.

19. Creo que tu hermano nos _____ contar algo importante. Por eso (yo) le

_____ a cenar con nosotros esta noche.

20. En estos momentos (yo) _____ un libro interesantísimo. (El libro)

_____ de un niño que _____ que su profesor

_____ un extraterrestre.

Exercise 61

Create questions for the following answers. Use the underlined words as a clue.

1. Marta estaba cocinando cuando sonó la alarma.

_____

2. Arturo cogió todas las monedas de la caja.

_____

3. El hijo de Rafael mide dos metros.

_____

4. Todas estas libretas son de un niño de la otra clase.

_____

5. Hay más de quinientas personas en esa manifestación.

_____

6. Juan los puso detrás de su escritorio.

_____

7. Llamé al director del colegio, porque necesitaba ayuda urgente.

_____

8. Fui al dentista con mi madre.

_____

9. Todos nuestros amigos van a venir a nuestra celebración.

_____

10. Pedro fue el que rompió el cristal.

_____

11. He usado el mío dos veces.

_____

12. Los nuestros viven a dos kilómetros de distancia.

_____

13. La hija de Antonio nació en Colombia.

_____

14. Mi padre preparó un arroz con bacalao.

_____

15. Estoy leyendo un informe importante.

_____

16. El mío habla cinco idiomas.

_____

17. Son diez dólares y treinta centavos.

_____

18. Mi nuevo aparato de televisión es de pantalla extraplana de plasma.

_____

19. Me quedé en casa porque estaba haciendo mucho frío.

_____

20. Suelo visitar a mi abuela dos veces al mes.

_____

Exercise 62

Translate the following sentences.

1. I'm not going to be able to do that.

_____

2. She can't come this evening, because she has to study.

_____

3. The doctor has told me that I mustn't smoke.

_____

4. I have told my friends that I can't be with them on the weekend.

_____

5. How long is that wall?

_____

6. How long has she been practicing for the concert?

_____

7. They were reading their books when the teacher opened the door.

_____

8. She was washing the dishes when her son let out a cry.

_____

9. We can't buy him the motorbike, because we don't have any money.

_____

10. She is not coming at ten tonight. She has to do something first.

_____

11. He is having trouble at work lately.

_____

12. The book that you (*tú*) lent me is very interesting.

_____

13. The house that we rented didn't have a garage.

_____

14. Can you (*tú*) lend me your camera? I need it on the weekend.

_____

15. Can you (*tú*) tell me what time it is?

_____

16. What time does the concert start?

_____

17. She never watches television at night.

_____

18. That man is always bothering me.

_____

19. The policeman said that we couldn't park there.

_____

20. María said that she had to stay with her grandmother that afternoon.

_____

21. The shop assistant asked if we needed anything else.

_____

22. My boss told me that I had to finish the report before Monday.

_____

23. I have had this motorbike since I was sixteen.

_____

24. I have been working in this office for two months.

_____

25. He has been studying German for six weeks.

_____

26. How wide is the new road?

_____

27. Marta is going to give hers (*libro*) to us.

_____

28. Your (*usted*) hat is going to fall off.

_____

29. Nobody is going to tell me what I have to do.

_____

30. I lent them my camera, not yours (*vosotros*).

_____

31. She took Pedro's newspaper, not mine.

_____

32. How many times a year does she visit you (*ustedes*)?

_____

33. Who wrote that on the wall?

_____

34. My wife wasn't wearing her blue dress at Marisa's party.

_____

35. I told him that I didn't want to see him again.

_____

36. When the police arrived, the thief was not in the house.

_____

37. Why don't you (*tú*) put on the shirt that I bought you yesterday?

_____

38. Why don't we eat in a restaurant?

_____

39. Didn't you (*tú*) like the ring that your husband bought you?

_____

40. I used to take my kids to a restaurant every Saturday.

_____

11

Pluscuamperfecto

The **pluscuamperfecto** is the past tense of the **pretérito perfecto** and the **indefinido**. In general, it shows notable coincidences with the English *past perfect*, although the **indefinido** can nearly always be used instead of the **pluscuamperfecto**:

Ella había estado/estuvo allí antes.	*She had been there before.*
Alguien había robado/robó las joyas.	*Somebody had stolen the jewels.*

As in English, the **pluscuamperfecto** cannot be used to refer to the "future of the past":

¿Dónde fuiste al día siguiente?	*Where did you go the next day?*

Where it differs from English is in translating past perfect structures with *for*, *since*, and *how long*: Spanish uses the **imperfecto**. In this case, *for* must be translated by **desde hacía**, and *how long* by **cuánto (tiempo) hacía que**, although **desde cuándo** is common with past tenses:

Ella trabajaba allí desde hacía dos años.	*She had worked there for two years.*
¿Cuánto hacía que lo tenías?	*How long had you had it?*
¿Desde cuándo estabas viviendo allí?	*How long had you been living there?*

Similarly to what happens with *have been*, the past perfect of the verb *to be* can become the **imperfecto** of **llevar** in sentences with *for* and *how long*:

Juan llevaba un año estudiando chino.	*Juan had been studying Chinese for a year.*
¿Desde cuándo sabía ella eso?	*How long had she known that?*

With **llevar**, **desde cuándo** and **cuánto (tiempo) hacía que** should not be used. Only **cuánto (tiempo)** is advisable. Compare:

¿Cuánto tiempo llevabas casado?	*How long had you been married?*
¿Cuánto hacía que estabas casado?	*How long had you been married?*
¿Desde cuándo estabas casado?	*How long had you been married?*

The verb **llevar** is followed by **sin** and an infinitive when the sentence implies something negative:

> Yo llevaba dos años sin fumar.   *I hadn't smoked for two years.*

Had + just + past participle is translated by the **imperfecto** of **acabar de**:

> Ellos acababan de llegar.   *They had just arrived.*

The **indefinido** of **acabar de** means *finished* (**Acabé de comer** = *I finished eating*).

Spanish has a continuous tense formed with the **indefinido** of **estar** and the gerund. It looks like a normal past continuous, but in fact it is entirely equivalent to a past simple (**indefinido**). Compare:

> Yo estaba estudiando.   *I was studying.*
> Yo estuve estudiando.   *I studied.*

In fact, this continuous tense is used to refer to finished actions that had been in progress for some time. When it is used to refer to one action that precedes another action, it has the same function as the **pluscuamperfecto continuo**:

> Antes de salir, estuve leyendo.   *Before going out, I had been reading.*
> Antes de salir, había estado leyendo.   *Before going out, I had been reading.*

It is not advisable to use the **pluscuamperfecto continuo** when the second of the two actions is in the **indefinido** (this can be very confusing!):

> Ana ya había estado trabajando en   *Ana had already been working on the project when*
>   el proyecto cuando llegamos.   *we arrived.*

For translates as **durante** with perfect tenses when the action is finished—that is, when the action is not being done at the moment of speaking or at the moment referred to. Compare:

> Habíamos estado trabajando   *We had been working for two hours*
>   durante dos horas.   *(we were no longer working).*
> Estábamos trabajando desde hacía   *We had been working for two hours (we were still*
>   dos horas.   *working).*

If **llevar** is used, *for* is not translated. **Durante** does not need to be translated:

> Llevaba dos días nevando.   *It had been snowing for two days.*

Exercise 63

Fill in the blanks as appropriate with **desde, desde que, desde hace, desde hacía,** or **durante,** or leave blank.

1. Conozco a ese muchacho _____ varios años.

2. Ellos son novios _____ empezaron a estudiar juntos.

3. Carla había estado esperando _____ dos horas.

4. Llevo _____ varios meses buscando a Felipe.

5. Elena estaba esperando _____ cuatro horas.

6. Los padres de Juan están separados _____ el verano pasado.

7. Mis primos llevaban _____ meses intentando comunicarse conmigo.

8. Esa vieja ley estaba en vigor _____ veinte años.

9. Los chicos estuvieron jugando al fútbol _____ tres horas.

10. Sé tocar el violín _____ mi padre me enseñó hace quince años.

11. No duermo _____ oí la noticia.

12. Elena y Arturo no veían una película así _____ mucho tiempo.

13. Tienes que esperar _____ unos segundos antes de usarlo.

14. La policía les estuvo vigilando _____ dos días seguidos.

15. Soy el nuevo alcalde _____ las últimas elecciones.

Exercise 64

Underline the correct option. In some cases both answers are possible.

1. Ellos no *habían estado vigilando / estuvieron vigilando*. Por eso *había sucedido / sucedió* el accidente.

2. Javier me dijo que su padre no *había trabajado / trabajó* ese día, porque su jefe le *había dado / dio* permiso.

3. Cuando *había llegado / llegué*, los invitados ya *estuvieron / estaban* comiendo.

4. Al abrir la puerta me *había dado / di* cuenta de que algo malo *pasaba / estaba pasando*.

5. Ellos *llevaban / estuvieron* treinta años casados y aún *estuvieron / estaban* enamorados.

6. Yo *acababa / acabé* de llegar a mi casa cuando apareciste. Por eso no me *había dado / dio* tiempo a encender las luces de la salita.

7. Yo sé que Ana te lo *dijo / había dicho.* ¿Qué *habías hecho / hiciste* después?

8. ¿Qué *habías tenido / tuviste* que hacer cuando *habías descubierto / descubriste* que el informe estaba mal?

9. Juan *acababa / acabó* de pintar la cocina antes de las seis. Por eso *conseguía / consiguió* recoger a sus niños a las seis y cuarto.

10. Luis ya se *había marchado / marchó* cuando la película *había empezado / empezó.*

11. Ellos no *habían comprado / compraron* todavía el auto que yo les *aconsejé / había aconsejado.*

12. Las autoridades *decidieron / habían decidido* que nadie *podía / había podido* estar en la calle más tarde de las doce.

13. Entonces Marta me *había asegurado / aseguró* que nadie *tocó / tocaba* mis cosas al día antes.

14. Ya me *había acostumbrado / acostumbré* a vivir allí cuando me *dijeron / habían dicho* que me tenía que marchar.

15. Ella no *entendió / había entendido* aún lo que el profesor le *había explicado / explicó* la semana anterior.

Exercise 65

Rewrite the following sentences as in the examples, using **llevar** or **acabar de**. The sentences can be in either the present or the past.

> *Examples*:   Paco estaba enamorado de Elena desde hacía mucho tiempo.
> Paco **llevaba** mucho tiempo enamorado de Elena.
>
> Rafael llegó **justo** cuando Mari le llamó.
> Rafael **acababa de** llegar cuando Mari le llamó.

1. Ellos vivían en ese apartamento desde hacía dos años.

_____

2. Carlos trabajaba para un anticuario desde hacía varios meses.

_____

3. Marta terminó la cena en el momento en que apareció su marido.

_____

4. Estábamos saliendo desde hacía pocas semanas.

_____

5. Juan está preparando el examen desde hace ocho días.

_____

6. Justo ahora se ha marchado tu hermano.

_____

7. Ella salió de la casa justo cuando explotó la cocina.

_____

8. He terminado el ejercicio en este mismo momento.

_____

9. Practico el tenis desde hace diez años.

_____

10. No como en ese restaurante desde hace un año.

_____

11. Elena no nos visita desde hace mucho tiempo.

_____

12. Paco no veía a su hermana desde hacía años.

_____

13. Hace un momento que Luis ha hablado con el director.

_____

14. Roberto cerró con llave justo cuando vio que aún había gente dentro.

_____

15. No sé nada de ellos desde hace siglos.

_____

Exercise 66

Read the text, then decide whether the statements that follow are true or false.

Serafín no había podido terminar el último ejercicio. El examen había empezado a las tres y sólo había tenido tiempo para hacer tres de las cuatro preguntas de que constaba. El profesor ya había dado la orden de entregar los folios y Serafín estaba desesperado. Le preguntó al profesor si podía dar unos minutos más, ya que él se sabía la materia muy bien, pero éste le respondió que dos horas bastaban para hacer una prueba así. El pobre no sabía qué hacer. Aquel examen era demasiado importante para él, puesto que de él dependía la nota final del curso. Justo cuando todo parecía perdido, entró alguien en la clase. Era un hombre extraño, con indumentaria de otra época, que se llevó al profesor al pasillo. Los que estaban allí se miraron con asombro, pero rápidamente se dieron cuenta de que aquello podía ser una gran oportunidad para terminar la prueba. Sin perder más tiempo, Serafín se puso frenéticamente a hacer la dichosa pregunta. Aquello parecía un milagro, pues el tiempo transcurría y el profesor no entraba. A través de los cristales de la puerta se le veía hablando con el extraño. No parecía ser una conversación muy amigable, pero eso le daba igual. Lo importante era que le estaba dando tiempo a hacer lo que antes había sido imposible. Incluso pudo consultar un poco a Gerardo, el empollón de la clase. Dos semanas más tarde, Serafín recibió el resultado de la prueba: un ocho. Estaba salvado.

1. Serafín no sabía cómo contestar la última pregunta.
2. El examen tenía cuatro preguntas.
3. Eran aproximadamente las cinco.
4. El profesor estaba dispuesto a dar unos minutos más.
5. El examen había durado tres horas.
6. El extraño llevaba la ropa rota.
7. En la clase había otros alumnos, además de Serafín.
8. La conversación entre el profesor y el extraño parecía una discusión.
9. Serafín estaba haciendo la última pregunta con mucha tranquilidad.
10. Al final, todo salió bien.

Exercise 67

Translate the following sentences.

1. Pepe had just seen an accident.

_____

2. My friend Ana had brought more drinks.

_____

3. They had been writing to each other for years (they were still writing to each other).

_____

4. The teacher had been explaining the lesson.

_____

5. All my friends had been playing tennis that afternoon.

_____

6. They said that they had bought the vegetables in the new supermarket.

_____

7. Luis commented that he had been very busy at the office that day.

_____

8. Paco had studied for three hours (he was no longer studying).

_____

9. She asked me if I had seen her umbrella.

_____

10. Pedro asked her if she had been working on the new project.

_____

11. She helped me a lot. Thanks to her I finished doing the exercises.

_____

12. The policeman told me that I had parked my car in the wrong parking space.

_____

13. I had just finished the book that he had lent me.

_____

14. He had just read the newspaper that he had bought two hours before.

_____

15. He had been studying at this school for one year when his parents decided to move.

_____

16. Felipe had worked there for a few weeks, but then he left.

_____

17. My mother said that she hadn't prepared anything for us.

_____

18. The thief assured us that he hadn't stolen the painting.

_____

19. When I went into my room I saw that somebody had been searching through my things.

_____

20. Antonio has told me that he had a relationship with her before going to college.

_____

21. She says that Juan has been very kind to her.

_____

22. She said that Juan had been very kind to her children.

_____

23. He said that he had collected stamps for over twenty years.

_____

24. He has just given me the news.

_____

25. She told me that he had just given her the news.

_____

26. Miguel said that somebody had been following him.

_____

27. The president assured them that the government had solved the problem.

_____

28. They said that it had been raining for two hours (it was no longer raining).

_____

29. She said that it had been raining since four o'clock (it was still raining).

_____

30. I have told him that I had been a soldier since 1980.

_____

31. He said that something strange had happened.

_____

32. She told us that her husband hadn't phoned her.

_____

33. I told them that I hadn't been able to pick up their children.

_____

34. When she woke up I had been cooking for several hours (I was still cooking).

_____

35. I said that Federico hadn't been helping me.

_____

36. Mari had had to pick up her son from school.

_____

37. I had forgotten my book in the office.

_____

38. I had just parked my car when I saw him.

_____

39. They had been sleeping all night (past reference).

_____

40. I had hidden the money in the garden.

_____

12

Adverbs of Frequency and *Already, Still, Also, Too,* and *Yet*

As their name indicates, adverbs of frequency say how often something happens. The most common ones are:

always	siempre
ever	alguna vez
ever (in superlatives)	jamás
frequently	frecuentemente
habitually	habitualmente
hardly ever	casi nunca
never	nunca/jamás
normally	normalmente
occasionally	ocasionalmente
often	a menudo
rarely	casi nunca (= rara vez)
seldom	casi nunca
sometimes	algunas veces
usually	usualmente

Adverbs of frequency can be placed in different positions in the sentence, although most speakers set them before the main verb or at the end of the sentence. **Casi nunca,** when put before the verbal sequence, causes the verbs to be positive. When placed at the end of the sentence, the verb is always in the negative:

Casi nunca voy allí.	*I seldom go there.*
No voy allí casi nunca.	*I seldom go there.*

Ever translates only as **jamás** in sentences with a superlative form:

Es la chica más guapa que jamás he visto (= ... que he visto jamás).	*She is the most beautiful girl I have ever seen.*

Elsewhere, the usual translation of *ever* is **alguna vez**:

¿Has estado allí alguna vez?   *Have you ever been there?*

Never can be **nunca** and **jamás**, except in the combination **nunca más** (*never more*). **Jamás más** is impossible. Both **nunca** and **jamás** cause the verb to be positive when they are placed before the verbal sequence. If they are placed after the verbal sequence, the main verb is always negative:

Nunca he visto a ese hombre.   *I have never seen that man.*
No he visto a ese hombre jamás.   *I have never seen that man.*

Usualmente is a little used adverb. Spanish prefers the verb **soler** (only in the *present* and in the **imperfecto**), which is always followed by the infinitive of the verb that comes after *usually* in English:

No suelo ir allí.   *I don't usually go there.*
No solía hacer eso.   *I didn't use to do that.*

Already and *yet* translate as **ya**:

¿Has terminado ya? = ¿Ya has terminado?   *Have you finished yet?*
Ya he terminado = He terminado ya.   *I have already finished.*

In the negative, *yet* translates as **aún no** or as **todavía no**. Both forms can be placed before the verb or at the end of the clause:

Todavía no he hablado con Pedro.   *I haven't talked to Pedro yet.*
No he visto a Pedro todavía.   *I haven't seen Pedro yet.*

Still corresponds with the adverbs **aún** and **todavía**, which are usually placed before the verbs and at the end of the sentence:

Todavía tengo dinero.   *I still have some money.*

Also and *too*, however nuanced their meanings, translate as **también**, which is usually placed before the verb:

Ella también es enfermera.   *She is a nurse, too.*
Yo también toco el piano.   *I also play the piano.*

When placed before adjectives, *too* is translated by the adverb **demasiado**, and always used in the masculine:

Ella es demasiado joven. *She is too young.*

As an adjective or pronoun (*too much*, *too many*), **demasiado** must agree in gender and number with the noun referred to:

Eso cuesta demasiado dinero. *That costs too **much** money.*
Has bebido demasiada leche. *You have drunk too **much** milk.*
Hay demasiadas chicas aquí. *There are too **many** girls here.*

Exercise 68

Fill in the blanks with the appropriate adverb. In some cases several adverbs are possible.

1. ¿Has comido _____ en ese restaurante?

2. No visito a mi abuela _____, ya que vive muy lejos de mi ciudad.

3. Sólo les veo _____, pues viven en otro país.

4. Sólo les veo una vez al año; más _____ es imposible, ya que trabajan en otro estado.

5. _____ cojo el autobús de las ocho y media todos los días, aunque _____ me lleva mi padre.

6. Es la chica más inteligente que _____ he visto.

7. No debes jugar _____, con fuego te puedes quemar.

8. Sólo fumo _____, en fiestas, bodas y ocasiones así.

9. Ellos _____ han estado en ese lugar; por tanto, no lo conocen.

10. Ellos vienen una vez cada tres años, y cuando vienen, no _____ estoy aquí.

11. No _____ voy a la oficina andando. _____ cojo el auto.

12. No solemos ir al cine. _____ alquilamos películas de vídeo.

13. Ella suele venir los martes, aunque _____ lo hace los jueves.

14. _____ he terminado los ejercicios.

15. No he podido hacer la compra _____.

Exercise 69

Find and correct any mistakes.

1. Es la película más aburrida que algunas veces he visto.

2. Ellos viven en el piso de abajo, pero les veo rara vez.

3. Casi nunca no como carne.

4. Todavía he hecho eso no.

5. Ella es demasiada bajita para ese deporte.

6. Hay demasiado libros en esa estantería.

7. Ella está demasiado ocupada para poder venir esta noche.

8. Algunas veces pienso que me odias.

9. He ya aprendido el vocabulario para mañana.

10. No solemos pasear después de la cena.

11. ¿Ya has hecho los deberes?

12. No quiero verte jamás más.

13. Jamás salgo los domingos por la noche.

14. Jamás no he visitado un museo.

15. Aún no me han devuelto el dinero.

Exercise 70

Create questions for the following answers. Use the underlined words as a clue. Use the familiar subject pronouns.

1. No, <u>nunca</u> he estado en Irlanda.

_____

2. Ella <u>siempre</u> ha vivido en este pueblo.

_____

3. Juan viene aquí <u>muy a menudo</u>.

_____

4. Sí, lo practico <u>habitualmente</u>.

_____

5. No, no <u>suelo</u> almorzar en ese sitio.

_____

6. Sara nos limpia la casa <u>dos veces</u> por semana.

_____

7. <u>Juan</u> es el que habitualmente se encarga de eso.

_____

8. <u>Casi nunca</u> juego al tenis en esa cancha.

_____

9. <u>Pablo</u> es el chico más torpe que jamás he visto.

_____

10. Sí, <u>ya</u> los he terminado.

_____

11. No, <u>aún no</u> he recibido el paquete.

_____

12. Fue <u>Sandra</u> la chica a la que di la información.

_____

13. No, sólo nos reunimos aquí <u>ocasionalmente</u>.

_____

14. No, yo <u>jamás</u> fumo delante del bebé.

_____

15. <u>Suele ser Tomás</u> el que aparca aquí.

_____

Exercise 71

Find in the second column expressions that have the same meaning as the adverbs in the first column. The meanings may be used more than once.

1. Usualmente	A. Por costumbre
2. Ocasionalmente	B. Sin pausas o intermedios
3. Raramente	C. A veces
4. A menudo	D. Nunca
5. Alguna vez	E. Todavía
6. Normalmente	F. Casi nunca
7. Jamás	G. Sólo en algunas ocasiones
8. Algunas veces	H. Frecuentemente

9. Siempre
10. Habitualmente
11. Aún

I. Por regla general
J. Soler
K. En alguna ocasión

Exercise 72

Translate the following sentences.

1. I have already studied my lessons.

_____

2. She hadn't seen us yet.

_____

3. We are still having problems with our car.

_____

4. Have you (*tú*) ever talked with the president?

_____

5. She has already tasted the soup.

_____

6. They are still working on it (*ello*).

_____

7. Have you (*tú*) ever been in a fight?

_____

8. She hasn't been telling the truth.

_____

9. I have just made a new mistake.

_____

10. Those paintings are too expensive for me.

_____

11. They have just gotten off the bus.

_____

12. Pedro usually has lunch at two.

_____

13. She used to buy fruit in this supermarket.

_____

14. We are going to meet at six o'clock.

_____

15. Have you (*usted*) ever had a motorbike?

_____

16. He had just left for Los Angeles.

_____

17. I sometimes play golf with him.

_____

18. I hardly ever buy newspapers on weekends.

_____

19. She normally stays with the children.

_____

20. How much did she have to pay for this magazine?

_____

21. It has been windy since yesterday.

_____

22. This is the most boring film that I have ever seen.

_____

23. What time do you (*tú*) normally get up in the morning?

_____

24. They had been redecorating their apartment since August.

_____

25. I was going to water the plants.

_____

26. We don't phone them (*amigos*) very frequently.

_____

27. They occasionally meet and talk about their lives.

_____

28. We have never liked horror films.

_____

29. Has she broken the bottle?

_____

30. How much money had they already spent?

_____

31. Who took her to the office?

_____

32. What does she usually cook on weekends?

_____

33. I have eaten too many cookies.

_____

34. I have spent too much.

_____

35. Are they still sleeping?

_____

36. The mechanic hasn't repaired my car yet.

_____

37. Why haven't you (*tú*) shown us your report card yet?

_____

38. How long have you (*vosotros*) been watching this film?

_____

39. She rarely comes before ten.

_____

40. I hardly ever write letters.

_____

13

The Future

Future plans, arrangements, and intentions are usually expressed either by the present simple or by the present simple of the verb **ir a** followed by the infinitive:

Mañana tengo una reunión.	*I'm having a meeting tomorrow.*
Ella no viene hoy.	*She is not coming today.*
Voy a comprar una revista.	*I'm going to buy a magazine.*

In talking about the future in general, including arrangements and intentions, the speaker can use the future tense. This very often depends on personal appreciation:

Llegarán a las seis.	*They will arrive at six.*
Mañana les llamaremos.	*We will call them tomorrow.*

General predictions are usually expressed in the future tense:

Lloverá en el norte.	*It will rain in the north.*
Mis niños tendrán los ojos marrones.	*My children will have brown eyes.*

Predictions with a high degree of certainty can be expressed by the present simple or by **ir a**:

Mañana llueve aquí.	*It's going to rain here tomorrow.*
Mañana va a llover aquí.	*It's going to rain here tomorrow.*

The present simple can only refer to the future if there is a future element in the sentence, whether stated or simply understood:

<u>Mañana</u> juego al tennis.	*I'm playing tennis <u>tomorrow</u>.*
Juego al tennis.	*I play tennis.*

Promises and future deductions are also expressed by the future tense:

A las ocho estarán cenando.	*They will be having dinner at eight.*
Te prometo que lo haré.	*I promise you (that) I will do it.*

Present deductions are usually expressed by the future tense:

Ahora estarán cenando.   *They must be having dinner now.*

Strong determination is expressed by the future tense, although in negative sentences the verb **querer** can also be used:

Lo haré.   *I will do it.*
No iré a esa reunión.   *I won't go to that meeting.*
No quiero ir a esa reunión.   *I won't go to that meeting.*

Will be + -ing has a literal translation only to refer to actions that will presumably be taking place at a certain time in the future:

Para esta hora mañana estaremos   *By this time tomorrow we will be visiting the*
  visitando el Museo Británico.   *British Museum.*

However, this construction can't be used to talk about plans or arrangements. A sentence such as *I will be going to the office* must translate as **Voy a ir a la oficina**—or as **Voy a la oficina** if a future reference is used or understood.

The Spanish future perfect is very similar to its English counterpart, except in those cases in which *for* and *how long* are used:

No habrán muerto en vano.   *They won't have died in vain.*
Lo habrán terminado para entonces.   *They will have finished it by then.*
El próximo mayo estaremos casados   *Next May we will have been married for*
  desde hace veinte años = ... llevaremos   *twenty years.*
  veinte años casados.

In Spanish, decisions made at the moment of speaking are expressed by the present simple:

No te levantes. <u>Yo voy.</u>   *Don't stand up. <u>I'll go.</u>*

Proposals and suggestions of the type *Shall I/we . . .* are also expressed by the present simple:

¿Almorzamos juntos mañana?   *Shall we have lunch together tomorrow?*

Will translates as **querer** in sentences in which the speaker wants something to be done:

¿Quiere usted sentarse, por favor?   *Will you sit down, please?*

Exercise 73

Underline the correct option. In some cases both answers are possible, depending on the context and mental attitude of the speaker.

1. ¿*Tendrás / Tienes* planes esta noche?

2. ¿Qué *pensarás / piensas* hacer mañana?

3. Creo que lo *pondré / pongo* en lo alto de la tele.

4. Esta noche les *llevaré / voy a llevar* a un buen restaurante.

5. La semana que viene me *estoy marchando / marcho* a casa de mis padres.

6. Esta tarde *estaré saliendo / voy a salir*, así que te puedo traer las revistas.

7. La semana que viene *voy a participar / participo* en un campeonato de ajedrez.

8. Veo que te está resultando difícil. ¿Te *echaré / echo* una mano?

9. Creo que los *compro / voy a comprar* en el quiosco de la esquina.

10. El lunes que viene a esta hora *estoy / estaré* desayunando en Nueva York.

11. ¿Me *darás / quieres dar* la mantequilla, por favor?

12. ¿*Vendrás / Quieres venir* a la fiesta de Martín?

13. El mes que viene ya lo *habrán terminado / estarán terminando* y podremos usarlo.

14. Ahora no debemos ir a la casa de Antonio. *Estará/Habrá estado* durmiendo.

15. Veo que ya lo sabes. Supongo que *habrás oído / oyes* la noticia en la radio.

Exercise 74

Fill in the blanks with the correct form of a verb from the list that follows. Use an appropriate future tense (including the present simple and **ir a**). Use each verb once only.

coger	despedir	estar	ganar	hacer	limpiar
llegar	llevar	operar	poder	ponerse	preparar
ser	tener que	tomar			

1. Si no te das prisa, (nosotros) no _____ ver el comienzo de la película.

2. El dinero no está. Supongo que lo _____ Antonio.

3. Luis no ha ido hoy a trabajar. (Él) _____ enfermo.

4. Esta noche me _____ el traje gris.

5. Veo que tienes hambre. ¿(Yo) _____ algo de comer?

6. Los Red Socks _____ el partido si siguen jugando así.

7. Mi jefe me _____ si se entera de lo que he hecho.

8. ¿Qué (tú) _____ este fin de semana?

9. Lo siento, no puedo ir contigo. (Yo) _____ ir a la universidad a recoger unos apuntes.

10. (Ellos) Me _____ del riñón la semana que viene.

11. Carlos ya _____ a su casa y estará durmiendo tranquilamente.

12. El martes que viene (yo) _____ quince años en esta empresa.

13. La habitación está limpia. Supongo que la _____ tu madre.

14. Es temprano todavía. ¿Nos _____ otro café?

15. Alguien ha comprado comida. _____ mi hermana.

Exercise 75

Rewrite the following sentences using the future perfect or **ir a**, as in the examples. Use an appropriate object pronoun where possible.

> Examples: El auto funciona muy bien de nuevo. (*Reparar Luis*)
> **Lo** habrá reparado Luis. (= Luis **lo** habrá reparado)
>
> Juan no puede hacer eso solo. (*Ayudar yo esta tarde*)
> **Le/Lo** voy a ayudar yo esta tarde.

1. Los niños han ido al cine. (*Llevar Pepe*)

_____

2. Mari no encuentra su cámara por ninguna parte. (*Coger su marido*)

_____

3. ¿Quién ha puesto esto aquí? (*Hacer tu madre*)

_____

4. Mis padres saben que estuve en esa fiesta. (*Contárselo Paco*)

_____

5. Mi mujer sabe que voy a jugar a las cartas con vosotros. (*Decírselo Francisca*)

_____

6. El cristal de esa ventana está roto. (*Ser los niños*)

_____

7. Hace falta llevar estas cartas a Correos. (*Hacer yo mañana*)

_____

8. Necesitamos bombillas para las lámparas de arriba. (*Comprar yo este martes*)

_____

9. La moto no está en el garaje. (*Llevársela la niña*)

_____

10. Tengo que estar en el aeropuerto a las ocho. (*Yo no poder llevar a esa hora*)

_____

11. Juan aún no ha traído las herramientas. (*Traer esta tarde*)

_____

12. ¿Por qué te has llevado mi diccionario? (*Necesitar para unas traducciones*)

_____

13. ¿Dónde ha puesto mi padre el martillo? (*Dejar en el desván*)

_____

14. Elena parece muy cansada. (*Estar trabajando mucho*)

_____

15. Necesitamos darle esto a Marta. (*Yo no poder dar mañana*)

_____

Exercise 76

Read the text, then decide whether the statements that follow are true or false.

Muchas veces me pregunto cómo será el futuro. No el futuro inmediato, éste que tenemos cerca y que casi podemos intuir. No. Me refiero al futuro lejano. Pongamos como ejemplo el año 2200. Si consideramos lo cambios que ha sufrido el ser humano en los últimos dos siglos, pensar en lo que nuestra especie puede ser dentro de doscientos años me pone los pelo de punta. Por un lado, me gusta suponer que no existirán los problemas acuciantes de ahora y que se habrán corregido casi todas las situaciones de injusticia que padecemos. Pero por otro lado, es fácil caer en el desánimo y ver un futuro deshumanizado, lleno de contaminación, superpoblación endémica, etc. Es decir, que en base a lo que los humanos hemos hecho en estos últimos años, es lógico asumir que pondremos el planeta al borde del verdadero precipicio. No se ven visos de solución por los que podamos adquirir el necesario optimismo y creer en la sociedad ideal, sumida en la concordia y respetuosa con la naturaleza. Antes al contrario, lo que se percibe es una carrera suicida hacia adelante, en la que los débiles tendrán que seguir manteniendo su condición de tales para poder costear las veleidades de los poderosos. Y en medio de todo esto, nuestro pobre planeta. Ese pequeño refugio azul, palmariamente insignificante en la inmensidad de la creación, sometido a todo tipo de torturas y expuesto al peligro de la desaparición total. Sólo cabe la esperanza de creer en el descubrimiento de otros mundos, donde los humanos establezcan un nuevo modelo de sociedad en la que no se cometan los muchísimos errores que han venido jalonando la existencia del hombre.

1. El autor es bastante optimista con respecto al futuro.

2. Según el texto, al autor sólo le interesa el futuro a corto plazo.

3. El autor señala que no hay pruebas para pensar en un futuro mejor.

4. En el futuro que se describe en este texto, no habrá ricos dominando a pobres.

5. Según el autor, el planeta Tierra corre serio peligro de destrucción.

6. En su primera aproximación, el autor quiere creer que todo irá mejor.

7. El autor considera que nuestro planeta es muy pequeño.

8. El autor sueña con la posibilidad de descubrir otro planeta donde se pueda vivir mejor.

9. Según el texto, en toda la existencia humana hay muchos y grandes errores.

10. El autor tiene otras alternativas positivas para el futuro.

Exercise 77

Translate the following sentences.

1. We won't have any problems.

_____

2. They will have to work this weekend.

_____

3. I'm going to make coffee.

_____

4. Shall I explain the lesson to you (_tú_)?

_____

5. She is not going to be here this Christmas.

_____

6. Where is she going to sleep?

_____

7. He will already have bought the milk.

_____

8. It will be windy in the south of the country.

_____

9. Marco won't accept this offer.

_____

10. Amelia is not going to Paris next week.

_____

11. She will have sold her house.

_____

12. Paco will have to write the letters in Spanish.

_____

13. Their team will surely win the league.

_____

14. What will happen if I press this button?

_____

15. Are you (*tú*) training this evening?

_____

16. I don't want to disturb Felipe. I'm sure he is studying now.

_____

17. Francisco won't be able to mail this letter.

_____

18. They will have been living in this town for two months by the end of this week.

_____

19. What will you (*tú*) do if she leaves you?

_____

20. All right. I'll make dinner tonight.

_____

21. Do you (*usted*) think that it will rain on the weekend?

_____

22. My boss has told me that our office will have to close at Christmas.

_____

23. I won't put on that suit! It's too old!

_____

24. Shall we tell them that we can't go there tomorrow?

_____

25. What shall we buy Patricia for (*por*) her birthday?

_____

26. My father has promised me that he will take me fishing next Saturday.

_____

27. They will have finished the bridge by next summer.

_____

28. You (*tú*) will go to prison if you do that.

_____

29. I'm staying at home tomorrow. Why don't you (*tú*) come and spend the day with me?

_____

30. We are playing in your (*tú*) town next Sunday.

_____

31. I'm sure that it will be a disaster if he hears something about this.

_____

32. She says that she is not going to like them.

_____

33. Pedro is sure that it will not snow this winter.

_____

34. You will forget everything if you (*tú*) don't read in Spanish from time to time.

_____

35. You will get better if you (*usted*) take this medicine.

_____

Infinitives and Gerunds

14

In Spanish, verbs are usually followed by the infinitive rather than the gerund, in contrast to English:

Me encanta pescar.	*I love fishing.*
Quiero comer.	*I want to eat.*
Odio hacer eso.	*I hate doing that.*
No puedo ir.	*I can't go.*

Infinitives, but not gerunds, can act as the subject of the sentence:

Hacer eso es peligroso.	*Doing that is dangerous.*

Gerund forms follow verbs to say *how* the action is done:

Disfruto <u>tocando</u> la guitarra.	*I enjoy playing the guitar.*
Lo hice <u>levantando</u> la tapa.	*I did it by lifting the lid.*

This implies that every time you can ask <u>how</u> the subject of the sentence carried out the action and <u>what</u> the subject was doing while doing the action, gerund forms must be used instead of infinitives:

Subí las escaleras corriendo.	*I ran up the stairs.*
Caminaba silbando.	*I was whistling while walking.*

In giving directions and indications, the gerund is usual:

Mi oficina está entrando a la derecha.	*You'll find my office as you go in on the right.*

The same effect can be achieved by using *al + infinitive* (*Mi oficina está al entrar a la derecha*). Inversion is very common in this type of sentence (*Entrando a la derecha está mi oficina = Al entrar a la derecha está mi oficina*).

Gerund forms at the beginning of the clause can imply *when/as, if,* and *on/in + -ing*:

Terminando esto, nos iremos a la playa.   *When I finish this, we'll go to the beach.*

Haciendo eso te quemarás.   *If you do that, you'll get burned.*

Saliendo del pueblo tuvimos un accidente.   *On going out of the village, we had an accident.*

Infinitives preceded by **a** or **para** are required to express intention:

He venido a/para hablar contigo.   *I've come to talk to you.*

If the sentence has a direct object, only **para** is possible:

Ella <u>lo</u> hizo para salvarse.   *She did it to save herself.*

Para translates *in order to* and *so as to*:

Para alcanzar la cima necesitamos...   *In order to reach the summit we need . . .*

The start of an action is expressed by the infinitive preceded by **a**:

Empecé a tocar el piano a los cinco años.   *I started playing the piano at five.*

Al + **infinitive** is the counterpart of *in/on* + *-ing*:

Al salir de mi casa me caí.   *On going out of my house, I fell down.*

After prepositions, only the infinitive is possible:

No hagas eso sin llevar guantes.   *Don't do that without wearing gloves.*

Exercise 78

Underline the correct option. In some cases both answers are possible.

1. No me gusta *saliendo / salir* de noche.

2. Ella prefiere *quedarse / quedándose* en casa los fines de semana.

3. Lo conseguí *buscar / buscando* en las páginas amarillas.

4. *Darme / Dándome* mis padres dinero, yo soy muy feliz.

5. Vinimos todo el rato *hablando / hablar* de fútbol.

6. Entré *correr / corriendo* en el bar a buscar a Pedro.

7. *Subiendo / Al subir* a la segunda planta a la izquierda verás una pequeña fuente.

8. Isabel me visitó *a hablar / para hablar* del próximo concierto.

9. Ana va a ir a tu casa *para ver / a ver* si necesitas ayuda.

10. No debes tocar esos cables sin *usar / usando* las herramientas adecuadas.

11. Ella dice que *ser / siendo* médico es el sueño de su vida.

12. *Estudiar / Estudiando* un poco todos los días, aprobarás fácilmente.

13. No debes preocuparte *estando / estar* nosotros en casa.

14. No recuerdo *haber / habiendo* visto a esa chica antes.

15. No soporto *tener / teniendo* que trabajar los sábados.

Exercise 79

Write meaningful sentences using all the listed words.

1. estar, que, el, menos, tenemos, las, en, a, aeropuerto, cuarto, Londres, ocho, de

_____

2. me, mis, Disneylandia, llevar, padres, quieren, no, a

_____

3. del, la, edificio, hay, saliendo, izquierda, restaurante, un, a

_____

4. a, noche, Luisa, cartas, esta, puede, las, venir, a, no, jugar, las

_____

5. verano, me, en, estudiando, gusta, no, estar

_____

6. para, especial, un, limpiar, necesitamos, producto, esto

_____

7. conseguir, para, Juan, entradas, debo, Elisa, dos, y

_____

8. que, el, soporto, todo, sonreír, tener, rato, no

_____

9. bien, el, es, de, tocar, sueño, piano, vida, el, mi

_____

10. fuego, es, con, muy, jugar, peligroso

_____

11. eficaz, sin, es, poco, apuntes, estudiar, tomar

_____

12. pasear, la, encanta, Carlos, por, le, a, playa

_____

13. a, hermanos, que, voy, mis, cuidando, a, tener, estar

_____

14. tocar, instrumento, ningún, no, Juan, musical, sabe

_____

15. me, noche, no, salir, esta, apetece

_____

Exercise 80

Find and correct any mistakes.

1. Adelantar el pedido significa trabajar este domingo.
2. Adelantando el pedido conseguiremos no trabajar este domingo.
3. A Francisca le encanta viniendo con nosotros.
4. No admito teniendo que hacer tus cosas.
5. No puedo evitar mirándola cada vez pasa.
6. Debes encargarte de echar todo esto al correo.
7. Juanito no quiere convertirse en funcionario.
8. A mis padres les apetece pasar el fin de semana en México.
9. Al saliendo de la comisaría vi al ladrón.
10. Los saqué del agua tirar fuerte de la cuerda.
11. Obtuvimos el pedido negociando hasta la madrugada.
12. He decidido quedándome en esta ciudad.
13. Disfruté mucho viendo el espectáculo.

14. Estos zapatos necesitan siendo limpiados.

15. Girando un poco lo conseguirás antes.

Exercise 81

Fill in the blanks with the infinitive or gerund of a verb from the list that follows. Some verbs can be used more than once.

aparecer	caer	compartir	empezar	entrar	esperar	firmar
haber	hacer	jugar	llegar	llover	necesitar	oír
pasar	pasear	poder	poner	salir	seguir	ser
tener que	venir					

1. A Margarita no le hace mucha gracia _____ quedarse con sus nietos cada vez que sus hijos deciden _____ a cenar.

2. Me ha dicho Carlos que se va a _____ esta noche a _____ con nosotros a las cartas.

3. Le conté a la policía que todo sucedió _____ la tormenta. Al _____ el disparo, todos pensamos que era un rayo.

4. Voy a _____ más ayuda para _____ terminar todo esto.

5. Al _____ en la sala de reuniones me di cuenta de que algo iba a _____ mal.

6. Carla dejó _____ los platos cuando vio _____ a Tomás.

7. Cuando dejó de _____ , pudimos _____ con el partido de tenis.

8. No recuerdo _____ dicho que ella no quería _____ el contrato.

9. No me importa _____ la noche en casa de tus padres, pero detesto la idea de _____ habitación con tu hermano.

10. Para no _____ reconocido, te debes _____ otro tipo de ropa.

11. Antonio dijo que iba a _____ un poco tarde y que no le debíamos _____ levantados.

12. _____ de la ciudad, el coche se puso a echar humo y a _____ ruidos extraños.

13. Para _____ hacer eso, necesitas _____ más alto.

14. Los encontré _____ por el parque, antes de _____ a la fuente.

15. Pareces _____ cogido un buen resfriado. Eso te pasa por no _____ _____ caso de lo que te digo.

Exercise 82

Translate the following sentences.

1. I can't stand that smell! Can't you put out the cigar?

_____

2. She can't stand being with him. She prefers being alone.

_____

3. You (*tú*) must ignore him. He just likes bothering people.

_____

4. He can't have done this exercise.

_____

5. Doing that can be very dangerous.

_____

6. He got into the house by breaking the lock of the door.

_____

7. You (*usted*) can find my office as you walk up the stairs on the right.

_____

8. She twisted her ankle on getting out of the taxi.

_____

9. She loves painting landscapes.

_____

10. I don't mind waiting in the hall.

_____

11. She can't have said that she doesn't mind washing the dishes.

_____

12. When we were arriving in the town, we had a breakdown.

_____

13. She is going to be taken to the hospital.

_____

14. The car is going to be repaired soon.

_____

15. The house is going to be cleaned next week.

_____

16. He can't have been ill.

_____

17. They can't have been playing football this afternoon.

_____

18. Painting a wall seems very easy, but it can be very difficult.

_____

19. Winters in Spain can be very cold.

_____

20. The exam must be handed in at two o'clock.

_____

21. Carlos enjoys playing the piano.

_____

22. My children love eating at their grandmother's.

_____

23. As I came in I bumped into Jorge.

_____

24. Nobody can have been here.

_____

25. I usually train with my brother.

_____

26. What does she usually buy in that supermarket?

_____

27. I must finish this before going out.

_____

28. After eating we spent the afternoon on the beach.

_____

29. I left the party early so as not to have to talk with Luisa.

_____

30. Shall I tell them that you (*tú*) can't sell this property?

_____

31. Somebody will have to be watching over the children.

_____

32. I offered him the money in order to get better information.

_____

33. You (*usted*) must avoid being recognized by the press.

_____

34. I wasn't able to let him see the results.

_____

35. I made her repeat the exercises.

_____

36. I heard them (girls) talking about Carlos.

_____

37. She didn't see me play last Saturday.

_____

38. I invited her to stay at my house.

_____

39. She invited me to spend a few days with her.

_____

40. Why do I have to help him?

_____

15

The Conditional

The Spanish conditional tense has the same uses as its English counterpart:

Ella dijo que no vendría.	*She said that she wouldn't come.*
Me gustaría tener esa casa.	*I would like to have that house.*
¿Qué harías en un caso así?	*What would you do in such a case?*
Yo no habría hecho eso.	*I wouldn't have done that.*

Would like, when followed by a noun, should be translated by the conditional of the verb **querer**. When followed by a verb, both **gustar** and **querer** in the conditional are possible, but **gustar** is much more frequent:

Me gustaría tomar un café.	*I would like to have a cup of coffee.*
Querría un café.	*I would like a cup of coffee.*
Me gustaría tener una casa grande.	*I would like to have a big house.*

In asking what somebody would like in bars, restaurants, and, in general, shops and other types of businesses, the present of the verb **desear** (*wish*) and the past of the verb **querer** (*want*) are the most usual (polite and formal). In answering this type of question, speakers usually use the present/past/conditional of **querer** or the conditional of **gustar**, but never of **desear**:

¿Qué desea, señor?	*What would you like (to have), sir?*
¿Qué quería, señora?	*What would you like (to have), madam?*
Quiero/Quería/Querría un café.	*I would like a cup of coffee.*
Me gustaría ver algunas camisas.	*I'd like to see some shirts.*
Quiero/Quería/Querría ver...	*I'd like to see . . .*

The sentence *¿Qué desea/quería (usted)?* can express the same as *¿En qué puedo ayudarle/la?* or *¿Puedo ayudarle/la?* (*What can I do for you?* and *Can I help you?*). In private and in more informal language, the present of **querer** is very common.

The English verbs *should* and *ought to* translate as the conditional of **deber** (*must*) in Spanish:

Deberías comer algo.	*You should eat something.*
Deberías fumar menos.	*You ought to smoke less.*

Even the verbal construction *had better* can be translated by the conditional of **deber**:

Deberíamos marcharnos.   *We'd better leave.*

Should is not the conditional of **deber** when it is used as the reporting verb of *Shall I/we . . .* sentences. In such cases, *should* is not translated but causes the next verb to be in the **imperfecto**:

Ana preguntó si me ayudaba.   *Ana asked if she should help me.*

In sentences of the type *Would you sit down, please?*, *would* is translated by the conditional of **querer** (¿*Querría usted sentarse, por favor?*). In sentences of the type *I tried, but she wouldn't listen*, *would* must be translated by the **indefinido** of **querer** (*Lo intenté, pero no quiso escuchar*). When *would* is used with the same meaning as *used to*, Spanish uses the **imperfecto** of **soler** or the **imperfecto** of the main verb:

Él solía dar largos paseos después de   *He would go for long walks after dinner.*
  cenar (= Él daba largos paseos...)

Could translates as the conditional of **poder**, except when it refers to real past actions:

Yo podría ayudarte.   *I could help you.*
No pude llamarles.   *I couldn't (wasn't able to) phone them.*

Perfect conditionals are formed with the conditional of **haber** (*would have*) and the past participle:

Ella me los habría dado.   *She would have given them to me.*

Combinations such as are formed in English with modal verbs and *have* are common in Spanish:

Deberías haber estado aquí.   *You should have been here.*
Yo no podría haber comido tanto.   *I couldn't have eaten so much.*

In translating *could have* + *past participle*, there are two possibilities:

Yo no podría haber cogido el dinero.   *I couldn't have taken the money.* <u>or</u>
Yo no habría podido coger el dinero.   *I wouldn't have been able to take the money.*

Note: In such complex structures, object pronouns can go before the verb sequence or attached to the infinitive/gerund, but never after the past participle.

Exercise 83

Rewrite the sentences in the conditional perfect, as in the example.

Example: Tomás <u>no vender</u> su casa por tan poco dinero.

                <u>Tomás **no habría vendido** su casa por tan poco dinero.</u>

1. Nosotros tener que quedarnos allí.

   _____

2. Juan no poder estar trabajando sin mi ayuda.

   _____

3. Mis amigos no hacer nada especial.

   _____

4. Carla los llevar al veterinario.

   _____

5. Yo no les avisar tan temprano.

   _____

6. En ese caso, mis padres me comprar la moto.

   _____

7. Ella me lo decir sin problemas.

   _____

8. Yo no pagar tanto por eso.

   _____

9. Mi jefe no me subir el sueldo.

   _____

10. Yo les dar una parte mayor.

    _____

11. Andrea no les poder enviar la información.

    _____

12. Juan saber qué hacer.

    _____

13. Ella poder terminar el trabajo sola.

    _____

14. Tú tener que prestarles el tuyo.

_____

15. Ellos sacar mucho más dinero en ese caso.

_____

Exercise 84

State what the subject of the following sentences should (not) have done, as in the examples.

> _Examples_: Mi hijo estuvo jugando en la lluvia.
> Mi hijo no debería haber estado jugando en la lluvia.
>
> Luis no estudió nada para el examen del lunes.
> Luis debería haber estudiado (algo) para el examen del lunes.

1. Tú cogiste las cosas de mi padre.

_____

2. Marta no se puso una bufanda para salir fuera.

_____

3. Ellos no participaron en la carrera.

_____

4. Julio le quitó a su madre veinte dólares.

_____

5. No estuve en la fiesta de Joaquín.

_____

6. No viste la película del otro día.

_____

7. Carlos y Sara entraron en ese bar a tomar unas copas.

_____

8. Mis hermanos se quedaron hasta las tres.

_____

9. Usted no rellenó el formulario de la policía.

_____

10. Luis te contó el secreto.

_____

11. El gobierno cambió la ley.

_____

12. El pequeño Tony se comió todas las chocolatinas.

_____

13. Los alumnos se pusieron a lanzar bolas de papel.

_____

14. Le pegaron a ese hombre.

_____

15. Jaime metió la carne en el microondas.

_____

Exercise 85

Find and correct any mistakes.

1. Creo que no deberías haber dádoles la dirección de la chica.
2. Usted podrías sentarse junto a la ventana.
3. Deberían habernos enviado las notas por correo.
4. Les podrías ayudar ayer con los deberes.
5. Me encantaría poder viajar alrededor del mundo.
6. Elena podría se estar pintando las uñas.
7. Alguien tendría que hablar con ese hombre.
8. Se lo ofrecí a tu hermana, pero no querría aceptarlo.
9. El profesor dijo que eso sería una buena idea.
10. Alguien estarían husmeando allí arriba.
11. En ese caso, nos quedaríamos contigo.
12. Nadie sabría qué hacer en un caso así.
13. Paco me dijo que me iría a llevar a ver esa obra.
14. Me prometiste que me comprabas el juego.
15. Yo lo habría pintado de otro color.

Exercise 86

Fill in the blanks with the correct form of a verb from the list that follows. Use only the conditional simple. Each verb can be used once only.

arreglar	deber	decir	echar	encantar
estar	gustar	inundar	ir	llegar
morder	operar	organizar	poder	ser

1. Me prometiste que me _____ una mano con esto.

2. Juan sabe que ella nunca _____ algo así sobre él.

3. Creo que yo no _____ a un lugar como ése.

4. Ana dijo que lo _____ todo para un encuentro con ellos.

5. Les aseguré que algo así no _____ ocurrir dos veces.

6. Yo sabía que ella me _____ esperando en la parte de atrás.

7. Las autoridades advirtieron de que las aguas lo _____ todo si no se tomaban las medidas oportunas.

8. Juan dijo que le _____ ser ingeniero.

9. ¡Pero tú dijiste que (tú) no _____ tarde!

10. Pensé que _____ mejor esperar fuera.

11. Creo que ellos no _____ jugar ahí; es muy peligroso.

12. Yo sabía que si hacía eso, el perro me _____.

13. Cuando llegué al hospital, el médico me dijo que (él) me _____ de inmediato.

14. ¿Te _____ venir con nosotros a nuestra casa de campo?

15. Yo lo _____ si tuviera las herramientas adecuadas.

Exercise 87

Translate the following sentences.

1. You (vosotros) should have put out that fire.

_____

2. She should have been working in the office.

_____

3. I would like to have a brother.

---

4. Nobody could do that exercise; it's too difficult.

---

5. I could have bought it (*casa*).

---

6. She would love to go fishing with us.

---

7. I would have visited them (fem.), but they weren't at home.

---

8. Your team could have won the league.

---

9. He shouldn't be there alone.

---

10. I asked him for some money, but he wouldn't give me any.

---

11. You (*usted*) said that you would clean everything.

---

12. She said that she wouldn't accept those conditions.

---

13. My father promised me that he wouldn't forget my birthday.

---

14. You (*tú*) could have said that you were going to come today.

---

15. They answered that they would prefer to stay a little longer.

---

16. He asked if he should bring me something from the shop.

---

17. The doctor said that she would get better very soon.

---

18. He told me that the race would take place in October.

---

19. Martín should have filled out this form.

_____

20. I would like to make a long journey.

_____

21. She would have washed them (*platos*).

_____

22. Would you (*tú*) like some beer?

_____

23. Would you (*tú*) like to join us?

_____

24. Would you (*tú*) close the door, please?

_____

25. I promised him that I would watch him play.

_____

Review 3

Exercise 88

Underline the correct option. In some cases both answers are possible.

1. Creo que la chica con la que estuviste hablando ayer *es / está* divorciada.

2. Ayer no *debiste / debías* decirle eso al jefe.

3. Carla *iba / fue* a venir, pero su hijo se puso enfermo.

4. Paco *tenía / tuvo* que coger el avión a las siete. Por eso se levantó a las seis.

5. El portero de la discoteca no *quería / quiso* dejarme entrar. Por eso no entré.

6. Ustedes *sabéis / saben* que la obra empieza más tarde.

7. A Andrés le *encantaría / encantarían* ver estas fotos.

8. No me *gusta / gustan* los plátanos.

9. No quise *darla / darle* a Francisca la combinación de la caja.

10. Ella *comió / se comió* toda la carne que había en la bandeja.

11. Mañana nos *estamos reuniendo / reunimos* para hablar de la fiesta.

12. Antonio, ¿*duermes*? / ¿*estás durmiendo*?

13. Mi cuñada *hablaba / habló* cinco idiomas.

14. Cuando llegué, ya no *hubo / había* cerveza.

15. Les ofrecí mi ayuda, pero no la *aceptarían / aceptaron*.

Exercise 89

Create questions for the following answers. Use the underlined words as a clue. Do not use **usted/ ustedes**.

1. Lo uso <u>para sujetar libros</u>.

_____

2. Vengo <u>de la casa de Javier</u>.

_____

3. Estuve saliendo <u>con Antonio</u>.

_____

4. Estuve saliendo con él <u>durante más de un año</u>.

_____

5. <u>Sólo</u> voy a la iglesia <u>una vez al mes</u>.

_____

6. Me llamo <u>José Luis</u>.

_____

7. Tengo <u>veintiún años</u>.

_____

8. El policía era <u>joven y algo inexperto</u>.

_____

9. Lo conseguí <u>gracias a un amigo de Tony</u>.

_____

10. Juan tiene <u>uno noventa de estatura</u>.

_____

11. <u>Aurora</u> fue la que puso eso ahí.

_____

12. Quiero <u>el de la izquierda</u>.

_____

13. Mi apellido es <u>González</u>.

_____

14. La chaqueta marrón es <u>de Antonio</u>.

_____

15. Sí, <u>estuve con Jacinto</u>.

_____

Exercise 90

Rewrite the following sentences, as in the examples.

> _Examples_: Tu casa se va a inundar.
> Se **te** va a inundar la casa.
>
> La camisa que llevaba ella se rompió.
> **A ella** se **le** rompió la camisa.

1. Vuestro preso se va a escapar.

_____

2. El reloj de Juan se va a romper.

_____

3. La sombrilla de Luisa se ha perdido.

_____

4. El de Antonio se quemó.

_____

5. Puse el tuyo en lo alto de la mesita.

_____

6. Ellos trajeron el mío ayer.

_____

7. Tu tinta se va a derramar.

_____

8. El libro de Paco se va a estropear.

_____

9. El jarrón que llevaba mi mujer se cayó al suelo.

_____

10. El bolígrafo que estaba usando Juan se quedó sin tinta.

_____

11. El auto de Amparo se paró en seco.

_____

12. La estantería del salón se cayó encima de Pepe.

_____

13. Las reservas que ellos tenían se gastaron.

_____

14. Mi reloj se paró.

_____

15. La sangre de Alejandra se congeló.

_____

Exercise 91

Find and correct any mistakes.

1. Nadie se van a quedar con mis cosas.

2. Llevo haciéndolo toda mi vida.

3. Me gustaría una taza de té.

4. ¿Qué puedo ayudarle?

5. Creo que no lloverá en los próximos días.

6. La aseguré que su marido estuvo conmigo.

7. Me encanta caminando por las mañanas.

8. Salir, a la izquierda, encontrarás una hamburguesería.

9. Las fotos que les enseñé ya las veían.

10. Aurora puso completamente roja cuando le saludé.

11. Supongo que se les habrá pasado algo.

12. A Jacinto le se olvidó cerrar con llave.

13. Supongo que te sentirías muy mal.

14. ¿Qué le has echado al café?

15. El año pasado no hemos visto a esa gente.

Exercise 92

Fill in the blanks with the correct form of the verbs in parentheses. Use one of the tenses covered so far. In some cases more than one tense is possible.

1. Esta semana (yo) no _____ (estar) en el gimnasio, pero (yo)

   _____ (pensar) ir la semana que viene.

2. Si (tú) _____ (aprobar) todos los exámenes, (yo) te

   _____ (dejar) mi auto todo el verano.

3. Ayer, cuando (tú) me _____ (ver) charlando con Tom, (yo)

   _____ (ir) a la universidad a recoger unas notas.

4. El mes que viene (yo) _____ (visitar) París. (Yo) _____

   (desear) pasear por sus hermosas calles y avenidas.

5. El policía asegura que el robo de ayer también lo _____ (poder cometer) el chico que (repartir) los periódicos todos los días.

6. Mi jefe opina que (nosotros) _____ (tener) que trabajar mucho más si (nosotros) _____ (querer) mantener los puestos de trabajo.

7. Supongo que (tú) ya _____ (oír) hablar del tipo que nos _____ (hacer) esa extraña oferta la semana pasada.

8. Supongo que los González aún no _____ (poder) terminar de pagar la hipoteca que el banco les _____ (conceder) hace más de dos años.

9. Si (tú) la _____ (querer) tanto en aquel momento, ¿por qué te _____ (casar) con otra?

10. Opino que (usted) no _____ (deber invertir) tanto dinero en aquel negocio del que tanto _____ (hablar) los periódicos aquellos días.

11. Siempre (yo) _____ (querer tener) un auto como éste. _____ (Ser) mi sueño desde que (yo) era un jovencito.

12. Ella es la persona más amable que (yo) _____ (conocer) desde que (yo) _____ (vivir) aquí.

13. No había nadie dentro, pero (yo) _____ (notar) que alguien _____ (pasar) la noche allí.

14. El chico cayó al agua y ninguno de los que _____ (pasear) por allí lo _____ (intentar sacar).

Exercise 93

Translate the following sentences.

1. He has been reading the newspaper since one o'clock.

_____

2. Has she ever been in Australia?

_____

3. Who painted the house? Was it Felipe?

_____

4. Marta was alone all night. Nobody came to see her.

_____

5. Pedro took the train at half past six.

_____

6. He could have been there a little earlier.

_____

7. We have been ill since then.

_____

8. She is going to show us the room where she sleeps.

_____

9. He is coming a bit later. He needs to do something important first.

_____

10. I usually walk to work. I seldom use my car.

_____

11. You (*tú*) could come and stay with us for the weekend.

_____

12. She didn't use to speak Spanish with her neighbors.

_____

13. He will have to stay there until seven.

_____

14. He said that he would like to see ours (*colección*).

_____

15. She told me that she would love to work for me.

_____

16. My father said that he would lend me the money that I needed to buy the house.

_____

17. How long did they stay there?

_____

18. How long was the rope that she was using?

_____

19. How tall was the man who attacked you (*vosotros*)?

_____

21. Do you (*tú*) have to study tonight?

_____

22. What is she going to wear to go to Pedro's wedding?

_____

23. What time are they going to be here?

_____

24. Will you (*tú*) be using your camera this Saturday?

_____

25. I would like to live in a country where it is never windy.

_____

26. How many toys does that boy have?

_____

27. I don't need to tell them that this exam is very important.

_____

28. She could have had an accident.

_____

29. He should have lent us his dictionary.

_____

30. I asked them where the bank was.

_____

31. Ours (*profesor*) is the best I have ever seen.

_____

32. I think that these shoes are hers.

_____

33. Why didn't you (*tú*) phone the police?

_____

34. Whose fault was it?

_____

35. Carmen can't take us to the airport tomorrow because she is working.

_____

36. How many cookies did she eat?

_____

37. Carlos was writing a letter when his father arrived.

_____

38. She assured me that her brother hadn't done it.

_____

39. Miguel should visit his grandmother more often.

_____

40. What sort of books do you (_tú_) usually read?

_____

16

The Preposition *A*

A great many verbs in Spanish are followed by a specific preposition, for example **depender de** (*depend on*), **estrellarse contra** (*crash into*), and so on. But when no specific preposition follows, **a** must be used in certain cases:

Yo miro las flores.	*I am looking at the flowers.*
Yo miro a esa chica.	*I am looking at that girl.*

When the direct object is a particular person, **a** is compulsory, as long as the verb being used does not take another preposition:

Esa niña necesita una madre.	*That girl needs a mother.*
Esa niña necesita a su madre.	*That girl needs her mother.*

Sometimes **a** is used in sentences that do not refer to a particular person but where the verb being used most often has a human being as a direct object, for instance **llamar** (people usually call other people, not things):

Llama a un taxi.	*Call for a taxi.*

The rule can also be applied to animals, especially domestic animals:

Quiero mi vaca.	*I want my cow back.*
Quiero a mi vaca.	*I love my cow.*

Numerals and indefinite articles often cause the preposition **a** to be dropped:

Vi (a) un soldado.	*I saw a soldier.*
Contraté (a) dos contables.	*I hired two accountants.*

The indirect object is preceded by **a**, whether or not the reference is to people:

Di de comer a los animales.	*I fed the animals.*
Le dije a Pedro que...	*I told Pedro that . . .*

You must bear in mind that many verbs are followed by **a** as their specific preposition. This means that you will encounter many cases in which **a** is automatically used without applying the rules seen above.

The preposition **a** is also used to indicate movement toward a point:

Le lancé la pelota a Pablo.	*I threw the ball to Pablo.*
Fuimos a México.	*We went to Mexico.*

Sometimes there is no actual movement, but the verb implies an action toward somebody or something:

Ella le sonrió a Antonio.	*She smiled at Antonio.*

A is often used with quantity and figures in general:

A las tres en punto.	*At three o'clock.*
A dos mil pies.	*At two thousand feet.*
A dos dólares por docena.	*At two dollars per dozen.*

The verb **jugar** (*play*) has to be followed by **a** when the name of the game/sport is mentioned:

Estoy jugando a las cartas.	*I'm playing cards.*

Exercise 94

Fill in the blanks with the preposition **a** where necessary.

1. He visto _____ tu hermano.

2. Necesitamos _____ alguien sin experiencia previa.

3. Tienes que educar _____ ese perro.

4. ¿Por qué no les dices _____ todos que pueden comer aquí?

5. El radar está detectando _____ movimientos muy extraños.

6. Vinimos _____ este pueblo para vivir en paz.

7. El submarino se encuentra _____ doscientos metros de profundidad.

8. Estoy buscando _____ un dependiente para mi nueva tienda.

9. Estoy buscando _____ un dependiente que me atendió el otro día.

10. Estoy revisando _____ las cuentas de la empresa.

11. Llevé _____ mi auto al taller.

12. Llevé _____ mis niños al cine.

13. Cogí _____ las maletas y las metí en el auto.

14. Cogí _____ Luis por el cuello.

15. Necesito saber _____ quién le diste los datos.

16. No tienes por qué lavar _____ los platos.

17. Hay que advertir _____ los habitantes de esa zona.

18. ¿Dónde vas a poner _____ esas cajas?

19. El jugador lanzó el balón directamente _____ la red.

20. Siempre llaman _____ la hora de cenar.

Exercise 95

Match the items in the first column with the items in the second column.

1. Los enfermos fueron llevados   A. a nadie con ese nombre.

2. Me gusta visitar   B. a ese país.

3. Tenemos que dar limosna   C. la reunión del lunes.

4. Tiré la ropa vieja   D. los animales

5. Ese niño le pegó   E. a toda mi familia.

6. No conozco   F. al hospital de la ciudad.

7. He ido muchas veces   G. a mis padres de vez en cuando.

8. El alcalde invitó   H. a mi hijo sin motivos.

9. Yo adoro   I. a la basura.

10. Mi jefe canceló   J. a los pobres.

Exercise 96

Write meaningful sentences using all the listed words.

1. relojería, Elena, a, del, la, reloj, llevó, el, centro

_____

2. necesito, para, tela, unas, cortar, tijeras, esta, grandes

_____

3. amigos, a, para, a, fiesta, llamé, todos, invitarles, mis, mi

_____

4. he, a, de, ir, tienda, tenido, Paco, la, que

_____

5. a, voy, nadie, tarde, a, esta, ver, no

_____

6. a, ese, leo, autor, nunca, yo

_____

7. a, que, marcharnos, vamos, a, Australia, tener

_____

8. niñas, dormitorio, a, en, acosté, de, las, invitados, el

_____

9. pequeña, a, que, el, tuve, dentista, la, dejar, en, Elisa

_____

10. Navidad, Antonio, para, a, enviado, postal, le, una, he

_____

11. chico, comprado, calle, le, por, juego, he, a, el, iba, la, un, que

_____

12. varias, con, conozco, nombre, personas, a, ese

_____

Exercise 97

Find and correct any mistakes.

1. ¡No necesito tu hermana para nada!
2. Veces pienso que no te sientes bien conmigo.
3. Les vamos a regalar a tus padres algo útil para la casa.
4. Tienes que llevar los caballos al establo.
5. No debes decirle esto nadie.
6. No me gusta a esa chica.
7. Debes llamar un médico.
8. No tienes por qué comprarle tu hijo una bici tan cara.

9. ¿Qué restaurante vas a llevar a tu mujer?

10. ¿Quién viste el otro día con Francisco?

11. ¿A qué estás jugando?

12. Tienes que subir al equipaje a la habitación número quince.

13. ¿Por qué no te vienes a mi casa cenar conmigo?

14. No debes tocar a esos enchufes.

15. Carmen no quiere ayudantes en su casa.

Exercise 98

Translate the following sentences.

1. I have seen Jorge in María's house.

_____

2. Did you (*tú*) see the king?

_____

3. I assured my parents that I wasn't drinking beer.

_____

4. Why don't you (*tú*) take Marta to a good restaurant?

_____

5. She always gets up at seven o'clock.

_____

6. I have bought something for you (*tú*).

_____

7. I have bought Pepe a grammar book.

_____

8. She sent Antonio a postcard.

_____

9. I didn't phone Miguel last night.

_____

10. I told Felipe that I had to buy some presents.

_____

11. I showed Roberto the car that I had bought.

_____

12. I told the boys off because they were playing in my garden.

_____

13. He was playing football with his friends.

_____

14. What time did the film start?

_____

15. I said to my wife that I had gotten burned.

_____

16. I found the boys playing in the bedroom.

_____

17. I can't stand children.

_____

18. I haven't told anybody that you (*tú*) are ill (fem.).

_____

19. She got hurt when she was going to the kitchen.

_____

20. I don't want to disturb the guests.

_____

17

The Subjunctive

English constructions of *verb* + *noun/pronoun* + *full infinitive* and *verb* + *noun/pronoun/possessive* + *gerund* usually correspond in Spanish with **verb** + **que** + **noun/subject pronoun** + **subjunctive**:

Quiero que él venga.	*I want him to come.*
Necesito que (tú) me hagas un favor.	*I need you to do me a favor.*
Te he dicho que no toques nada.	*I have told you not to touch anything.*
No me importa que fumes aquí.	*I don't mind you/your smoking here.*
Sugiero que te quedes hasta el lunes.	*I suggest you stay till Monday.*

If before **que** past tenses (**imperfecto, indefinido,** and **pluscuamperfecto**) and the conditional are used, the subjunctive that follows is always **imperfecto**:

Te dije que lo hicieras.	*I told you to do it.*
Ella me pidió que me quedara.	*She asked me to stay.*
No me importaba que ella viniera.	*I didn't mind her coming.*
Me gustaría que me visitaras.	*I would like you to visit me.*

The modal verb *should* in subjunctive constructions is not related to the Spanish conditional of **deber**:

Es vital que él sea tratado por un médico.	*It's vital that he should be treated by a doctor.*

In fact, these English constructions in which *should* is used as a subjunctive auxiliary correspond with similar subjunctive structures in Spanish:

Es muy importante que ella esté con nosotros en la reunión.	*It's very important that she be/should be with us at the meeting.*

In line with the last example, English constructions of *adjective* + *for* + *full infinitive* are also translated by **que...** with the subjunctive:

Es raro que él llegue tan tarde.	*It is unusual for him to be so late.*

153

An exception is formed by those English constructions in which the adjective refers to something other than the subject. In such cases, **para que + subjunctive** is used:

Esto es demasiado caro para que ella lo compre.   *This is too expensive for her to buy.*

So that also translates as **para que**:

Les llevé allí para que vieran los animales.   *I took them there so that they could see the animals.*

As you can see, the verb **poder** doesn't have to be used in **para que...** constructions.

In general, what comes before **que** is essential for determining whether or not a subjunctive form follows. If the expression before **que** implies liking, disliking, hate, preference, doubt, possibility, hope, wish, and expectation about something that happens, can happen, or the speaker wants to happen, the subjunctive is needed:

Es posible que ella vaya con él.   *It is possible that she will go with him.*
Es probable que estén en casa.   *It is probable that they are at home.*
Espero que te pongas mejor.   *I hope that you will get better.*

Some expressions that imply opinion are not followed by subjunctives in the positive, but they are in the negative:

Creo que vendrán.   *I think that they will come.*
No creo que vengan.   *I don't think that they will come.*

Opinions expressed by **ser + adjectives** are followed by the subjunctive:

Es bueno que hagas ejercicio.   *It's good that you are getting some exercise.*

In general, when **que** is preceded by a preposition, the subjunctive follows:

Estaré muy contento con que hagas eso.   *I'll be very glad for you to do that.*

Note: The subjunctive **pretérito imperfecto** has two forms, but there is no difference in meaning between them (*comiera/comiese, tuviera/tuviese,* etc.).

Exercise 99

Underline the correct option. In some cases both answers are possible.

1. Te he dicho que *limpias / limpies* todo eso.

2. Mi madre me pidió que *fuera / iba* a la tienda.

3. Juan no quiso que Elena *viera / veía* su dormitorio.

4. No pienso que ellos *están / estén* relacionados.

5. Yo calculaba que ella *viniera / vendría* al día siguiente.

6. Es muy probable que *llueve / llueva* en el fin de semana.

7. Les aconsejé que *vendían / vendieran* la casa.

8. Me han dicho que Jorge *está / esté* en el hospital.

9. No me han insinuado que ella *está / esté* con él.

10. Te sugerí que *cambiaras / cambiases* de colegio.

11. Mis padres me han prohibido que *coja / cojo* el auto.

12. Paula necesitaba que tú le *echabas / echaras* una mano con la mudanza.

13. No es una buena idea que *sacas / saques* al niño a pasear con este frío.

14. Ella no aceptó que yo *firmaba / firmara* el contrato.

15. El ladrón negó que él *había / hubiera* robado los cuadros.

16. Si yo *era / fuera* rico, me compraría una mansión en Los Ángeles.

17. No hice ningún ruido para que mi mujer no se *enteraba / enterara* de nada.

18. Es intolerable que los alumnos *hagan / hacen* eso en las aulas.

19. Paco se negó a que ella *conducía / condujera*.

20. No debes abrir la caja sin que yo *esté / estoy* contigo.

Exercise 100

Fill in the blanks with the correct form of a verb from the list that follows. Use only indicative/subjunctive **imperfecto** forms. Each verb can be used once only.

averiguar	beber	cerrar	cocinar	comprar
costar	entregar	estar	fumar	pagar
prestar	robar	salir	ser	tener

1. Juan me pidió que le _____ algún dinero hasta el martes siguiente.

2. Yo creía que ellos _____ casados desde hacía mucho tiempo.

3. No me pareció bien que ella _____ la comida.

4. Tuve que mentirles para que (ellos) no _____ cuál era la sorpresa.

5. Les di la lista para que (ellos) _____ lo necesario para la fiesta.

6. Si yo _____ tanto como tú, sería un alcohólico.

7. Les dije que Pablo no _____ suficiente dinero.

8. Les dije que (ellos) no _____ todos a la vez, porque había demasiado humo en la habitación.

9. Si yo _____ más alto, podría jugar al baloncesto.

10. Le pregunté cuánto _____ el vestido azul.

11. Nadie me ordenó que (yo) _____ con llave.

12. El jefe me exigió que (yo) _____ el informe antes del lunes.

13. Antes no te importaba tanto que (yo) _____ con mis amigos un día a la semana.

14. Paco insinuó que Mari _____ dinero de la caja.

15. Comenté que mi madre _____ muy bien.

Exercise 101

Join the following sentences with **para que**, as in the examples.

> *Examples:*   Les invite a mi casa, porque querían ver mi nueva televisión.
> Les invité a mi casa para que vieran mi nueva televisión.
>
> Les regañé, porque tenían que estudiar más.
> Les regañé para que estudiaran más.

1. Llamé a Marta, porque ella tenía que saber lo que había pasado.

_____

2. Entré de puntillas, porque el bebé no debía despertarse.

_____

3. Llevé a mi hijo al cine, porque él quería ver *King Kong.*

_____

4. Llevé a mi mujer a un restaurante, porque yo pensaba que ella no debía cocinar ese día.

_____

5. Informé a mis jefes, porque yo opinaba que ellos no debían enterarse por la prensa.

_____

6. Miguel me prestó su auto, porque yo tenía que ir al aeropuerto.

_____

7. No te he comprado eso para estar jugando todo el día.

_____

8. Ana me contó la verdad, porque ella pensaba que yo estaba preocupado.

_____

9. Felipe nos llevó a su finca, porque nosotros queríamos montar a caballo.

_____

10. Te lo digo, porque veo que no estás informado.

_____

11. Juan me ha regalado estos libros para practicar mi inglés.

_____

12. Necesito hablar contigo. Tienes que saber cuál es el verdadero problema.

_____

13. Debes hablar más bajo. Los vecinos no deben oír lo que me estás contando.

_____

14. Tienes que comer más verdura; así te pondrás tan fuerte como yo.

_____

15. ¿Te lo trajo Roberto? ¿Querías leerlo?

_____

Exercise 102

Find and correct any mistakes.

1. Micaela sugirió que yo debería hacerme un nuevo traje.

2. Les aseguré que yo ya no corriera en ese tipo de carreras.

3. Yo no sabía que ella fuera arqueóloga.

4. No me gustaba que los niños corrieran por el jardín.

5. Que yo aprobaba en junio era mi sueño.

6. Me han dicho que te espero aquí.

7. Si yo estaba en tu lugar, yo no haría eso.

8. Te lo he comprado para que puedas aprender español pronto.

9. Te he traído estas fotos a enseñarte mi nueva casa.

10. Mañana no puedo venir. Iré al médico.

11. Llevo meses esperando a que me llevas al teatro.

12. Fui a coger el auto cuando recordé que había olvidado echar gasolina.

13. Llegaremos tarde, a no ser que vamos en taxi.

14. Es vital que esta mujer es operada de inmediato.

15. No creo que lo hagan sin nosotros.

16. ¿Por qué no nos avisaste de que vinieras?

17. ¿Qué te parece si nos vamos al cine?

18. Debes avisarme apenas lleguen.

19. No soporto que me molestan cuando como.

20. Yo no puedo evitar que me miran.

Exercise 103

Translate the following sentences.

1. I don't want them to play with my computer.

_____

2. She told him to wait in the shop.

_____

3. I think that it will snow this Christmas.

_____

4. I don't think that it will be cold.

_____

5. I want you (*tú*) to be a good boy.

_____

6. I have told you (*tú*) to look after your brother.

_____

7. She asked me to help her with the luggage.

_____

8. Do you (*usted*) mind my sitting next to you?

_____

9. Who told them to leave at six?

_____

10. Shall I tell her to come in?

_____

11. I won't accept his driving my car.

_____

12. The policeman told me to park there.

_____

13. If she were younger, she could work for us.

_____

14. I ordered them to be quiet.

_____

15. The teacher told his pupils to open their books.

_____

16. I can't help their looking at me.

_____

17. Would you (*tú*) like her to marry you?

_____

18. Ana has told Pepe to buy the drinks.

_____

19. I asked my friends not to make so much noise.

_____

20. She insisted on our staying with her.

_____

21. I hope that you (*usted*) will come back soon.

_____

22. It is possible that Federico will give up smoking this year.

_____

23. It is very important that you (*tú*) send this parcel today.

_____

24. Why don't you (*tú*) tell your parents to give you the keys?

_____

25. Who told you (*tú*) to do this without anybody being present?

_____

26. I would like her to translate these letters before next Tuesday.

_____

27. She advised me to put on my new suit.

_____

28. He suggested that we should hang the painting in this room.

_____

29. Carlos lent me his camera so that I could take pictures at the party.

_____

30. I don't allow you (*vosotros*) to watch those films.

_____

18

The Imperative

Except for **tú** and **vosotros**, which have their own forms in the positive, imperative forms are subjunctive. In the negative, all forms are subjunctive:

Corre.	*Run.*
No corras.	*Don't run.*

Spanish imperatives are often accompanied by subject pronouns, which follow the verb. This is usually done for emphasis and to make necessary distinctions:

Venid vosotros.	*Come.*
No diga usted nada.	*Don't say anything.*

Third-person imperatives are always preceded by **que**:

Que entren.	*Let them come in.*
Que se calle la niña.	*Let the girl be quiet.*

Que can also be used in imperatives denoting insistence with **tú** and **vosotros**. In this case, the verb form is always subjunctive. Compare:

Coge eso.	*Pick that up.*
¡Que cojas eso!	*Pick that up!*

Spanish first-person plural forms correspond with *let's* structures in English:

Comamos aquí.	*Let's eat here.*

When **nos** is attached to the first-person plural form, the final *-s* disappears:

Comámonos esto (*not* Comámosnos).	*Let's eat this.*

The verb **ir** (*go*) has two different conjugations for the first-person plural form, **vamos** and **vayamos**. The first is the most common, especially because Spanish speakers often use it with other verbs:

| Vamos a comer. | Let's eat. |
| Vamos a ver. | Let's see. |

In this sense, the verb **ir** doesn't necessarily have to imply "going" to a certain place. If **vayamos** is used, the idea of "going somewhere" is present:

| Vamos a jugar. | Let's play. |
| Vayamos a jugar. | Let's go and play. |

When only the verb **ir** is used, the presence of object pronouns creates important differences. **Vamos** can mean *Let's go*, *Let's do it* and even *Come on, hurry up*. **Vámonos** can only mean *Let's go* or *Let's leave*. **Vayamos** is used when in the course of the conversation somebody has mentioned a place. It must be said that this form is much less used in everyday Spanish.

The positive second-person plural form ends in -d. When an object pronoun is attached to it, the final -d disappears:

| Comed. | Eat. |
| Comeos esto. | Eat this. |

In colloquial Spanish, speakers have the habit of using the infinitive instead of real imperatives, especially when object pronouns are attached:

| Sentaros. | Sit down. |

Spanish grammarians consider this variation substandard.

Exercise 104

Create sentences in the past subjunctive using the information in parentheses, as in the example.

> *Example:* Lleva el auto al taller. (*Mi jefe pedir*)
> <u>Mi jefe me pidió que llevara/llevase el auto al taller.</u>

1. Cómete toda la comida. (*Mi madre decir*)

_____

2. No hagas ruido para no despertar al bebé. (*Mi mujer decir*)

_____

3. Pasa y siéntate. (*Mi vecina pedir*)

_____

4. Haz los cálculos necesarios. (*Mi profesor exigir*)

_____

5. No escribáis en la pizarra. (*El profesor ordenar*)

_____

6. Averiguad la verdad. (*El párroco decir*)

_____

7. No os pongáis nerviosos. (*El policía decir*)

_____

8. Deja el tabaco y haz un poco de ejercicio. (*Mi novia aconsejar*)

_____

9. Pónganse las mascarillas en caso de emergencia. (*La azafata decir*)

_____

10. No rellene el formulario a lápiz. (*El funcionario pedir*)

_____

11. Dale a Pedro su dinero. (*Mi padre ordenar*)

_____

12. Escucha la música y calla. (*Mi hermana decir*)

_____

13. No rompáis nada jugando en el jardín. (*Tía Enriqueta decir*)

_____

14. Brindad a la salud de los enfermos. (*Yo decir a mis amigos*)

_____

15. Deja eso en su sitio. (*Ella decir a Antonio*)

_____

Exercise 105

Match the items in the first column with the items in the second column.

1. No te pongas   A. estos formularios.

2. Ponle   B. a la derecha.

3. Rellena		C. a Juan que no voy.
4. Págame		D. al cine.
5. Enciende		E. a la policía.
6. Sácalos		F. en el frigorífico.
7. Gira		G. la camisa verde.
8. Dile		H. un poco más de sal a la sopa.
9. Llama		I. la televisión.
10. Llévales		J. lo que me debes.
11. Métela		K. del agua.
12. Diles		L. algo.

Exercise 106

Find and correct any mistakes.

1. ¡No corred por los pasillos, niños!

2. Daos la mano en señal de amistad.

3. Sentémosnos en ese parque. Es muy bonito y tranquilo.

4. Ponedos a lo derecha para la foto.

5. Déjame ver lo que has hecho.

6. Da a Antonio lo que es suyo.

7. Levantaros cuando entre el juez.

8. Que empiece la función.

9. Que paséis muy bien en vuestras vacaciones.

10. Pon tú a la derecha de Jorge.

11. Señora, muéstreme su pasaporte, por favor.

12. No esconded, porque os encontraré de todas formas.

13. Presta a mí la moto para dar una vuelta.

14. No te pongas así conmigo; yo no tengo la culpa.

15. Vamos comer; tengo hambre.

Exercise 107

Translate the following sentences.

1. Don't (*tú*) talk with him about this.

_____

2. Close (*tú*) all the windows before the storm starts.

_____

3. Don't (*tú*) do anything without Miguel being with you.

_____

4. Let him tell them to come at once.

_____

5. Let's hear what he has to say.

_____

6. Let's stay here till Sunday.

_____

7. Let's wait till she phones.

_____

8. Hold (*tú*) this a moment, please.

_____

9. Tell (*usted*) me something about you.

_____

10. Don't (*tú*) argue with your mother.

_____

11. Sit (*ustedes*) down, please. I have to tell you something important.

_____

12. Try (*tú*) saying it in English.

_____

13. Allow (*usted*) me to help you, madam.

_____

14. Don't (*usted*) do that, sir. It is very dangerous.

_____

15. Don't (*vosotros*) play in the classroom!

_____

Conditional Sentences

19

There are three main types of the conditional, with a number of variations within each type. In English, type 1 has a present simple in the *if* clause and a future simple in the main clause. In Spanish, type 1 has an indicative present simple in the **si** clause and a future or present simple (indicative mood) in the main clause:

Si vienes pronto, iremos a la playa.	*If you come soon, we'll go to the beach.*
Si llueve, nos quedamos aquí.	*If it rains, we will stay here.*

The present simple in the main clause is common when the speaker has a high degree of certainty or when the main clause is a decision.

Type 2 in English has a past simple in the *if* clause and a conditional tense in the main clause. In Spanish, type 2 has a subjunctive **imperfecto** in the **si** clause and a conditional tense in the main clause:

Si vinieras pronto, iríamos a la playa.	*If you came soon, we'd go to the beach.*

Type 3 in English has a past perfect in the *if* clause and a conditional perfect in the main clause. In Spanish, type 3 has a subjunctive **pluscuamperfecto** in the **si** clause and a conditional perfect in the main clause:

Si hubieras estudiado más, habrías aprobado fácilmente.	*If you had studied harder, you would have passed easily.*

In addition to **si**, conditional sentences can be structured with **a no ser que** (*unless*), **a menos que** (*unless*), **siempre que** (*as long as*), **con tal (de) que** (*provided/providing that*), **con la condición de que** (*on condition that*), and so on:

Te dejaré conducir, siempre que prometas que vas a ser cuidadoso.	*I will let you drive as long as you promise that you are going to be careful.*
Llegarás tarde, a no ser que te des prisa.	*You'll be late, unless you hurry up.*

Whether translates as **si**:

No sé si ir o quedarme aquí.   *I don't know whether to go or stay here.*

The verb *should*, as in *If you should find it, . . .* is not translated. A subjunctive **imperfecto** of the following verb is used instead:

Si les vieras, llámame.   *If you should see them, call me.*

The expression *in case*, as in *I'll take an umbrella with me in case it rains* must be translated by **por si**:

Lo ordenaré todo por si viene mi madre.   *I'll tidy everything up in case my mother comes.*

In case of translates as **en caso de** in warnings:

En caso de incendio romper el cristal.   *In case of fire break the glass.*

There are a number of variations that are very similar in both languages:

Si le odias, ¿por qué fuiste con él?   *If you hate him, why did you go with him?*
Si has terminado, puedes irte.   *If you have finished, you can go.*
Si estás libre, podrías echarme una mano.   *If you are free, you could give me a hand.*

If only and *I wish* translate as **ojalá**. This expression can be followed by a subjunctive present simple, a subjunctive **imperfecto**, and a subjunctive **pluscuamperfecto**:

Ojalá (ella) venga a tiempo.   *If only she comes in time.*
Ojalá (él) nos ayude.   *If only he will help us.*
Ojalá no vivieras aquí.   *I wish you didn't live here.*
Ojalá parara de llover.   *I wish it would stop raining.*
Ojalá no hubieras comprado eso.   *I wish you hadn't bought that.*

As you can see, *will* provokes a subjunctive present simple of the following verb, and *would* causes a subjunctive **imperfecto** to be used.

Note: After *if*, when requesting something politely, the verb *will* translates as the indicative present of **querer**, whereas *would* translates as the subjunctive **imperfecto**:

Si usted quiere esperar un momento.	*If you will wait a moment.*
Si usted quisiera seguirme.	*If you would follow me.*

Exercise 108

Fill in the blanks with the correct form of the verbs in parentheses. Follow the three basic types of the conditional to find the correct tense.

1. Si Juan no quiere venir, (nosotros) _____ (*tener*) que ir sin él.

2. Si nieva esta Navidad, (vosotros) _____ (*poder*) hacer muñecos de nieve.

3. Luis lo compraría si su madre le _____ (*dar*) permiso.

4. Yo lo habría hecho si (yo) _____ (*tener*) más tiempo.

5. Macarena _____ (*sacar*) mejores notas si le dedicara más tiempo a sus estudios.

6. Mi hermano _____ (*ser*) un buen actor si le hubieran dado una oportunidad.

7. ¿Qué les _____ (*decir*) Mariano si les hubiera visto?

8. Yo _____ (*ir*) a tu fiesta si mi padre me prestara el auto.

9. Yo no _____ (*hacer*) eso si yo fuera tú.

10. Paco no _____ (*trabajar*) en ese sitio si no necesitara el dinero desesperadamente.

11. Amelia no _____ (*cocinar*) tanto si ella hubiera sabido que sus hermanos no venían.

12. Si llegan tarde, nos _____ (*marchar*) sin ellos.

13. Si los precios siguen subiendo, los sindicatos _____ (*convocar*) una huelga.

14. Todo saldrá bien siempre que (tú) _____ (*seguir*) mis instrucciones.

15. Aún no he decidido si _____ (*llevar*) este vestido o el azul.

Exercise 109

Complete the sentences using the items in parentheses, as in the examples. Supply the missing elements (prepositions, articles, etc.).

> Examples: Pepe conseguirá el dinero si ____ . (*hablar, su padre,*
> *sobre, problemas*)
> Pepe conseguirá el dinero si habla **con** su padre sobre **sus** problemas.
>
> Si ____ , se quedaría en la habitación de mi hija. (*ella,*
> *venir, mi casa*)
> Si ella viniera **a** mi casa, se quedaría en la habitación de mi hija.

1. Pedro no habría conseguido el empleo si ____ . (*yo, no prestar, mi apoyo*)

_____

2. Juan se habría quedado en la cárcel si ella no ____ . (*pagar, fianza*)

_____

3. Los hermanos de Elena no ____ si no fueran tan buenos. (*participar, carrera*)

_____

4. ¿Qué ____ si te hubiera tocado la lotería? (*hacer, tú, con, dinero*)

_____

5. ¿Qué ____ si de repente te hicieras rico? (*decir, tú, tu jefe*)

_____

6. Los niños ____ si vienen tus hermanos. (*tener, dormir, desván*)

_____

7. Si hace frío, nadie ____ . (*querer, comer, jardín*)

_____

8. Si mantienes esa conducta, el director ____ . (*expulsar, colegio*)

_____

9. Pillarás un resfriado si no ____ . (*poner, ropa de abrigo*)

_____

10. Mi vecino tendrá problemas si ____ . (*seguir, aparcar, coche, delante, comisaría*)

_____

11. ¿Quién nos ayudará si _____. (*nosotros, quedar, sin, dinero*)

_____

12. El proyecto fracasará, a no ser que _____. (*señor Thomson, aumentar, presupuestos*)

_____

13. Yo firmaría el contrato si _____. (*condiciones, ser, mejores*)

_____

14. Tu mujer no estaría tan enfadada si _____. (*tú, no gritarle, tanto*)

_____

15. Ella habría dicho que sí si _____. (*tú, pedirle, casarse, contigo*)

_____

Exercise 110

Find and correct any mistakes.

1. Si hubieras desayunado como es debido, ahora no tendrías tanta hambre.

2. Me volvería loco si me enteraba de que ella está con otro.

3. Te perderás, a no ser que uses el mapa correctamente.

4. Alguien tendrá que quedarse vigilando si queríamos que no entre nadie.

5. El mes que viene es la lotería de Navidad. ¿Qué harás si te hubiera tocado?

6. Si yo estuviese en tu pellejo, lo escondería de inmediato.

7. ¿Qué ropa llevarías si te invitaran a una fiesta como ésa?

8. Yo pediría a Juan que me echaba una mano si yo necesitara ayuda.

9. Si no sabes hacerlo, ¿por qué no pides ayuda?

10. Ella habría venido si había tenido algún medio de transporte.

11. Yo leería más si tendría más tiempo libre.

12. Les dije que me iba si seguían hablando de ese tema.

13. Tendrás un accidente, a menos que no tengas cuidado.

14. Te lo dejaré con la condición de que me lo devuelvas el lunes que viene.

15. El policía no te multará con tal de que hagas lo que él dice.

Exercise 111

Join the following sentences, as in the examples.

Examples: Juan no fue a la boda. Él no conoció a los padres de la novia.

<u>Si Juan hubiera ido a la boda, habría conocido a los padres de la novia.</u>

Paco se quemó. Él estuvo jugando con el encendedor.

<u>Si Paco no hubiera estado jugando con el encendedor, no se habría quemado.</u>

1. Llegué tarde. Perdí el autobús.

2. Marisa se casó con Pepe. Ella no sabía que él era un criminal.

3. Fui a la ciudad a alta velocidad. Tuve un accidente.

4. Cogí un enorme resfriado. Estuve paseando en la lluvia.

5. Jorge no estuvo en Londres. No pudo ver a la reina.

6. Tuvimos que quedarnos en aquel sitio. Todos los buenos hoteles estaban llenos.

7. Carlos no fue al funeral. No sabía la hora exacta.

8. Mi vecino se quedó sin empleo. Tuvo que vender su casa.

9. Marta no cocinó ese día. Ella se sentía mal.

10. Roberto no alquiló la barca. Pensó que el lago era peligroso.

11. Los chicos necesitaban clases particulares. El profesor de matemáticas era malísimo.

12. Mari solicitó el traslado. Su jefe la acosaba constantemente.

13. Paco llevó a los niños de Ana al colegio. Ana estaba en la cama con fiebre.

_____

14. Le pedí dinero prestado a un amigo. Mi padre no quiso dármelo.

_____

15. José se cayó del caballo. Él saludó a una chica que estaba en la grada.

_____

Exercise 112

Translate the following sentences.

1. Pedro would have visited her if he had known that she was in the hospital.

_____

2. I wouldn't have bought this house if I had known that I was going to have so many problems.

_____

3. She wouldn't have cleaned the room if her brothers hadn't come.

_____

4. I would sell the car if I were you (_tú_).

_____

5. If they come tomorrow, we will have to eat in the other room.

_____

6. You (_tú_) will have problems unless you ask Carlos to help you.

_____

7. He would live here if he could choose.

_____

8. What would Luis say if he saw this?

_____

9. What would you (_tú_) study if you could start again?

_____

10. She could have done it (masc.) if she hadn't drunk so much.

_____

11. Where would you (_tú_) have hidden the paintings if you had stolen them?

_____

12. If you (*usted*) had told her to be quiet, I would have heard the news.

_____

13. If he had said something, I wouldn't have forgotten to mail the letter.

_____

14. We could have had lunch together if she hadn't been late.

_____

15. If Miguel were here, he would repair it (*frigorífico*) at once.

_____

16. If you (*tú*) found my ring, please phone me.

_____

17. If she said yes, I would be very happy.

_____

18. I think that Carlos would have hit him if he had seen him.

_____

19. If you (*tú*) had gotten up at six, you wouldn't have had to take a taxi.

_____

20. If she had gotten off the train at the other station, she would have found our office easily.

_____

21. If she had asked him to take her home, he would have refused.

_____

22. We could have come back earlier if Pablo hadn't stopped so often.

_____

23. I think that she will get angry if she notices that you (*tú*) have been using her things.

_____

24. I would suggest that you (*usted*) order meat in this restaurant if I didn't know that you are a vegetarian.

_____

25. If Jessica hadn't been in the house at that moment, her son would have gotten burned.

_____

26. If you (*tú*) applied for that job, you would have to tell your wife.

_____

27. If she had translated the documents before Monday, we would have known what to do.

_____

28. If I spoke Chinese, I wouldn't need to hire an interpreter.

_____

29. He will give up smoking if the doctor tells him the truth.

_____

30. If I had seen that film, I wouldn't have slept.

_____

31. Marcos will bring his children unless you (*usted*) tell him not to do it.

_____

32. You (*tú*) will be able to speak Spanish in a year as long as you study a little every day.

_____

33. José will feel better provided he takes his medicine.

_____

34. If it rained tomorrow, we would have to cancel the match.

_____

35. I'm sure that Tomás will win the race if Paco doesn't participate.

_____

20

Relative Pronouns

The most common relative pronoun is **que**, which is equivalent to *that, who/whom,* and *which*:

La casa que compré.	*The house that/which I bought.*
La chica que vino ayer.	*The girl that/who came yesterday.*
El hombre que vi.	*The man whom I saw.*

Spanish relative pronouns cannot be omitted. **Que** is usual after a comma:

Juan, que vive aquí,...	*Juan, who lives here, . . .*

After a comma you can also use **el/la cual** and **los/las cuales** for both human and nonhuman reference and **quien/quienes** for human reference only, but **que** is much more common:

Antonio, quien/el cual es médico,...	*Antonio, who is a doctor, . . .*
Esta casa, la cual es muy cara,...	*This house, which is very expensive, . . .*

With prepositions, **el/la cual, los/las cuales,** and **quien/quienes** can be used freely, both with and without a comma:

Los chicos con los cuales jugué...	*The boys with whom I played . . .*
La chica con quien comparto la casa...	*The girl with whom I share the house . . .*

A sentence such as *The girl I was <u>with</u>* is not possible in Spanish. The preposition in Spanish must be placed before the relative pronoun (which cannot be omitted) following the construction **preposition + definite article + relative pronoun**:

La chica con la que estuve...	*The girl with whom I was . . .*
El hombre con quien/el cual hablé...	*The man with whom I talked . . .*

Although the article can be omitted, it is usual to use it.

Cuando (*when*) cannot be used after a noun unless there is a comma between the noun and the relative pronoun. This means that *El año cuando yo nací* (*The year when I was born*) is incorrect, but the sentence *Nací en 1945, cuando acabó la Guerra* is correct because the comma indicates a pause between two complete sentences. When **cuando** is not possible, Spanish uses **preposition + definite article + que**:

El año <u>en el que</u> nací...   *The year when I was born . . .*

In these clauses referring to time, either the *preposition + article* or the article alone can be left out.
    As a linking word between complete sentences, **cuando** has the same uses as *when* in English:

Estaban comiendo cuando llegué.   *They were eating when I arrived.*

Donde (*where*) can be used more freely than **cuando** (*when*), although **preposition + definite article + que** is very often used instead:

La casa donde/en la que viví...   *The house where I lived . . .*

In this type of sentence, only the article can be left out.
    Whose translates as **cuyo, cuya, cuyos,** or **cuyas,** depending on the gender and number of the following word:

La chica cuyo hermano...   *The girl whose brother . . .*
La casa cuyas ventanas...   *The house whose windows . . .*

Remember that *whose* translates as **de quién** when it acts as an interrogative pronoun.
    The reason why translates as **la razón por la que/cual** and as **el motivo por el que/cual,** and the article cannot be omitted:

Ésa es la razón por la cual vine.   *That is the reason why I came.*
Ése es el motivo por el que lo vendí.   *That is the reason why I sold it.*

As a relative pronoun, *what* translates as **lo que**. The pronoun *which*, when it refers to the entire preceding action, translates as **lo que/lo cual,** and is always neuter:

Ella sabe lo que necesito.   *She knows what I need.*
Antonio vino, lo cual nos sorprendió.   *Antonio came, which surprised us.*

What can also be translated by **qué** (with an accent) when it acts as a linking word between sentences. It must translate as **qué** when it is followed by the infinitive:

Él no sabe qué queremos.   *He doesn't know what we want.*
No sé qué ponerme.   *I don't know what to put on.*

Exercise 113

Fill in the blanks with the appropriate relative pronoun.

1. El auto _____ faros están encendidos es de Juan.

2. Ésa debe de ser la mujer _____ discutió con tu madre.

3. ¿Dónde está el periódico _____ he comprado esta mañana?

4. Hemos estado en Nueva York, _____ viví durante diez años.

5. La razón _____ me impulsó a hacerlo fue bien distinta.

6. Los padres de Luis, _____ no hablan inglés, lo están pasando regular.

7. Ésta es la entrada al templo, _____ fue diseñada por un arquitecto desconocido.

8. El apartamento _____ estoy viviendo en este momento es de mi hermano.

9. Ése debe de ser el almacén _____ guardan el grano.

10. El motivo por _____ lo vendí era que me estaba dando problemas.

11. Todo empezó en 1995, _____ los Antúnez se mudaron a este vecindario.

12. La chica a _____ enviaste las flores no es soltera.

13. Voy a presentarte a Howard, con _____ estudié en la universidad.

14. Necesito algo con _____ pueda sujetar esto.

15. La semana _____ estuve de visita en casa de Pedro me lo pasé estupendamente.

Exercise 114

Join the following sentence pairs, as in the examples. Do not use commas.

Examples: Ése es el vestido. Lo quiero para mi cumpleaños.
<u>Ése es el vestido que quiero para mi cumpleaños.</u>

Ella es la chica. **Su** padre trabaja en el banco de la esquina.
<u>Ella es la chica cuyo padre trabaja en el banco de la esquina.</u>

1. Éste es el perro. Mordió a Jaime.

_____

2. Mari es la profesora. Ella castigó a Federico el otro día.

_____

3. Ella usó la calculadora. Yo la necesitaba para el examen.

_____

4. Luis es el policía. Él nos multó el otro día.

_____

5. Ese hombre es el fontanero. Su auto fue robado mientras estaba en mi casa.

_____

6. La mujer quiere verte. Su hijo se peleó con el tuyo en el recreo.

_____

7. El hombre estuvo en la cárcel. Él robó diamantes de una joyería.

_____

8. La chica quiere ser pintora. Ella estuvo aquí ayer.

_____

9. No creo que la moto alcance esa velocidad. Tú la compraste la semana pasada.

_____

10. Necesito las herramientas. Tú las tienes en el desván.

_____

11. Compré la novela. Estaba en el escaparate.

_____

12. Los chicos pidieron perdón. Ellos rompieron un cristal del laboratorio.

_____

13. La maceta se cayó a la calle. Ana la estaba regando.

_____

14. El generador se averió. Producía electricidad para esta zona.

_____

15. El texto estaba muy bien enfocado. Tú lo redactaste el otro día.

_____

Exercise 115

Find and correct any mistakes.

1. Las chicas cuyas madre vino ayer están castigadas.

2. El administrador que yo hablé con esta mañana no me dijo eso.

3. Los hombres a quienes contraté resultaron ser muy vagos.

4. Los chicos a los que vi robando fueron detenidos.

5. El padre de María, que es abogado, nos va a ayudar.

6. Los documentos los cuales firmé la semana pasada no son válidos.

7. Mi madre que está enferma, no puede hacer la compra.

8. Ésa es por la cual no quise aceptar el empleo.

9. ¿Cuyo es este abrigo?

10. Estos libros, quienes son muy valiosos, son guardados en esa sala.

11. Mario fue muy amable con nosotros, que nos sorprendió.

12. Ella nos llevó en su auto, lo cual fue muy amable por su parte.

13. Ese edificio, lo cual está muy viejo, va a ser derribado.

14. El viejo cine, al que ya nadie va, va a ser convertido en oficinas.

15. Lo cual necesitas es un buen masaje que te relaje la espalda.

Exercise 116

Join the following sentence pairs using the appropriate relative pronouns. Determine whether commas have to be used or not.

1. La chica estaba deprimida. Juan fue con ella al cine.

_____

2. Mis primos vinieron ayer. Querían pasar unos días con nosotros.

_____

3. Adela adora los animales. Quiere ser veterinaria.

_____

4. La cama no tenía colchón. Yo dormí en esa cama.

_____

5. Pablo va a venir a cenar. Acaba de llegar de Alemania.

_____

6. El bar estaba repleto de gente. Yo te llamé desde ese bar.

_____

7. Necesito hablar con Tom sobre el nuevo proyecto. Trabajo con él en el laboratorio.

_____

8. El capitán del barco dio la orden de abandono. Él sabía que no se podía hacer nada.

_____

9. Nuestro médico de cabecera nos visita dos veces por semana. Sabe que mi abuela está muy mal.

_____

10. Jorge se comportaba de una forma muy extraña. Eso nos hizo pensar que él tenía algo que ver con el asunto.

_____

11. Encontré muchas monedas viejas. Algunas de ellas eran chinas.

_____

12. Ayer vinieron veinte solicitantes. Tres de ellos eran ingenieros.

_____

13. Pedro necesita ir al hospital. Su úlcera está empeorando.

_____

14. ¿Es esa la chica? Tú recibiste una postal de ella.

_____

15. La casa ya no está en venta. Yo te hablé de esa casa.

_____

Exercise 117

Translate the following sentences.

1. The hotel we stayed in was very good.

_____

2. The town where we live has no train station.

_____

3. Ana, whose mother is in hospital, is going to stay with us.

_____

4. Patricia didn't turn up last night, which was very strange.

_____

5. The man I work for is very nice.

_____

6. The flowers you (*tú*) sent her were very beautiful.

_____

7. The girl you (*tú*) are looking at is not Macarena.

_____

8. The man I told you (*tú*) about was looking for you.

_____

9. I think she will have to take the test again.

_____

10. The people she was cooking for were not guests.

_____

11. That is the boy she was going out with.

_____

12. The car you (*tú*) saw me in is my brother's.

_____

13. The man you (*tú*) threw the stone at wants to see you.

_____

14. Martin, whom you (*tú*) met last year, sends you his regards.

_____

15. The room where I slept had no window.

_____

16. It all happened in December, when I came back from Washington.

_____

17. The house I'm looking for should have a garden.

_____

18. What she needs is love and understanding.

_____

19. I don't know why she said that.

_____

20. The reason why he hit me is a mystery.

_____

21. I don't know what to say.

_____

22. She hadn't decided what to tell them.

_____

23. That's why I refused to lend him my camera.

_____

24. Roberto didn't accept the conditions, which was very logical.

_____

25. There were several accidents, two of which were very serious.

_____

26. The firm she worked for had branches in Africa.

_____

27. I told the people you (*tú*) invited to leave immediately.

_____

28. She told the boys who were playing in the street to be careful with the flowers.

_____

29. I didn't know what she came for.

_____

30. I invited the girl who had come with him to stay and have dinner with us.

_____

31. My father, who used to take me fishing very often, had a boat like this one.

_____

32. In winter, when it is very cold, people usually skate on the lake.

_____

33. The money he had hidden under the tree was his, not hers.

_____

34. Whose were the sunglasses you (*tú*) were wearing?

_____

35. She didn't understand what I was talking about.

_____

Review 4

Exercise 118

Underline the correct option. In some cases both answers are possible.

1. Carla me comentó que su padre *había intentado / intentó* vender sus acciones.

2. Cuando llegamos *a / –* la frontera no vimos *a / –* nadie en las garitas.

3. Es muy posible que *crean / creen* que no estamos en casa.

4. No me gusta *molestando / molestar* a mis amigos innecesariamente.

5. El otro día *deberías haber hecho / deberías hacer* lo que te dije.

6. Mari *estaba llevando / llevaba* una falda muy bonita.

7. Lo organicé todo *a / para* recaudar fondos.

8. No les dije nada para que no *estropeaban / estropearan* el plan.

9. Pepe no sabe lo que *pasó / había pasado* la semana pasada.

10. Necesito que me *traes / traigas* patatas de la tienda.

11. La carne de ternera está *a / –* doce dólares *a / –* el kilo.

12. No *come / comas* tanto. Te vas a poner muy gordo.

13. *Tomémonos / Tomémosnos* una copa antes de cenar.

14. Ana no cree que su novio *llega / llegue* antes de febrero.

15. Espero que te lo *pasarás / pases* muy bien en el viaje.

16. *Nunca ella / Ella nunca* lava los platos.

17. ¿*Cómo a menudo / Cuántas veces* por semana das español?

18. ¿*Qué distancia / A qué distancia* está la gasolinera más próxima?

19. Juan *había estado / estuvo* repasando antes de irse al cine.

20. Ella no quería que yo la *acompañara / acompañase*.

Exercise 119

Join the following sentence pairs, as in the examples.

> *Examples*: Luis no lo leyó, porque no llevaba gafas.
> Si Luis hubiera llevado gafas, lo habría leído. (= Luis lo habría leído si hubiera llevado gafas).
>
> Ana no viene, porque tiene que cuidar a su padre.
> Si Ana no tuviera que cuidar a su padre, vendría. (= Ana vendría si no tuviera que cuidar a su padre).

1. No necesito tu ayuda, porque tengo suficiente dinero.

_____

2. Antonio se estrelló, porque no frenó a tiempo.

_____

3. Pusieron su casa en venta, porque el banco les amenazó.

_____

4. Me callé, porque no quería pelea.

_____

5. Juan trabaja mañana, porque su compañero está enfermo.

_____

6. Pepe no cena con nosotros esta noche, porque tiene invitados.

_____

7. Me multaron, porque aparqué en doble fila.

_____

8. Los encontré, porque estaba paseando por allí mismo.

_____

9. Abrí la correspondencia, porque el jefe no estaba en el despacho.

_____

10. No puedo participar, porque tengo una lesión en la rodilla.

_____

11. No he abierto las puertas, porque Patricia no me ha dado las llaves.

_____

12. El avión no pudo despegar, porque tenía una avería en el tren de aterrizaje.

_____

13. No fumo, porque el bebé está en la habitación.

_____

14. Los he comprado, porque han rebajado el precio.

_____

15. Tienes problemas, porque no le haces caso a tu padre.

_____

16. Cogiste un tremendo resfriado, porque jugaste en la nieve sin abrigo.

_____

17. Encendí las luces, porque estaba anocheciendo.

_____

18. Ganaste, porque ella te ayudó.

_____

19. No entendí la carta, porque estaba en castellano antiguo.

_____

20. Has acertado, porque la pregunta ha sido muy fácil.

_____

Exercise 120

Find and correct any mistakes.

1. Míos están en la habitación de la derecha.

2. Juan me ha pedido que llevo a él a la estación.

3. Saqué el niño del agua justo a tiempo.

4. Si no hubieras bebido tanto, ahora no estarías tan mareado.

5. No apetece comer ahora. He desayunado bastante bien esta mañana.

6. Las he dicho que no pueden venir esta tarde.

7. He conseguido tres entradas más para el partido de mañana.

8. Al saliendo del edificio me cayó una maceta encima.

9. ¿Has estado alguna vez a Inglaterra?

10. Me encantaría aceptar tu invitación, pero no va a ser posible.

11. No me está permitido aceptar regalos.

12. Les pedí que montaran en el autobús, pero no me hicieron caso.

13. He visto tus hermanos cerca de aquí.

14. Si habrías esperado, te hubiera llevado en mi auto.

15. ¿Qué altura estaba el campamento?

16. ¿Quién te peleaste con?

17. ¿Quién provocó el incendio?

18. ¿Para qué quieres esto?

19. ¿Quién son los que te han hecho eso?

20. Trabajar mucho no es sano.

Exercise 121

Fill in the blanks with the appropriate form of a verb from the list that follows. Use the correct subjunctive forms. Each verb can be used once only.

alojarse	beber	conseguir	dar	estar	hacer
ir	llegar	llevar	olvidar	poder	prestar
repasar	saber	ser	tener	tocar	

1. Ella nos dijo que no _____ nada hasta que _____ la policía.

2. El profesor me ha dicho que _____ la lección número doce.

3. No creo que Paqui _____ a venir con este tiempo.

4. Es posible que Alberto nos _____ en su auto para que (nosotros) no _____ que coger el autobús.

5. El médico le dijo que no _____ tanto alcohol.

6. Me extraña que ella _____ hablar español.

7. No quiero que tu hermana se _____ con nosotros.

8. Diles que no _____ tanto ruido.

9. Dile a Luisa que no _____ comprar el pan.

10. Yo no creía que ellos _____ alcanzar la cima.

11. Mi vecino me ha pedido que (yo) le _____ mi cortacésped.

12. Me gustaría que (tú) _____ más responsable.

13. No es muy probable que Alicia _____ embarazada.

14. Que yo _____ ese puesto es mi sueño.

15. No puedo sacar dinero del banco sin que ella me _____ permiso.

Exercise 122

Read the text, then decide whether the statements that follow are true or false.

El pobre Paco no se sentía demasiado bien con lo que había ocurrido. Alberto era sin duda su mejor amigo, y a Paco no le hacía ninguna gracia que ahora esa amistad se pudiera romper por culpa de algo que él no había sabido evitar. Los hechos empezaron a sucederse sin que Paco pudiera darse cuenta de la gravedad del asunto. Sara, la novia de Alberto, se había estado comportando de forma excesivamente cariñosa con Paco en las últimas semanas. Guiños, carantoñas, roces aparentemente involuntarios... Al principio Paco atribuyó esta conducta a la gran confianza que existía entre ellos, pero a medida que pasaban los días le pareció que algo más se escondía en aquel comportamiento. No obstante, decidió no hacer ningún comentario para no meter la pata. Hasta que el miércoles pasado, Sara, de sopetón, se le declaró. En el curso de la fogosa conversación se dejó abrumar y la besó. ¡Había hecho algo horrible! ¡Había traicionado a su mejor amigo! De repente, de forma brusca, se apartó de ella y se metió en el cuarto de baño. Allí tomó una decisión de la que se habría de arrepentir el resto de su vida.

1. Paco y Alberto eran muy buenos amigos.

2. Paco no quería hacerle daño a Alberto.

3. La amistad entre Paco y Alberto no corría ningún peligro.

4. Sara era la novia de Paco.

5. Sara había sido muy antipática con Paco.

6. Paco, al principio, pensó que todo era normal.

7. Paco decidió de inmediato tomar medidas.

8. El beso se produjo un martes.

9. Paco se sintió muy mal cuando la besó.

10. Paco y Sara estaban en el cuarto de baño.

Exercise 123

Translate the following sentences.

1. She has been to Spain three times this year.

_____

2. She has been in America.

_____

3. It is very strange for him to wear sunglasses.

_____

4. She was looking for a boat like mine.

_____

5. She spoke in Spanish, but I couldn't understand anything.

_____

6. I didn't notice that she was waiting there.

_____

7. I need you (*tú*) not to be late this time.

_____

8. She used to take a walk every day.

_____

9. I have so much to do that I don't know what to start with.

_____

10. I gave it (*fumar*) up when I was twenty years old.

_____

11. How high is the base camp?

_____

12. The girl I told you (*tú*) about has just gotten married.

_____

13. I insisted on her reading the letter.

_____

14. She told me to wait till she came back.

_____

15. Why don't you (*usted*) try pushing the car?

_____

16. I suggested that they should put their luggage in our room.

_____

17. They would have won the league if they had played better.

_____

18. We haven't been able to go to the supermarket.

_____

19. She was writing on the board when I went into the class.

_____

20. Have you (*tú*) read what the newspaper says?

_____

21. You (*tú*) should have read the instructions.

_____

22. She said that she would give me some magazines.

_____

23. He assured me that his wife hadn't prepared anything.

_____

24. I wish he would stop making that noise.

_____

25. If only she hadn't hidden the keys.

_____

26. I wish I had picked them (*libros*) up.

_____

27. If only I were younger.

_____

28. I hope he will get better soon.

_____

29. Why wouldn't you (*usted*) like to live in the south?

_____

30. She said that she wasn't coming with Antonio.

_____

31. Doesn't she know that hers (*padre*) was here last night?

_____

32. How much is he going to pay for this?

_____

33. I decided to go out and have some beers.

_____

34. I can't understand why you (*tú*) are getting bored.

_____

35. I can't stand buying presents.

_____

21

There + To Be = Haber

The English verb forms *there is*, *there are*, *there was*, and *there were* have their origin in the impersonal construction *there + to be*, which corresponds in Spanish with an impersonal variation of the verb **haber**. Its indicative present tense is **hay** (*there is/there are*), and its subjunctive present form is **haya**:

Creo que hay más de veinte.	*I think that there are more than twenty.*
Es posible que haya alguien.	*It is possible that there is somebody.*

In the indicative mood the **imperfecto** is **había** (*there was/there were*):

Había varios policías.	*There were several policemen.*

The **indefinido** form **hubo** most often corresponds with *there had been*, as the speaker's reference is always to a moment after the event talked about, whereas the **imperfecto** always refers to <u>that very moment</u> or to a moment before the event referred to. Compare:

Había alguien en la habitación.	*There was somebody in the room.*
Hubo alguien en la habitación.	*There had been somebody in the room.*

The subjunctive **imperfecto** is *hubiera/hubiese*, which can refer to that very moment and to the future of that moment:

No creía que hubiera nadie allí.	*I didn't think that there was anyone there.*
Era posible que hubiera problemas.	*It was possible that there would be problems.*

With *possible* and *probable*, the subjunctive **imperfecto** can be used to refer to <u>now</u>. In such cases the **imperfecto** indicates a high degree of uncertainty:

Es posible que hubiera dos.	*It is possible that there are two.*

There is no **indefinido** form in the subjunctive mood.

In English, compound tenses are made with the construction *there + auxiliary + to be*. Spanish conjugates the third-person singular forms of the verb **haber**:

| habrá | there will be |
| habría | there would be |

Auxiliary forms (<u>always</u> third-person singular) can be put before **haber**:

| Va a haber una fiesta. | *There is going to be a party.* |
| <u>Puede</u> haber fuertes lluvias. | *There can be heavy rainfall.* |

In the perfect tense, **haber** as the auxiliary is placed before the past participle of this impersonal **haber**:

| Ha habido una tormenta. | *There has been a storm.* |
| No puede haber habido nadie. | *There can't have been anybody.* |

In these examples, **habido** is the past participle of the impersonal variation of **haber** (*there . . . been*).

The impersonal **haber** can be followed by **que** and the infinitive to say that something *has/must/should be done*:

| Hay que limpiar la habitación. | *The room has to be cleaned.* |

The speaker who uses this structure doesn't specify who has to do the action. It can be the speaker, and it can even be a way of urging somebody else present to do something. If a teacher says to the pupils *Mañana hay que venir*, all the pupils in the class will have to come the following day. The negative of this structure implies that *something does* <u>not</u> *have to be done*:

| No hay que hacer ejercicios. | *We don't have to do exercises.* |

No hay que can be used to reproach/censure actions:

| No hay que robar. | *One mustn't steal.* |

Similarly to English, the **que...** phrase can be inverted, but there is often an important difference of meaning. *No hay que hacer nada* means that nothing has to be done, but *No hay nada que hacer* means that there isn't anything that can be done. *No hay que comer chocolate* means *One shouldn't eat chocolate*, but *No hay chocolate que comer* means that there isn't any chocolate left. As you can see, when the **que...** phrase is inverted, the sentence suddenly talks about something that *can/cannot be done*, instead of about something that *has/doesn't have to be done*.

Exercise 124

Fill in the blanks with the appropriate form of **haber**. Use the present or **imperfecto** in either the indicative or the subjunctive mood. Sometimes both moods are possible.

1. Es muy probable que _____ algo de comer en la despensa.

2. Marta dijo que no _____ que alertar a la policía.

3. El parte meteorológico dijo que _____ gran riesgo de tormentas tropicales en el sur.

4. Yo no les dije que _____ oro en esa mina.

5. Quiero que _____ paz en todo el planeta.

6. Necesito que _____ alguien vigilando en esa torre.

7. No es razonable que _____ tantos desempleados en estos momentos.

8. Les comenté que no _____ que hacer especulaciones.

9. Yo no dije que no _____ pasteles.

10. Vimos que ya no _____ gente esperando.

11. Les advertí de que no _____ agua en la cocina.

12. Mi deseo era que _____ comida para todos.

13. Encárgate de que _____ libros suficientes.

14. No debiste impedir que _____ vigilantes en la entrada.

15. No _____ que discutir con todo el que piensa diferente.

Exercise 125

Find and correct any mistakes.

1. Han habido dos terremotos esta semana.

2. ¿Han comido todos los niños?

3. Hay al taller que llevar la moto.

4. Va a hay una reunión este sábado.

5. No puede haber tantos alumnos.

6. Había un accidente muy grave el lunes pasado.

7. No me acordé de que hubo una reunión a las seis. Por eso llegué tarde.

8. ¿Cuántos clientes hubo en la tienda cuando entraron los ladrones?

9. Pedro dijo que hubo que pintar la casa, porque estaba muy descuidada.

10. Había los niños jugando en la calle.

11. Allí había Marta y su marido.

12. No hay que pegarle a la gente.

13. Hubo que llamar a la policía, porque los manifestantes empezaron a lanzar piedras.

14. Hay que esperar hasta que surta efecto la medicina.

15. ¿Cuánto dinero hubo en la caja en ese momento?

Exercise 126

Underline the correct option. In some cases both answers are possible.

1. Faltaron ambulancias y *debería haber / debería haber habido* más médicos.

2. No *habrá / hay* que hacer nada hasta las seis.

3. El periódico dice que *va a / van a* haber chubascos en el centro.

4. Yo no sabía que *había / hubiera* tanta gente.

5. Es preferible que *hay / haya* comida de más a que falte.

6. Si me hicieras caso, no *hubiera / habría* que repetirlo todo.

7. Ojalá *hay / haya* alguna tienda abierta.

8. Ojalá *habría / hubiera* más gente buena en este mundo.

9. Los expertos creen que *puede haber habido / pudo haber* un cortocircuito en el incendio de la semana pasada.

10. Juan dijo que *hubo / había habido* un sabotaje.

11. Ella dice que aún *hay que traer cosas / hay cosas que traer*.

12. Aún no te has enterado de que no queda aceite para las ensaladas. Te lo voy a decir de otra forma: ¡No *hay que usar aceite / hay aceite que usar* para las ensaladas!

13. Lo único que quiero es que no *hay / haya* discusiones tontas entre vosotros cuando estemos cenando.

14. El mecánico me ha dicho que el auto no se puede reparar y que es mejor tirarlo. Por tanto, no *hay nada que hacer / hay que hacer nada*.

15. El profesor nos dijo que *había que ordenar los pupitres / había pupitres que ordenar* antes de que nos fuéramos a casa.

Exercise 127

Translate the following sentences.

1. There is no bread. Why don't you (*tú*) go and buy some?

_____

2. There are still a few things to be done.

_____

3. There has been a fight in that bar.

_____

4. There was a letter for you (*usted*) on this table.

_____

5. There was too much smoke in the room. That's why I opened all the windows.

_____

6. There has just been a phone call for her.

_____

7. There could be something dangerous in that room.

_____

8. She said that there had been many people at the party.

_____

9. There should be more schools in this area.

_____

10. There would be snow in the morning.

_____

11. There must be a hotel on the right.

_____

12. There should have been a mechanic in that neighborhood.

_____

13. There is going to be a very good game on television.

_____

14. How many stamps were there when she came in?

_____

15. He assured the policeman that there had been a race.

_____

16. There were no jewels when I arrived.

_____

17. There was something to be done before eleven o'clock.

_____

18. We did it because it was starting to get cold.

_____

19. There will be no problems if we hide the grades.

_____

20. Somebody has to take her to the hospital.

_____

Possibility: *May, Might,* and *Could*

When they express possibility, *may, might,* and *could* translate as the invariable **puede que/puede ser que** followed by the subjunctive. The subject of the sentence usually follows **que**:

Puede que ellos sepan algo.	*They may/might know something.*
Puede que haya más.	*There may/might be more.*

A subjunctive **imperfecto** can be used in a present context to express that the possibility is more remote:

Puede que Juan tuviera las llaves.	*Juan might/could have the keys.*
Puede ser que ella lo venda pronto.	*She may/might sell it soon.*

Podría ser que + subject + subjunctive imperfecto expresses that the possibility is very remote:

Podría ser que ella lo tuviera.	*She could have it.*

When it is clear that the context is talking about possibility, the verb **poder** can be used in its normal conjugation (without **que** and without inverting the subject):

Elena puede estar enferma.	*Elena may/might be ill.*
Ellos pueden estar en apuros.	*They may/might be in trouble.*

In this sense, the conditional of **poder** can be used to express remote possibility:

Carlos podría venir mañana.	*Carlos might/could come tomorrow.*

Spanish speakers also use the **imperfecto** of **poder** to express remote possibility:

Ellos podían estar en peligro.	*They might/could be in danger.*

To refer to the past, **puede que** can be followed by the subjunctive **imperfecto**, by the subjunctive **perfecto** (recent past or past connected with the present), and by the subjunctive **pluscuamperfecto** (usually remote-past reference):

Puede que ella nos viera ayer.	*She may/might have seen us yesterday.*
Puede que ella nos haya visto hoy.	*She may/might have seen us today.*
Puede que ella os hubiera visto entonces.	*She might/could have seen you then.*

It is also possible to conjugate **poder** in its habitual past tenses or to use the construction **present of poder + haber + past participle** (for recent past events):

| Ellos pudieron cogerlo. | *They may/might have taken it.* |
| Ellos lo pueden haber cogido. | *They may/might have taken it.* |

The conditional perfect of **poder** is also possible, but it doesn't necessarily have to refer to the recent past. Besides, when a conditional form is used, the possibility seems more remote:

| Carla podría haberlo hecho. | *Carla might/could have done it.* |

The construction **indefinido of poder + haber + past participle** usually expresses the same as **indefinido of poder + infinitive**:

| Luis pudo oírles. | *Luis might/could have heard them.* |
| Luis pudo haberles oído. | *Luis might/could have heard them.* |

It is even possible to use the **imperfecto** of **poder** together with **haber + past participle** with the same effect as the **indefinido**:

| Podían haber venido antes. | *They might/could have come before.* |

Note: Constructions with **poder** and **haber** can usually be inverted without changing the meaning, as long as the context clearly indicates possibility:

Javier puede haber venido.	*Javier may/might have come.*
Javier ha podido venir.	*Javier may/might have come.*
Ella podría haberlo vendido.	*She might/could have sold it.*
Ella habría podido venderlo.	*She might/could have sold it.*

Exercise 128

Rewrite the following sentences using the items given in parentheses, as in the following examples:

> Examples: Es posible que Antonio lo compre esta semana. (*Puede que*)
> <u>Puede que Antonio lo compre esta semana.</u>
>
> Es probable que ella lo hiciera sin querer. (*Ella pudo*)
> <u>Ella pudo hacerlo (= pudo haberlo hecho) sin querer.</u>
>
> Es posible que Juan se lo llevara a su casa. (*Juan podría*)
> <u>Juan podría habérselo llevado a su casa.</u>

1. Es posible que ella ya tenga los resultados. (*Puede que*)

   _____

2. Es posible que tus padres lo hayan oído. (*Tus padres pueden*)

   _____

3. Es posible que Ana pusiera la trampa. (*Ana pudo*)

   _____

4. Es posible que ellos comieran juntos. (*Puede que*)

   _____

5. Es posible que tu madre te castigue por eso. (*Podría ser*)

   _____

6. Es posible que tus amigos vengan a verte. (*Puede que*)

   _____

7. Es posible que el policía les pillara. (*El policía pudo*)

   _____

8. Es posible que la niña se perdiera en el bosque. (*La niña podía*)

   _____

9. Es posible que el mecánico lo pusiera ahí. (*El mecánico podría*)

   _____

10. Es posible que tu hermana se haya puesto el vestido blanco. (*Tu hermana podría*)

   _____

11. Es posible que los Antúnez regresaran aquella noche. (*Los Antúnez podían*)

_____

12. Es posible que Marcos lo haya roto. (*Marcos puede*)

_____

13. Es posible que aquellos chavales lo dejaran allí. (*Aquellos chavales podían*)

_____

14. Es posible que Sandra te lo enviara. (*Sandra podría*)

_____

15. Es posible que él estuviera en casa ahora. (*Puede que*)

_____

Exercise 129

Find and correct any mistakes.

1. Puede que ella los cocinase sin ayuda.

2. Es muy probable que los chicos están jugando detrás de la casa.

3. Tu hermano puede haber hecho eso el mes pasado.

4. Podría ser que ellos te llamen para que te fueras con ellos.

5. Puede que él viene con ella a la boda.

6. Puede que él fue allí solo.

7. Puede ser que ellos lo compraron con el dinero de Lara.

8. El ladrón podía entrar por la puerta de atrás.

9. Alguien pudo recogerles en la estación.

10. Puede no que ella lo acepte en la próxima reunión.

11. Andrea pudo haber sido la que rompió el espejo.

12. Ella puede haber estado aquí ayer.

13. Supongo que ellos habrán podido salir de allí a tiempo.

14. Ella dijo que podía ser que Lalo tenía el sarampión.

15. Podría ser que Mari lo hubiera limpiado con alcohol.

Exercise 130

Fill in the blanks with the appropriate tense of a verb from the following list. Each verb can be used once only. In some cases you will have to use **poder** as an auxiliary of possibility.

caer	coger	electrocutar	escapar	estar
expulsar	inaugurar	interrogar	matar	nevar
poner	ser	regalar	robar	romper

1. No te preocupes. Puede que tu padre _____ un avión y esté aquí para tu cumpleaños.

2. Es más que probable que la reunión del lunes que viene _____ cancelada.

3. Puede ser que la nueva pista de patinaje sea _____ este sábado.

4. Puede que Antonio te _____ una bonita sortija en vuestro próximo aniversario.

5. Puede ser que tu hijo se _____ por la ventana aquella noche.

6. El pobre chico se pudo _____ nervioso y por eso se marchó.

7. El director del colegio podría _____ a los chicos que quemaron el gimnasio. Todo depende de la próxima reunión con los padres.

8. Puede que la policía le _____ mañana.

9. Cuando saltaste de esa forma te _____ el cuello.

10. Al entrar en la casa pensé que alguien podía _____ husmeando en la parte de arriba en ese mismo momento.

11. Te _____ cuando te estrellaste contra ese árbol.

12. Los chicos que entraron en la clase antes que nosotros _____ los estuches, aunque no creo que lo hicieran, ya que son muy buenos chicos.

13. Puede que _____ este fin de semana. Podríamos hacer un muñeco y tirarnos bolas.

14. La lámpara pudo _____ como resultado del golpe que Juan le dio con la cabeza.

15. No debiste tocar ese cable. Te _____ .

Exercise 131

Read the text, then decide whether the statements that follow are true or false.

Es un auténtico misterio lo que ha sucedido con la carta que recibí la semana pasada. Era de Paula, una chica que conocí hace un año en un viaje que hice a Madrid. Como no quería que la viese mi madre, la puse detrás de una enciclopedia temática que tenemos en la sala de estar. La puse allí para cogerla más tarde y leerla en mi habitación, ya que justo cuando la estaba empezando a leer, entró mi madre en casa. No quiero que sepa nada, porque es muy capaz de decírselo a Andrea, mi actual novia, y no sabéis lo celosa que es. Las dos se llevan que ni te cuento; parecen amiguitas del colegio. Se cuentan todos sus secretitos y, siempre que están juntas, que son demasiadas veces, andan lanzando unos grititos de regocijo y confidencia que te ponen los pelos de punta. Puede que la cogiera Silvia, la chica que nos limpia. Si es así, estoy salvado, porque Silvia lo tira todo a la basura. También puede ser que la cogiera mi hermana, lo cual me pone bastante nervioso, porque, aunque no puede ver a Andrea ni en pintura, es una chantajista profesional y ya puedo ir preparando la cartera. Y aún hay una tercera posibilidad; una que podría significar el fin de mi tranquilidad y sosiego, sin mencionar el claro menoscabo que se produciría en alguna parte de mi cuerpo. Se trata de Andrea. Sí, mi propia novia, que es una fisgona de mucho cuidado. Podría haberla encontrado y ahora estaría, con diabólico disimulo, planeando qué hacer con mi persona. Si no la hubiera dejado allí, si me la hubiera metido en el bolsillo, ahora estaría...

1. La novia del autor se llama Paula.

2. La verdadera novia del autor es Andrea.

3. La madre del autor y su novia se lo cuentan todo.

4. El autor ya había leído la carta.

5. Silvia es la chica del servicio doméstico.

6. La hermana del autor se lleva bien con Andrea.

7. La hermana del autor podría querer dinero.

8. El autor teme que su novia le agreda.

9. A Andrea le gusta registrarlo todo.

10. La novia del autor podría estar disimulando.

Exercise 132

Translate the following sentences.

1. She may be cooking now.

_____

2. He may have to work on the weekend.

_____

3. Marta may be sleeping at this moment.

_____

4. It may be cold in the north.

_____

5. Antonio might know something.

_____

6. They may arrive before Sunday.

_____

7. We may have to sell our properties.

_____

8. It might be possible.

_____

9. Luis could be in the office at this moment.

_____

10. That might be true.

_____

11. Felipe may have found the money when he was on his way here.

_____

12. Amparo might have seen them (_películas_) this week.

_____

13. You (_tú_) could have broken your ankle.

_____

14. The book might be interesting.

_____

15. She may have sent them (_cartas_) today.

_____

16. It may be snowing in my country.

_____

17. There may be more people.

_____

18. There could be something there.

_____

19. She may be ill.

_____

20. They might want to participate.

_____

21. He might turn up tonight.

_____

22. They may have redecorated their apartment last week.

_____

23. They could have been arguing when you (*tú*) saw them.

_____

24. You (*vosotros*) may have to stay with your grandparents next week.

_____

25. I might have to take him to the station.

_____

26. Don't do that! You (*tú*) could get hurt!

_____

27. Your (*usted*) luggage might be at the airport.

_____

28. Miguel may have left this morning.

_____

29. He could be having dinner with his parents.

_____

30. She may not want to get married to him.

_____

23

Expressing Movement

In Spanish, each type of movement requires a specific verb, followed by a preposition when the destination/origin is mentioned:

entrar (en)	*come in, go in, get in, walk in, etc.*
salir (de)	*come out, go out, get out, walk out, etc.*
meter... (en)	*put . . . into, get . . . into, etc.*
sacar... (de)	*take . . . out, get . . . out, etc.*
quitar... (de)	*take . . . off, get . . . off, etc.*
subir... (a)	*take/bring . . . up to, go up to, walk up to, etc.*
bajar... (de/a)	*take/bring . . . down to, come/go down to, etc.*

La chica entró en la habitación.	*The girl went/came/got into the room.*
Salí de la casa.	*I came/went/got out of the house.*
Los metí en el frigorífico.	*I put them into the fridge.*
Sácalos de la maleta.	*Take/Get them out of the suitcase.*
Quita eso de la mesa.	*Take that off the table.*
Sube esto a tu habitación.	*Take this up to your room.*
Baja una silla al jardín.	*Bring/Take a chair down to the garden.*
Baja la pelota del tejado.	*Bring/Take the ball down from the roof.*

With these verbs it doesn't matter where the speaker is situated. **Meter, quitar, subir,** and **bajar** can be used without a direct object—the movement then refers to the subject. When this is the case, **meter** must be reflexive; **quitar, subir,** and **bajar** can be used more freely:

Me metí en la casa.	*I got/went/came into the house.*
Me quité de la mesa.	*I got off the table.*
Me bajé de la mesa.	*I got down from the table* (or *I got off the table*).
Me subí a la mesa.	*I got onto the table.*

When the movement is related to vehicles, **subir(se) a/montar(se) (en)** translates *get into/onto* and **bajar(se) (de)** translates *get out of/get off*, although it is possible to use other verbs (**meter/meterse en, salir/salirse de, sacar de**) when the vehicle is mentioned. These verbs, except **salir(se)**, can have a direct object:

Me monté/metí en el auto.	*I got into the car.*
Me bajé/salí del autobús.	*I got off the bus.*
Monté/Metí a la niña en el taxi.	*I put the girl into the taxi.*
Bajé/Saqué las maletas del tren.	*I took the suitcases off the train.*

When no vehicles are meant, **salirse** can imply a definitive action. Compare:

Ana salió del colegio.	*Ana went out of the school.*
Ana <u>se</u> salió del colegio.	*Ana left school (forever).*

The verb **atravesar** translates as *go/get across/through*, but **cruzar** relates only to *across*:

Crucé la calle.	*I got across the street.*
Atravesé la calle.	*I got across the street.*
Atravesé el bosque.	*I got through the forest.*

In talking about movement, the preposition **a** is always related to movement *to/toward* a point, and **de** is related to movement *from* a point:

Les llevé al teatro.	*I took them to the theater.*
Llegué a mi casa.	*I arrived at/got to my house.*
Los traje de mi casa.	*I brought them from my house.*
Venían de una fiesta.	*They were coming from a party.*

In Spanish, a combination like *I <u>ran up</u> the stairs* is not possible. Spanish uses a clause (usually a gerund) at the end of the sentence or right after the main verb:

Subí <u>corriendo</u> a mi habitación.	*I ran up to my room.*
Ella bajó las escaleras <u>de prisa</u>.	*She hurried down the stairs.*
Se montó en el taxi <u>de un salto</u>.	*He jumped into the taxi.*

In the sense of *jumping <u>over</u>* something, *over* is not translated:

Salté la valla.	*I jumped over the fence.*

Exercise 133

Match the items in the first column with the items in the second column.

1. Me metí
2. Los ladrones saltaron
3. Subí los libros
4. Los saqué
5. Ella se montó
6. Quité todas las cosas
7. El inspector se bajó
8. Entré

A. en la bicicleta.
B. del auto.
C. de la cama.
D. corriendo.
E. al desván.
F. las barreras policiales.
G. en un lío.
H. de mi cartera.

Exercise 134

Underline the correct option. In some cases both answers are possible.

1. Como no sabía dónde ir, *metí / me metí* en una cafetería.
2. Al *bajar / bajarme* del tren me di cuenta de que había olvidado mi paraguas.
3. Le dije a la secretaria que no entrara *en / a* mi despacho.
4. Tuvimos que *cruzar / atravesar* el túnel sin linternas.
5. Quité los papeles *en / de* la silla para que ella se sentara.
6. No debiste *salir / salirte* del cine sin ver el final de la película.
7. Levántate *a / de* la cama y empieza a estudiar.
8. Salí del fuego *andado / andando*.
9. El banco está *atravesando / cruzando* la plaza a la derecha.
10. ¿Por qué no *entras / metes* la carne en el horno?
11. Diles que no pueden *salir / sacar* de clase hasta que terminen los ejercicios.
12. Juan *entró / se entró* en el cobertizo, porque estaba lloviendo.
13. No pude sacar la barca *al / del* agua.
14. El chico se subió *al árbol / en el árbol*.
15. No quiso *bajarse / bajarse de*.

Exercise 135

Write meaningful sentences using all the listed words.

1. Juan, del, salga, que, despacho, quiero

   _____

2. habitación, en, gente, es, que, esa, tanta, posible, entre, no

   _____

3. auto, necesito, garaje, el, del, saques, que

   _____

4. jardín, tele, baja, pequeña, al, la

   _____

5. deberías, los, del, sacar, horno

   _____

6. ejército, meter, el, en, te, deberías

   _____

7. podido, los, trajes, la, he, llevar, lavandería, no, a

   _____

8. mesa, gato, la, de, quiso, el, no, se, bajar

   _____

9. director, chicos, el, los, entraron, del, en, todos, despacho

   _____

10. pared, la, la, atravesó, bala, herir, nadie, a, sin

    _____

11. derecha, semáforo, girar, en, que, tienes, la, a, el

    _____

12. primera, sitio, en, entro, la, es, que, vez, este

    _____

13. llegues, la, a, al, cuando, gira, cruce, izquierda

    _____

14. Luis, de, no, en, montar, la, quise, me, moto

_____

15. alto, a, deberías, árbol, tan, te, subir, un, no

_____

Exercise 136

Find and correct any mistakes.

1. No quisieron entrar en la sala de máquinas.
2. Te deberías haber salido antes.
3. Luisa se subió en el autobús que iba a Madrid.
4. ¡Bájate a ese árbol inmediatamente!
5. Le saqué a mi marido dos camisas de la maleta.
6. No quiero que te montes a mi bicicleta.
7. Es necesario que quites esos cubos al vestíbulo.
8. Salí tambaleándome del bar.
9. Debes dirigirte en ese lugar.
10. No quiero que montes a nadie extraño en el auto.
11. Saca el equipaje del maletero.
12. Saltó un sexto piso y se mató.
13. Cuando entré en el barco, no había nadie.
14. No me lancé en el agua, porque no sabía nadar.
15. Los platos salieron volando.

Exercise 137

Translate the following.

1. He went out of the office at six.

_____

2. Nobody could get out of the house. They all got burned.

_____

3. She has just gone into that room.

_____

4. They have just come out.

_____

5. Felipe got onto the bus that was going to Granada.

_____

6. She didn't get off at this station.

_____

7. She will not be able to go into that restaurant.

_____

8. He ran into the building.

_____

9. The dog jumped onto the table.

_____

10. The dog jumped off the table.

_____

11. The dog jumped over the table.

_____

12. He hurried out of the school.

_____

13. Take those books off my bed.

_____

14. You (*tú*) should take them (*huevos*) out right now.

_____

15. Why don't you (*tú*) put your money into the bank?

_____

16. She was going to get into her car when she heard the phone.

_____

17. We arrived in London after seven o'clock.

_____

18. Can you (*usted*) tell me how to get to this address?

_____

19. Sara hasn't been able to take the paintings out of the building.

_____

20. We went into a bar and had a beer.

_____

21. Get (*vosotros*) out of here!

_____

22. She was ill. That's why I didn't want her to go out.

_____

23. Put (*tú*) the potatoes in here, please.

_____

24. Take (*tú*) this dog out of the room!

_____

25. Where are you (*tú*) coming from?

_____

The Impersonal

Very often speakers choose not to mention the subject of a sentence, not because Spanish allows them to do this, but because they think it is better not to mention it.

Suppose Alicia plans to buy Jorge a book. Jorge is telling this to a friend of his, but he doesn't want to mention Alicia, maybe because his friend doesn't know who Alicia is or maybe because Jorge doesn't want his friend to know that it is Alicia who is going to buy a book for him. In that case Jorge will say *Me van a comprar un libro* (*They are going to buy me a book*), using third-person plural forms. In such a sentence Jorge cannot choose whether to omit **ellos** or not: in an impersonal sentence there is no subject.

In other words, when speakers don't know who the subject is, don't want to mention who the subject is, or consider that it is obvious who the subject is, they use impersonal sentences in which the action is attributed to a hypothetical *they*. English usually does this by means of passive structures:

Me han robado.	*I have been robbed.*
Han roto el jarrón.	*The vase has been broken.*
Me han dicho que espere aquí.	*I have been told to wait here.*

The English language, too, uses structures with a general *they* as a subject. Sentences like *They say that she is married* (*Dicen que ella está casada*), *They are going to build an office block here* (*Van a construir un bloque de oficinas aquí*), and so on, fully coincide with the Spanish way of making impersonal sentences. The only difference is that English does mention *they*. These English sentences with *they* can be turned into structures with *it is + past participle* (*It is said*, *It is thought*, etc.). When this is the case, Spanish uses **se** as a subject (always singular):

Se dice que Juan tiene problemas.	*It is said that Juan has problems.*
Se sabe que ella lo hizo.	*It is known that she did it.*

Se is also used to translate English passive sentences such as *French is spoken there*, *Such cars are no longer made*, and so on, but in Spanish the verb can be plural, to agree with the direct object:

Se dicen cosas muy tontas.	*Very stupid things are said.*
Se reparan radios.	*Radios are repaired.*

But the preposition **a** requires singular verb forms when it is used to refer to particular human beings that act as the direct object of the sentence. Compare:

Se despidió a tres secretarias.	*Three secretaries were fired.*
A ellos se les dieron dos libros.	*They were given two books.*

It is often possible to use either impersonal structures or constructions with **se** to give the same meaning:

Eso se hace en Alemania.	*That is made in Germany.*
Eso lo hacen en Alemania.	*That is made in Germany.*

Note the use of **lo** when the direct object is placed before the verb. *Hacen eso en Alemania* is correct, but inversion of pronouns in this type of sentence sounds more natural.

Se <u>with a singular verb</u> can imply that the action is done by the speaker (third-person plural forms cannot). A sentence like *Ya se ha cortado el césped* (*The grass has already been cut*) can imply that it was me who cut the grass.

Object pronouns must always be placed after the impersonal **se**, but they should not be used in the function of direct object when referring to things:

Se les va a arrestar.	*They are going to be arrested.*
Se van a pintar.	*They (things) are going to be painted.*

The English structure *have/get something done* (e.g., *I had them cleaned yesterday*) has to be translated either by impersonal structures or by attributing the action directly to the subject of the sentence:

Me pintaron la casa el mes pasado.	*I had my house painted last month.*
Pinté la casa el mes pasado.	*I had my house painted last month.*

The second example may seem confusing as the translation is the same, but the context usually solves this problem.

In English, a sentence like *It is said that he is in prison* can be turned into *He is said to be in prison*. The second version is not possible in Spanish:

Se sabe que ella lo tiene.	*She is known to have it.*
Se dice que Paco lo robó.	*Paco is said to have stolen it.*

Exercise 138

Rewrite the following sentences to make them impersonal, as in the examples.

Examples: Luis me va a ayudar.
<u>Me van a ayudar.</u>

Hablamos inglés.
<u>Se habla inglés.</u>

1. Elena quiere regalarme un libro de poemas.

_____

2. Mi abuela me ha dado cien dólares.

_____

3. Ya hemos redactado el informe.

_____

4. No podemos extraer más petróleo de ese pozo.

_____

5. Juan me ha dicho que te lleve a tu casa.

_____

6. Mi jefe me ha pedido que les traiga esta cesta de Navidad.

_____

7. No podremos entrar en esa discoteca.

_____

8. Mis padres no me dejan jugar contigo.

_____

9. El director me dijo que no tirara papeles al suelo.

_____

10. Te dije que no tocaras esa canción.

_____

11. La empresa me quiere despedir.

_____

12. No recuerdo si te dije que Meli no forma parte del proyecto.

_____

13. Deberíamos decirles que no hicieran eso.

_____

14. Alguien les tendrá que ordenar que limpien esto.

_____

15. Mónica no me quiso dejar ver al bebé.

_____

Exercise 139

Rewrite the following sentences, as in the examples:

> _Examples_: Han cavado una fosa.
> <u>Se ha cavado una fosa.</u>
>
> Se ha prohibido fumar en los bares.
> <u>Han prohibido fumar en los bares.</u>

1. Han derribado el puente.

_____

2. Aún no han reparado el mástil del barco.

_____

3. Van a bloquear esta carretera.

_____

4. Se dijo que eso era imposible.

_____

5. Se sospecha de esos chicos.

_____

6. No se nos ha ordenado que vigilemos a los alumnos.

_____

7. Necesitamos que reparen estos conductos.

_____

8. No sabemos si se ha cerrado la presa.

_____

9. En este restaurante no atienden bien a los clientes.

_____

10. Desde aquí llaman a los empleados.

_____

11. Aún no se ha descubierto una vacuna contra esa enfermedad.

_____

12. No necesito que me digan lo que tengo que hacer.

_____

13. Han atracado a dos turistas.

_____

14. En esa tienda necesitan una chica que hable español.

_____

15. Se ha contratado a dos estupendos abogados.

_____

Exercise 140

Underline the correct option.

1. A estas chicas se *las / les* va a tener que decir algo.

2. El motor se *lo / –* reparó la semana pasada.

3. Se *cuenta / cuentan* historias muy extrañas últimamente.

4. No se *les / –* encuentra por ninguna parte.

5. Se *lo / –* han llevado esta semana.

6. Se *admitió / admitieron* a dos amigos tuyos.

7. Se dice que Javier *tiene / tener* una amante.

8. *A / –* tus hermanos no les han hecho nada.

9. *Ellos / –* me han dado esta carta para ti, pero no puedo decirte quién.

10. En la empresa me *va / van* a ascender.

11. He pedido una pizza. Espero que la *traiga / traigan* de un momento a otro.

12. No puedo llevarte, lo siento. Me *está / están* reparando el auto.

13. No *se les puede ver / se puede verles* desde aquí.

14. ¿Es aquí donde se *necesita / necesitan* cuidadores de animales?

15. Me temo que esas radios ya no se *fabrican / las fabrican*.

Exercise 141

Find and correct any mistakes.

1. Ella es dicha estar saliendo con su jefe.
2. Se comentó que Patricia tuvo una fuerte discusión con su profesor.
3. Me acaban de dar una sorpresa muy agradable.
4. Los guisantes se los pone en la olla a cocer a fuego lento.
5. Se parece que ellos no lo saben todavía.
6. A los niños no se pueden contar ciertas cosas.
7. Exijo que me se explique lo que ha pasado.
8. No comprendo por qué se han cerrado el viejo gimnasio.
9. Explícame qué se deben hacer en estos ejercicios.
10. Yo se os ha dicho la verdad.
11. No se les puede dejar solos.
12. Hay que procurar que los repare antes del martes que viene.
13. Matías era comentado tener una novia americana.
14. No me gusta que me molesten cuando estoy trabajando.
15. Se les ha dicho que vigilen el equipaje.

Exercise 142

Translate the following sentences. Use impersonal structures to translate the passive.

1. She is said to be ill.

_____

2. They are said to have a lot of money.

_____

3. Pablo is thought to be a police officer.

_____

4. That school is supposed to be very good.

_____

5. That neighborhood is said to be very dangerous.

_____

6. It is known they'll come next week.

_____

7. They say that he can't stand his wife.

_____

8. People say that he has a very good job.

_____

9. They think that I got married to Ana, but it is not true.

_____

10. They say that a lot of people come here in summer.

_____

11. I'm having my apartment decorated.

_____

12. She had her car repaired last Monday.

_____

13. I had a dress made to go to Felipe's wedding.

_____

14. They are building a bridge.

_____

15. They need girls for the bar.

_____

16. They are looking for the thieves.

_____

17. They don't need me at the office tomorrow.

_____

18. They are selling that house. Why don't we buy it?

_____

19. They (*cartas*) are being translated at this moment.

_____

20. I have been told that you (*tú*) like her very much.

_____

21. She has been told to stay there till six o'clock.

_____

22. We speak English in this store.

_____

23. We can't finish the report so soon.

_____

24. We know that you (form. sing.) are not a doctor.

_____

25. They will buy me a new car when the old one is sold.

_____

26. They are having a house built.

_____

27. Why didn't she have the books brought?

_____

28. Why don't you (tú) have them (niños) picked up?

_____

29. I can't help being looked at.

_____

30. She can't stand being told off.

_____

31. My son likes being taken to the movies.

_____

32. Marta loves being invited to parties.

_____

33. I hate being phoned at home.

_____

34. I would like to be taken to Disneyland.

_____

35. They don't allow dogs in this hotel.

_____

25

The Passive

The passive voice is often used in Spanish in impersonal constructions:

La casa está siendo limpiada.	*The house is being cleaned.*
Van a ser llevados al hospital.	*They are going to be taken to the hospital.*

The only drawback is that in Spanish passive sentences belong more or less to formal language. They are often used in newspapers, books, television, radio, and the like, but only rarely in colloquial (informal) language. Speakers will always prefer impersonal sentences or sentences with a known subject.

The process to form the passive is practically the same as in English, <u>except</u> that the indirect object can never be used as a subject. For instance, *He sido dicho que venga* (*I have been told to come*) is impossible in Spanish, as the (omitted) subject **Yo** is the indirect object of the sentence <u>Me</u> *han dicho que venga* (*They have told me to come*). Only direct objects can act as subjects in passive constructions:

He visto a <u>Juan</u>. Juan ha sido visto.	*I have seen Juan. Juan has been seen.*
Estoy pintando <u>el auto</u>. El auto está siendo pintado.	*I'm painting the car. The car is being painted.*

As you can see, when the verb *to be* has to be used twice in a passive sentence, the first one is always **estar**.

Another important difference is that the past participle has to agree in gender and number with the subject:

Juan fue visto.	*Juan was seen.*
Juana fue vista.	*Juana was seen.*

The agent, usually preceded by **por** (*by*), is normally placed at the end of the sentence, but can also follow the verbal sequence:

He sido llevado al cine por mis padres. =	*I have been taken to the movies by*
He sido llevado por mis padres al cine.	*my parents.*

The preposition **con** (*with*) is often needed to introduce the grammatical agent of a passive sentence:

Fue golpeada con un martillo.   *She was hit with a hammer.*

Be careful with sentences with the verb **estar** and past participles. These sentences look like passives but they do not have that function, as the past participle used acts as an adjective that refers to a specific situation:

La luz estaba encendida (semipassive).   *The light was on.*
La luz fue encendida (passive).   *The light was turned on.*

This happens because many past participles are used as adjectives.

The following sentences are examples of the passive in different tenses:

El auto fue robado. (indefinido)   *The car was stolen.*
El texto está siendo estudiado.   *The text is being studied.*
    (presente continuo)
El dinero me ha sido devuelto.   *The money has been given back to me.*
    (pretérito perfecto)
Seremos castigados. (futuro simple)   *We will be punished.*
Ella puede ser arrestada. (presente simple)   *She can be arrested.*
Debería haber sido reparado. (condicional)   *It should have been repaired.*
Esto es producido en Brasil.   *This is produced in Brazil.*
    (presente simple)

As explained in the preceding unit, impersonal structures such as *It is said, It is thought,* and so on, are translated by **se + active verb**:

Se dice que él es un contrabandista.   *It is said that he is a smuggler.*

Exercise 143

Rewrite the following sentences in the passive. Avoid using pronouns as agents (*by him, by her,* etc.).

1. Han atropellado a la niña.

_____

2. Estoy arreglando el grifo.

_____

3. Juan ha cogido dos diccionarios.

_____

4. Hemos comprado tres kilos de manzanas.

_____

5. No he podido hacer el examen.

_____

6. Van a derribar ese bloque.

_____

7. Van a construir uno nuevo en su lugar.

_____

8. Deberías haber traído la cesta.

_____

9. No pudimos sacarlos de los escombros.

_____

10. Tendrás que ponerlos detrás de la casa.

_____

11. Me vieron con ella en el cine.

_____

12. Los cogí por sorpresa.

_____

13. Nos han estado importunando toda la semana.

_____

14. Te van a dejar en mi casa.

_____

15. Te van a colocar en la empresa de tu padre.

_____

16. No les podrán salvar.

_____

17. No debiste dejarla allí.

_____

18. Los pintaron de rojo.

_____

19. Las acaban de traer de la pizzería.

_____

20. Tendrías que acabarlas pronto.

_____

Exercise 144

Turn the following sentences into the active voice. Use impersonal constructions when no agent is mentioned.

1. Carlos está siendo operado en este momento.

_____

2. No podemos ser despedidos así por las buenas.

_____

3. Antonio fue invitado por Ana a su cumpleaños.

_____

4. Los paquetes están siendo envueltos por los empleados.

_____

5. Paco tuvo que ser atendido en urgencias la otra noche.

_____

6. Marta va a ser nombrada jefa del departamento.

_____

7. Mis vecinos fueron atracados el otro día en pleno supermercado.

_____

8. Luis no va a poder ser sustituido este fin de semana.

_____

9. Han sido encontrados sanos y salvos.

_____

10. Ya deberías haber sido avisada.

_____

11. Tuvimos que ser protegidos por la policía.

_____

12. Nadie ha sido llamado todavía.

_____

13. David fue agredido por un perro vagabundo.

_____

14. Los niños están siendo vigilados por la profesora.

_____

15. Daniel ha sido muy bien educado.

_____

16. Me ha sido enviada una carta muy extraña.

_____

17. Los escombros ya han sido retirados.

_____

18. Los alpinistas podrían haber sido rescatados con vida.

_____

19. Piezas así ya no son fabricadas.

_____

20. Una tiza le fue lanzada al profesor.

_____

Exercise 145

Fill in the blanks with the correct form of the verbs in parentheses. Use the active or passive **indefinido**.

1. Los juguetes _____ (_llevar_) a las casas por los Reyes Magos.

2. Los juguetes esparcidos por el pasillo _____ (_provocar_) el accidente del padre.

3. Las piezas de pastelería _____ (_introducir_) en este horno.

4. La campaña _____ (_lanzar_) para concienciar a la población.

5. Los alumnos _____ (_convocar_) en el gimnasio del colegio.

6. Drásticas medidas _____ (_tomar_) para evitar los disturbios.

7. Las medidas _____ (_conseguir_) reducir el número de incendios.

8. La cosecha _____ (_transportar_) en avión a la capital.

9. Ese país _____ (_invadir_) a su vecino.

10. Ese país _____ (_invadir_) por su vecino.

11. Las pruebas de lanzamiento _____ (_llevar_) a cabo en el más estricto secreto.

12. Los animales _____ (*introducir*) en el país en camiones de basura.

13. Varias decenas de vecinos _____ (*forzar*) la entrada del

    ayuntamiento.

14. El ataque _____ (*rechazar*) sin usar misiles.

15. Al final, los miembros del jurado _____ (*elegir*) a Felicia reina de las fiestas.

Exercise 146

Find and correct any mistakes.

1. El niño había dejado la ventana abierto.

2. Se comentó que algunos aún no habían sido vacunado.

3. Tres de los elegidos fueron enviados a Europa.

4. Es dicho que Santiago tiene un lío con una secretaria.

5. Cuatro de los allí presentes estaban nominados para los premios.

6. El chaval era un poco bebido y no podía conducir.

7. El doctor aseguró que Ana sólo era mareada.

8. Si hubieras participado, probablemente habrías elegido.

9. Me dijeron que lo que yo buscaba ya había sido vendido.

10. Si Mari tuviera ese título, sería nombrado jefa de sección.

11. Fue atropellada al cruzar el paso de peatones.

12. Miguel estaba acusando de haber robado en los almacenes.

13. Ella estaba acusada de homicidio.

14. Al día siguiente, todos los detenidos fueron puestos en libertad.

15. La carretera está reparando en este momento.

Exercise 147

Translate the following sentences.

1. Paco's car was found on my street.

_____

2. Sara had to be taken to the doctor.

_____

3. This book wasn't written by Cervantes.

_____

4. She said that the dinner had been prepared by her mother.

_____

5. He assured me that the jewels hadn't been stolen by his wife.

_____

6. Luis said that he was having a house built.

_____

7. The fruit was going to be bought at that supermarket.

_____

8. This problem can't be solved.

_____

9. The fridge must be repaired at once.

_____

10. They (*ellos*) could be brought to our house.

_____

11. They (*ellos*) could have been brought last Thursday.

_____

12. The newspaper was being read by Antonio.

_____

13. The children haven't been able to be picked up.

_____

14. Those cigars will have to be put out.

_____

15. That man has to be looked after by his children.

_____

16. We were heard from the other room.

_____

17. The interpreter was not hired by Tomás.

_____

18. They (*ellos*) are being looked for by the police.

_____

19. Those cars shouldn't be parked here.

_____

20. The parcel was going to be sent on Monday.

_____

21. The match has been cancelled.

_____

22. Where had the keys been hidden?

_____

23. Who was this picture painted by?

_____

24. Who was that book written by?

_____

25. Who will the boat be hired by?

_____

26. The shop was not open at ten.

_____

27. The shop was not opened at ten.

_____

28. The soup should be tasted first.

_____

29. He can't stand being recognized in the street.

_____

30. This form must be filled out in pencil (*a lapiz*).

_____

Review 5

Exercise 148

Underline the correct option. In some cases both answers are possible.

1. El chico *que / con el que* me viste en la tienda es estudiante de química.

2. Puede que ella *ha / haya* oído algo de nuestra conversación.

3. *Nuestra / La nuestra* podría ser de tu edad.

4. No tenías que haber *invitadas / invitado* a tus primas.

5. Esos libros *venden / se venden* en librerías especializadas.

6. ¿Qué te *va / van* a traer en Reyes?

7. *Me han dicho / He sido dicho* que Alba y Pepe ya no son novios.

8. Si no les *habías / hubieras* dicho la combinación, no habrían podido abrir la caja.

9. La mujer *quien / que* te vendió la fruta ya no trabaja en esa tienda.

10. La semana pasada no *he podido / pude* visitar a mi abuela.

11. Alguien *intentaba / estaba intentando* entrar en el edificio.

12. *Se te / Te* va a perder el monedero si no tienes cuidado.

13. Mi cuñado, *que / el cual* trabaja conmigo, ha sido llevado a urgencias.

14. Nadie *sabe / saben* la dirección de Mateo.

15. No puedo oír *a / –* los niños desde aquí.

16. He guardado *a / –* la información en este disco.

17. Acabo de *tomado / tomar* los datos.

18. Fui todo el camino *pensar / pensando* en la posible solución.

19. Yo disfruto *ver / viendo* la tele tranquilamente en casa.

20. ¿Te *quedas / vas a quedar* en casa este sábado?

Exercise 149

Join the following sentence pairs with a relative pronoun.

1. Joaquín hará este ejercicio. Sabe mucho de matemáticas.

_____

2. Mario nos va a traer uno. Él tiene muchos.

_____

3. La chica sabe lo que pasó. Vino ayer con Pedro.

_____

4. El fontanero nos aconsejó que lo tiráramos. Estuvo ayer en casa.

_____

5. Necesitaremos los rotuladores. Están en lo alto de la repisa.

_____

6. No usé el diccionario. Estaba justo a mi lado.

_____

7. Sonia me envió una postal. Salí con ella durante un año.

_____

8. Ése debe de ser el perro. Se les perdió a los vecinos.

_____

9. El destornillador es de mi padre. Atornillé esto con él.

_____

10. ¿De quién era la barca? Te vi navegando en ella.

_____

11. El señor Romero va a venir esta tarde. Te lo presenté la semana pasada en la estación.

_____

12. Dame los tornillos. Están al lado de esa caja.

_____

13. Voy a reunirme con el chaval. Mi prima está estudiando con él en la facultad.

_____

14. La comida fue estupenda. Nos la dieron para celebrar nuestro éxito empresarial.

_____

15. El marido de Pamela está en el hospital. Ella es la que dirige el negocio ahora.

_____

16. El capitán del barco dio órdenes precisas. Él vio el peligro a tiempo.

_____

17. Los alumnos no podrán quedarse en este grupo. Sus resultados han sido horribles.

_____

18. Nuestra casa ya ha sido reconstruida. Sufrió un grave incendio el año pasado.

_____

19. Roberto vive en el número 7 de la calle Cervantes. Él pasó su niñez allí.

_____

20. El gorila se escapó. Lo vimos ayer en el circo.

_____

Exercise 150

Rewrite the following sentences, turning active to passive and passive to active, as in the examples.

Examples: Juan fue visto con Matías.
              <u>Vieron a Juan con Matías.</u>

              Escondieron la carta.
              <u>La carta fue escondida.</u>

1. Han cogido el sobre que puse aquí.

_____

2. Mario estuvo lavando la bicicleta toda la tarde.

_____

3. La noticia acaba de ser difundida por televisión.

_____

4. Los pedidos del día quince fueron cancelados.

_____

5. Han estado cambiando los semáforos.

_____

6. No hemos llamado a la mujer que encontró el monedero.

_____

7. No han podido encontrar el origen de la fuga de gas.

_____

8. Nos han enviado dos muestras de colonia.

_____

9. Tienen que traer el piano antes de las siete.

_____

10. Cortaron las ramas para evitar accidentes.

_____

11. El fuego fue apagado por los bomberos de otro pueblo.

_____

12. Deberían haber instalado la antena.

_____

13. No podrán meter el camión en ese garaje.

_____

14. Han estado metiendo los cables.

_____

15. Estos textos tendrán que ser analizados por un experto.

_____

16. No se pudo evitar la pelea.

_____

17. Nuevas medidas van a ser tomadas para eliminar gastos superfluos.

_____

18. Varios nombres tendrán que ser eliminados de esa lista.

_____

19. Las cajas fuertes fueron forzadas de madrugada.

_____

20. Todavía no se ha podido restaurar el fluido eléctrico.

_____

Exercise 151

Find and correct any mistakes.

1. Podría ser que Antúnez coja el tren de las siete treinta.

2. Hay que intentar que esto queda entre nosotros.

3. Hubo que hacer arreglos de última hora.

4. ¿Por qué no los metes el congelador?

5. ¡Sácate eso inmediatamente la boca!

6. ¡Te podrías haber pasado algo!

7. Esta valla necesita pintando.

8. Mañana estoy haciendo las pruebas.

9. Habría que enseñarles modales a ese tipo.

10. Si ya habías terminado, ¿por qué te quedaste?

11. Si habías terminado antes, podrías ahora ver la tele.

12. Ojalá me regalarían un ordenador.

13. Puede que ellos están dentro, ya que la puerta está abierta.

14. Me encanta cantando en la bañera.

15. Me habría encantado poder asistir al concierto.

Exercise 152

Join the following sentences with si, as in the examples.

> *Examples*:   No comí porque no tenía hambre.
> Si hubiera tenido hambre, habría comido.
>
> Me quedé allí, así que cené con ellos.
> Si no me hubiera quedado allí, no habría cenado con ellos.

1. Les vi porque estaban muy cerca.

_____

2. Lo escribí porque estaba inspirado.

_____

3. No lo compré porque me quedé sin dinero.

_____

4. Hice la mejor propuesta, así que me dieron el primer premio.

_____

5. Juan propuso que nos marcháramos, así que nos fuimos.

_____

6. Luisa no sabía dónde los había puesto, así que no los pudimos usar.

_____

7. No crucé por allí porque estaba todo en obras.

_____

8. Llegué tarde, así que me dejaron sin cenar.

_____

9. Lo rompí porque ella me empujó.

_____

10. Paco me lo prestó, así que me resultó más fácil.

_____

11. La casa se derrumbó porque estaban construyendo a su lado.

_____

12. Gloria se echó a llorar porque le dijeron que había suspendido.

_____

13. Mariano cogió la enfermedad porque no estaba vacunado.

_____

14. Los llevé a pie porque no tenía bicicleta.

_____

15. Pepe se quedó atrás, así que le pillaron.

_____

Exercise 153

Translate the following sentences.

1. I'm going to hang this painting in my bedroom.

_____

2. She is not going to talk with him.

_____

3. It was snowing, but it wasn't cold.

_____

4. He assured me that she was going to get better.

_____

5. Miguel sat down next to me but said nothing.

_____

6. You (*usted*) should go to the police.

_____

7. I don't understand; I thought that I had left them (*libros*) on this table.

_____

8. He hasn't been able to hear the news.

_____

9. I asked her where she was going, but she didn't answer.

_____

10. The bookstore was open, but I didn't go in.

_____

11. You (*tú*) could have said something.

_____

12. He assured me that she had a relationship with an instructor who was working at the college.

_____

13. Nobody will be able to solve this problem.

_____

14. When did you (*tú*) start collecting stamps?

_____

15. There were so many people that nobody was able to see anything.

_____

16. I suggest that you (*tú*) give her the photos.

_____

17. She advised us to refuse.

_____

18. What was happening was very serious.

_____

19. Pablo asked his boss if he could send him to another branch.

_____

20. He refused to take her home.

_____

21. I told you (*tú*) not to give him the keys. Why did you do it?

_____

22. I didn't say that I needed so much money.

_____

23. Don't tell them to come in. I'm very busy (fem.).

_____

24. Marta had always wanted to have a house like ours.

_____

25. You (*tú*) didn't come back. That's why I left with him.

_____

Obligation: *Deber* and *Tener que*

Deber (*must*) is usually used when the speaker wants to express conviction, authority, or personal opinion. It is also used to express obligation imposed by rules:

Debes estudiar más.	You *must study harder*.
No debes hablar tan fuerte.	You *mustn't speak so loudly*.
Allí debes conducir por la izquierda.	You *must drive on the left* there.

Tener que (*have to*), in affirmative sentences, is equivalent to **deber**. When the obligation has nothing to do with the speaker's attitude, **tener que** is used more often than **deber**:

Tienes que estar allí a las diez.	You *have to be there* at ten.
¡Tienes que escucharme!	You *must/have to listen to me!*

In the negative, **no tener que** refers to lack of obligation:

No tengo que trabajar mañana.	I *don't have to work* tomorrow.
Ana no tiene que hacer el examen.	Ana *doesn't have to take* the exam.

The variation **no tener por qué** means *don't have to*, but it implies that the lack of obligation depends on the speaker, not on external factors. *No tengo que ir al cole mañana* (*I don't have to go to school tomorrow*) means that I have no classes tomorrow. *No tengo por qué ir al cole mañana* implies that I can choose to go or not to go, maybe because the classes are not very important or maybe because it is me who decides, not the teachers. In many cases both forms are easily interchangeable, especially when it is the speaker who imposes the rules:

Mañana no tengo que (por qué) limpiar.	I *don't have to* clean tomorrow.

Needn't can be translated by **no tener que/por qué**, but it is more often translated by **no hace falta + present subjunctive**:

No hace falta que vengas.	You *needn't come*.
No hace falta que Antonio esté aquí.	Antonio *needn't be here*.

The **imperfecto** of **deber** refers to obligation known in advance. Its use in positive sentences usually implies that the action referred to hadn't yet taken place. The **indefinido** is not used to refer to obligation:

Ellos debían levantarse a las siete.   *They had to get up at seven.*

The **imperfecto** of **tener que** refers to obligation/lack of obligation known in advance. Its use in positive sentences usually implies that the action referred to hadn't yet taken place. Its **indefinido** refers to obligation/lack of obligation at that very moment and, in the positive, implies that the action did take place:

Ella tenía que traer las revistas.   *She had to bring the magazines (the magazines were not here yet).*
Tuve que tomar dos autobuses.   *I had to take two buses (I did take them).*

No hacía falta que + subjunctive imperfecto talks about lack of obligation known in advance. **No hizo falta que** + subjunctive imperfecto refers to that very moment in the past. *No hacía falta que les llamáramos (It wasn't necessary for us to phone them)* implies that we knew in advance that phoning them was not necessary. *No hizo falta que les llamáramos* implies that we did not phone them because it wasn't necessary to do it.

No hacía falta que + subjunctive imperfecto can also mean that the subject *need not have done* something:

No hacía falta que me ayudaras.   *You needn't have helped me.*

Exercise 154

Underline the correct option. Sometimes both answers are possible.

1. Antonio empezó a sentirse mal; por eso su hijo *tuvo / tenía* que llevarle al hospital.

2. Los pequeños lo arreglaron todo muy bien. No *hizo / hacía* falta que les ayudáramos.

3. Elena *debió / debía* recoger su ropa a las siete, así que dejó la oficina un poco antes.

4. No *tienes que / tienes por qué* limpiar nada; la chica lo hace todos los días.

5. ¡No *tengo que / tengo por qué* aguantar esto!

6. Usted *debe / debes* seguir esta dieta durante dos semanas.

7. Gracias, Luis, aunque no *hacía falta / era necesario* que trajeras nada.

8. No veas lo difícil que fue llegar a ese lugar. *Tuve / tenía* que preguntar veinte veces.

9. Los alumnos *debían / tenían que* repasar mucho para el próximo examen.

10. Ella me dijo que no *era / fue* necesario que la llevara a su casa, así que se marchó sola.

11. Andrés dijo que *tenía / tuvo* que sustituir a un compañero al día siguiente.

12. No sabíamos lo que *era / fue* necesario hacer para salir de allí.

13. No *hacía / hizo* falta llamar al médico, porque me repuse inmediatamente.

14. No creo que *hace / haga* falta terminar esto hoy.

15. No *tienen que / tienen por qué* trabajar, ya que son ricos.

Exercise 155

Rewrite the following sentences, as in the examples.

> *Examples*:   No tengo por qué ir allí.
> <u>No hace falta que (yo) vaya allí.</u>
>
> No hace falta que Marta estudie tanto.
> <u>Marta no tiene por qué estudiar tanto.</u>

1. No hace falta que cojas ese tren.

_____

2. No tienes por qué entrenar de noche.

_____

3. Paco no tiene por qué llevarte al aeropuerto.

_____

4. No hace falta que ella nos traiga la comida.

_____

5. No hace falta que les prestemos ese dinero.

_____

6. No tenemos por qué darnos tanta prisa.

_____

7. No tienes por qué hacer las camas.

_____

8. No tienes por qué contratar a nadie más.

_____

9. No hace falta que pintéis la valla.

_____

10. No hace falta que me grites.

_____

11. Mi mujer no tiene por qué ir mañana a la oficina.

_____

12. Tony no tiene por qué repetir la prueba.

_____

13. Carla no tiene por qué rellenar estos formularios.

_____

14. No hace falta que me llames antes de las ocho.

_____

15. No hace falta que prepares nada para mañana.

_____

Exercise 156

Find and correct any mistakes.

1. No hace falta que vienes con nosotros.
2. No es necesario que llámeles.
3. No tienes que hacer nada hasta que yo venga.
4. No tengo por qué madrugar.
5. No debemos impacientar al profesor.
6. No tengo que escuchar las tonterías que estás diciendo.
7. Ana ofreció traer sus diccionarios, pero yo le dije que no hizo falta.
8. Mis padres iban a prestarme el dinero para pagar la hipoteca, pero al final no hizo falta, porque me tocó la lotería.
9. El día después de la operación, el médico me dijo que no fue necesario que hiciera una dieta rigurosa.
10. El mecánico nos dijo que no hacía falta que tirábamos dos veces de la palanca.
11. No tiene usted que pagar ahora.
12. La semana que viene no tengo por qué ir al colegio. Tengo vacaciones.
13. ¿Debo entregarlo esta semana?

14. Me dijeron que no debía regarla tan a menudo.

15. Ella me dijo que tuve que cortar con Paula si quería seguir viéndola.

Exercise 157

Translate the following sentences.

1. You (*tú*) mustn't forget to lock the doors.

_____

2. She doesn't have to pick up the children. Luis will do it.

_____

3. I needn't say that this house is mine.

_____

4. He doesn't have to accept the job.

_____

5. It isn't necessary for you (*tú*) to buy anything.

_____

6. She needn't do the shopping tomorrow.

_____

7. He said that I mustn't write the letter.

_____

8. She said that he didn't have to help her.

_____

9. My teacher told me that I had to translate the text.

_____

10. We needn't repair the television. Pablo will do it tomorrow morning.

_____

11. It wasn't necessary for you (*tú*) to lend us your car, but thanks a lot.

_____

12. Pablo didn't accompany us because it wasn't necessary for him to do it.

_____

13. I needn't do my homework tonight. I can do it tomorrow.

_____

14. My brother doesn't have to buy another car. His is new and very good.

_____

15. She said that I must wait till she came back.

_____

16. The policeman told me that I must show him my passport.

_____

17. My daughter must be at home before twelve o'clock.

_____

18. I had to finish the job without his help (I finished it).

_____

19. She had to look after six children (She usually did).

_____

20. Mari had to visit her grandmother (She hadn't visited her yet).

_____

21. I don't have to play tomorrow (It is not my team's turn).

_____

22. I don't have to stay there (It depends on me).

_____

23. It wasn't necessary for Julia to make the beds (They had already been made).

_____

24. It wasn't necessary for Tony to go to the following day's meeting.

_____

25. My sister needn't know anything about this.

_____

27

Other Uses of *Deber* and *Tener que*

Both **deber** and **tener que** are used to express a sense of conviction, even in negative sentences where English uses *can't*. When expressing conviction, **deber** should be accompanied by the preposition **de**, although a great many Spanish speakers don't apply this rule properly:

Deben de ser las seis.	*It must be six o'clock.*
No debe de ser muy rico.	*He can't be that rich.*
Tienes que tener unos veinte años.	*You must be about twenty years old.*

The negative of **poder** can also be used to express conviction, and implies that the speaker feels very strongly. In fact, when **poder** is used in such contexts, the speaker believes that the action/situation is not possible:

No puede ser tan tarde.	*It can't be so late.*
Ella no puede estar embarazada.	*She can't be pregnant.*

Past conviction is usually expressed by the **imperfecto/indefinido** of these verbs when the action is considered to belong to the past, and by the **pretérito perfecto** when the speaker refers to the <u>recent past</u>:

Has debido de estar muy enfermo.	*You must have been very ill.*
Has tenido que sufrir mucho.	*You must have suffered a lot.*
Debías de estar muy preocupado.	*You must have been very worried.*
Debiste de estar muy preocupado.	*You must have been very worried.*

In the last two examples, the **imperfecto** refers to the period around the time of the action, while the **indefinido** only talks about <u>that very moment</u>. The **pretérito perfecto** of these verbs can change to the structure **present + haber + past participle**:

Debes de haber estado muy enfermo.	*You must have been very ill.*
Tienes que haber sufrido mucho.	*You must have suffered a lot.*

Reproach is usually expressed by the **indefinido** of **deber** and an infinitive, and is equivalent to *should have + past participle*:

Debiste coger un taxi.	*You should have taken a taxi.*
No debiste hacer eso.	*You shouldn't have done that.*
Tuviste que levantarte más temprano.	*You should have got up earlier.*

When the reproach refers to the very recent past, the **pretérito perfecto** is usual:

Has debido quedarte en casa.	*You should have stayed at home.*
Has tenido que hacer esto primero.	*You should have done this first.*

The structure **imperfecto of tener que + haber + past participle** is much more usual in expressing reproach with **tener que,** no matter whether the recent or the remote past are meant:

Tenías que haber hecho tus deberes.	*You should have done your homework.*
No tenías que haber llegado tan tarde.	*You shouldn't have been so late.*

In all the cases above, it is possible to use the structure **conditional of deber + haber + past participle:**

Deberías haber estado con ella.	*You should have been with her.*
No deberías haber comprado tanto.	*You shouldn't have bought so much.*

Needn't have + past participle is translated by **imperfecto of tener que + haber + past participle:**

No tenías que haber comprado nada.	*You needn't have bought anything.*

It is also possible to use the structure **no era necesario que/no hacía falta que + subjunctive imperfecto:**

No era necesario que compraras nada.	*You needn't have bought anything.*
No hacía falta que vinieras.	*You needn't have come.*

Actions that *should have happened but haven't taken place yet* are translated by **ya + conditional of deber + infinitive (simple or perfect)** and by **ya + imperfecto or conditional of tener que + infinitive (simple or perfect):**

Ya tenían que estar aquí.	*They should be here now.*
Ya deberían haber llegado.	*They should already have arrived.*

Note: The conditional of **deber** is also used to give advice, although in Spanish it is possible to give advice with the present of **deber** and **tener que,** depending on the speaker's tone and attitude.

Exercise 158

Underline the correct option. Sometimes both answers are possible.

1. Llegaste tarde otra vez. Te *deberías levantar / deberías haber levantado* más temprano.

2. No hacía falta que *dejaras / dejabas* el garaje abierto.

3. No *debiste / debías* elegir esa asignatura. Ahora ya es demasiado tarde para cambiar.

4. *Deberías haber cogido / Debiste coger* el autobús número once.

5. No *tenías que hacer / tenías que haber hecho* nada; el mecánico lo habría arreglado en un minuto.

6. Por lo que me cuentas, la película fue estupenda. *Debí / Tenía que* ir contigo.

7. No *debe / debe de* ser tan caro, pues lo tiene todo el mundo.

8. Mónica no *debe de / tiene por qué* saber nada, porque aún no me ha llamado.

9. Opino que Carlos *podría / debería* haber echado una mano.

10. Supongo que *debías / debiste* de llevarte un gran susto cuando entraron los ladrones.

11. No *tenías que haber preparado / tuviste que preparar* tantos bocadillos.

12. Roberto *debe de haberse equivocado / tiene que haberse equivocado* otra vez de estación, pues aún no ha llegado.

13. Los padres de Clara no *deben / deberían* de ser tan ricos cuando viven en ese barrio de mala muerte.

14. No *debes de / tienes que* haber estudiado mucho cuando te han suspendido otra vez.

15. *Debían / Debieron* de ser las tres de la madrugada cuando saltaron las alarmas.

Exercise 159

Change the following sentences to indicate what the subject should/need not have done, as in the examples:

> *Examples*: Te levantaste a las siete.
> No te debiste levantar a las siete.
>
> Has hecho el ejercicio número cinco.
> No tenías que haber hecho el ejercicio número cinco.

1. Paula cocinó para doce personas.

_____

2. Antonio abrió la puerta sin mirar primero.

_____

3. Paco ha invitado al cuñado de Jorge.

_____

4. Mi madre me ha castigado por algo que no he hecho.

_____

5. Ese hombre golpeó al policía.

_____

6. El cartero le entregó mi correspondencia a mi vecina.

_____

7. Tuteaste al jefe del departamento.

_____

8. Has mezclado las bebidas.

_____

9. Pedro ha rellenado el formulario con letra minúscula.

_____

10. Marta ha comprado la casa de los Antúnez.

_____

11. Te has fumado los cigarrillos de tu padre.

_____

12. Luis se sentó detrás de esa mujer.

_____

13. Rafael se llevó a los niños a ver esa película.

_____

14. Alberto entregó el examen sin firmar.

_____

15. Llamaste de madrugada.

_____

Exercise 160

Find and correct any mistakes.

1. Debes tener mucha hambre.

2. Debes de haberlo pasado muy bien en la fiesta de la semana pasada.

3. Podrías haber sujetado la puerta.

4. No tuviste que haber esperado tanto tiempo.

5. Ayer no debí de salir con el resfriado que tenía.

6. Ya deben de enterarse de la noticia.

7. No tenías que comprarme diamantes; yo te quiero igual.

8. No era necesario que cuidaste al bebé, pero muchas gracias de todas formas.

9. Mario se podría caer del caballo en la carrera de la semana pasada.

10. Les debía de sentar muy mal lo que les dijiste.

11. Al final resultó que no hizo falta que les trajera a Nueva York.

12. Ese hombre no podría ser fontanero. Le acabo de ver vestido de enfermero.

13. Pudiste quemarte con el soplete.

14. Nos comunicaron por carta que no hizo falta que fuéramos a la reunión.

15. Ya tenías que estar lista.

Exercise 161

Translate the following sentences.

1. That accident can't have been so serious. Nobody was hurt.

_____

2. She needn't have translated this letter.

_____

3. Miguel needn't have picked up the children.

_____

4. He must be much older than his wife.

_____

5. You (*tú*) must be thirsty. Shall I bring you something to drink?

_____

6. You (*tú*) must have been very nervous (masc.) during your son's operation this week.

_____

7. Ana needn't have set the table. Nobody had lunch at home.

_____

8. You (*usted*) shouldn't have signed without consulting an expert.

_____

9. We needn't have left so early.

_____

10. My wife shouldn't have said anything.

_____

11. Marcos can't have heard the news (this week); otherwise he would have phoned already.

_____

12. You (*usted*) must have had a lot of problems with him (recent past).

_____

13. Somebody should have tidied up this room.

_____

14. That girl must be suffering a lot.

_____

15. I'm sure (masc.) that she can't have been dancing with him (more remote past). She hates him.

_____

16. That subject must be very difficult.

_____

17. Felipe should have helped his father.

_____

18. Natalia needn't have driven so fast.

_____

19. You (*usted*) must be Mr. Estévez.

_____

20. You (*tú*) shouldn't have turned on all the lights.

_____

28

Quantity

Some and *any* usually are not translated. If the speaker wants to be more precise, **un poco de** (*a little*) and **algo de** (*some/a little, some of*) can be used with uncountable nouns in the positive and in questions, and **nada de** (literally, *nothing of*) with uncountable nouns in the negative. With countable plural nouns you can use **unos/unas** (*some*), **algunos/algunas** (*some* or *some of* when the preposition *de* is used), **unos pocos/unas pocas** (*a few*), and **unos cuantos/unas cuantas** (*a few*) in the positive. In questions, you can use the same words, although **unos** and **unas** are not very usual. In the negative, either you decide not to use a quantifier or you use **ningún/ninguna** and turn the noun to the singular:

Hay leche en la cocina.	*There is some milk in the kitchen.*
No hay vino en la casa.	*There isn't any wine in the house.*
Hay un poco de agua en la botella.	*There is a little water in the bottle.*
Hay algo de dinero en el cajón.	*There is some money in the drawer.*
¿Hay (algunos) tornillos?	*Are there any screws?*
Tengo unos cuantos libros ingleses.	*I have a few English books.*
No tengo ningún libro en inglés.	*I haven't got any books in English.*
Algunos de los alumnos participaron.	*Some of the pupils participated.*
Bebí algo de/un poco de la leche.	*I drank some of the milk.*

Instead of **ningún/ninguna** you can use **ni un** and **ni una**. The singular forms **algún** and **alguna** can be used with uncountable nouns. They can also be used with countable nouns in the singular to refer to a very small quantity:

Tengo algún dinero en el banco.	*I have a little/some money in the bank.*
Algún alumno aprobaba de vez en cuando.	*Only one or two pupils passed from time to time.*

Unos and **unas** are very usual as part of the subject. **Algunos/algunas** can be used, too, but then the subject is not definite:

Unos hombres quieren verte.	*Some men want to see you.*
Algunas personas piensan que estoy loco.	*Some people think that I'm crazy.*

In translating *no* you can use one of the negative forms explained above:

No tengo ningún amigo.	*I have no friends.*
No hay nada de agua.	*There is no water.*

Any, used in positive sentences, translates as **cualquier** (always singular):

Cualquier plato servirá.	*Any plate will do.*
Cualquier chico puede hacer esto.	*Any boy can do this.*

Both is translated by the adjective **ambos/ambas** or by the combination **los/las dos**:

Ambos autos son muy buenos.	*Both cars are very good.*
Las dos chicas aprobarán el examen.	*Both girls will pass the exam.*

Both of + pronoun can only be translated by **los/las dos**, choosing the grammatical person expressed by the pronoun. The same translation is required when *both* acts as an adverb:

Las dos tenemos hijos.	*Both of us have children.*
Los dos tienen un auto americano.	*They both have an American car.*

Either can be translated by **uno/una de los/las dos** or by **alguno/alguna de los/las dos**.
Neither becomes **ninguno/ninguna de los/las dos**. These constructions are followed by a plural noun but by a singular verb form. When the context is clear enough, **los/las dos** can be omitted:

Uno de los dos chicos lo pagará.	*Either boy will pay for it.*
Ninguna de las dos chicas vendrá.	*Neither girl will come.*

Either/neither + of + pronoun adds **de + pronoun + dos** (which is usually left out) to the Spanish constructions seen above:

Uno de ellos (dos) lo hizo.	*Either of them did it.*
Ninguna de ellas (dos) vino.	*Neither of them came.*

All corresponds with the adjective **todo**, showing agreement of gender and number (the preposition *of* in *all of* is not translated):

Todo el vino.	*All the wine.*
Todos mis amigos.	*All my friends.*

Every translates as **todos los/todas las** when the focus is on the group as a whole. It translates as **cada** (with singular nouns) when attention is being paid to each element within a group:

Vengo aquí todos los martes.	*I come here every Tuesday.*
Cada vez que digo adiós...	*Every time I say good-bye . . .*

Every one of + *noun/pronoun* can be translated by **cada uno/una de** or by **todos/todas**:

Todos (nosotros) aprobamos el examen.	*Every one of us passed the exam.*

Each can only be translated by **cada**. *Each of* + *pronoun* becomes **cada uno/una de** + *pronoun*. The same is true of *each* when it acts as an adverb:

Cada uno de ellos tiene una bici.	*They each have a bike.*
Hablaron con cada uno de nosotros.	*They talked with each of us.*

Much and *many* translate as **mucho**, showing agreement of gender and number with the noun following:

mucho dinero	*much money*
muchas chicas	*many girls*
mucha leche	*much milk*
muchos problemas	*many problems*

A *lot of* can also translate as **mucho**, but in colloquial use the construction **un montón de** is usual, preferably in affirmative sentences:

Tengo un montón de amigos en esta ciudad.	*I have a lot of friends in this town.*

Lots of can be translated by **mucho** and by **montones de**. If the quantity referred to is really large, the suffix **-ísimo** can be used with **mucho**. The same is true of *plenty of*:

Él tiene montones de libros.	*He's got lots of/plenty of books.*
Sara tiene muchísimas amigas.	*Sara has lots of friends.*

So much, so many translate as **tanto**, showing agreement of gender and number:

Había tanto humo.	*There was so much smoke.*
Había tanta gente.	*There were so many people.*

As *much/many . . . as* becomes **tanto... como**, showing agreement of gender and number as well:

Había tanto dinero como la semana pasada.	*There was as much money as last week.*
No había tanta gente como el mes pasado.	*There weren't as many people as last month.*

Mucho and **muchísimo**, in the masculine singular form only, can act as real adverbs following the main verb:

Te quiero mucho.	*I love you a lot.*
Nos divertimos muchísimo.	*We enjoyed ourselves very much.*

As was indicated in the preceding chapter, *little* and *few* translate as **poco**, showing agreement of gender and number:

poco vino	*little wine*
poca leche	*little milk*
pocos niños	*few children*
pocas cosas	*few things*

Un poco (**de**) translates *a little* and can only be used in its masculine form. In the plural, the agreement of gender remains compulsory. In the plural, the preposition **de** is not used. Instead of **unos pocos**, you can also use **unos cuantos**:

un poco de miel	*a little honey*
un poco de vino	*a little wine*
unos cuantos libros	*a few books*

Poco, in the masculine singular form only, can be used as an adverb following the main verb:

Ella sabe muy poco.	*She knows very little.*

Muy (*very*) can precede **poco**:

Tengo muy poco dinero.	*I have very little money.*
Hay muy poca agua.	*There is very little water.*

When the quantity is considered to be really small, **poco** can turn into **poquísimo**:

Tengo poquísimo dinero.	*I have very little money.*

Half of translates as **la mitad de**:

La mitad de mis alumnos son de Inglaterra.   *Half of my pupils are from England.*

Medio and **media** translate *half* when preceding a countable noun:

medio pastel   *half a cake*
media hora   *half an hour*

Hardly any translates as **casi no** or **apenas**:

Casi no hay agua.   *There is hardly any water.*
Apenas queda dinero.   *There is hardly any money left.*

As the subject of the sentence, *hardly any* becomes **casi ningún/ninguna**. The verb must always be singular:

Casi ningún estudiante vino a la fiesta.   *Hardly any students came to the party.*

In the function of pronoun, **casi ningún** becomes **casi ninguno**:

Casi ninguno de ellos aprobó el examen.   *Hardly any of them passed the exam.*

Exercise 162

Underline the correct option. In some cases both answers are possible.

1. *Apenas / Apenas no* me quedan servilletas de papel.

2. Ella tiene *muchísimos / muy muchos* amigos en el colegio.

3. Hemos disfrutado *mucho / un montón*.

4. *Casi ningún / Casi ninguno* de ellos funciona bien.

5. Sólo he invitado a *media / la mitad* de mis amigos.

6. No hay *mucho / mucha* agua en el lago.

7. *Montones de / Muchísimas* personas vieron lo que sucedió.

8. *Pocas / Pocas de* personas conocen el secreto.

9. Había *tanta / muchísima* gente fumando, que no se podía respirar.

10. Tenemos tantas asignaturas *como / que* el trimestre pasado.

11. Ana había bebido *tanto / mucho*, que no se sostenía de pie.

12. Sólo estoy *medio / mitad* convencido de eso.

13. *Pocas / Poca* gente visitó el museo el año pasado.

14. *Casi no / Apenas* recibimos noticias de ellos últimamente.

15. Ese hombre tiene *montones de / muchísimo* dinero.

16. *Ningún / Ninguno* conductor resultó herido.

17. No hemos conseguido *nada / ni una* venta este mes.

18. *Ambos criminales / Los criminales ambos* fueron detenidos por la policía.

19. Creo que aún tengo *algo de / algo* vino español en la cocina.

20. *Uno de ambos / Uno de los dos* tendrá que quedarse en tierra.

Exercise 163

Match the items in the first column with items in the second column.

1. Montones de personas vieron   A. la mitad de la tarta.

2. Sólo me quedan   B. pocos manifestantes.

3. Pepe se comió   C. muchísimos de estos productos.

4. Muy pocos alumnos   D. media hora.

5. Ana sólo conoce   E. el platillo volante.

6. La policía arrestó a   F. no me podía levantar.

7. La operación sólo duró   G. dos entradas.

8. Comí tanto, que   H. se oye.

9. Nuestros clientes han comprado   I. consiguieron el sobresaliente.

10. Apenas   J. la mitad de la historia.

Exercise 164

Find and correct any mistakes.

1. Roberto tiene un montón de libros de química.

2. La mitad los participantes necesitaron ayuda médica.

3. Muchas gente sabe que Antonio tiene una amante.

4. Apenas no recuerdo lo que pasó esa noche.

5. Sólo quiero comerme media ración.

6. Hemos invertido muy poco de dinero en ese negocio.

7. Casi ningún de mis amigos llegó a la meta.

8. Ninguno de ellos consiguieron el empleo.

9. Un montón de personas tiene problemas con eso.

10. Patricia dice que no se ha divertido mucha.

11. Ellos necesitan pocas de cosas para vivir.

12. Sí, tengo montones de revistas.

13. Me he bebido la mitad de la botella.

14. No nos quedan un montón de cosas que hacer.

15. Necesito que me cuentes la otra media de la historia.

16. No puedo visitar a mis padres cada días.

17. Sólo he leído unas cuantas páginas de ese libro.

18. Cada cliente tiene su tarjeta identificativa.

19. Unos chicos están esperando a Carlos en el vestíbulo.

20. Alguna señora quiere hablar contigo esta tarde.

Exercise 165

Translate the following sentences.

1. I don't have much time to do that.

_____

2. You (*tú*) needn't have bought so much wine.

_____

3. I had a very good time.

_____

4. He shouldn't drink so much.

_____

5. I had so much to do that I didn't know what to start with.

_____

6. Miguel has to do as many exercises as his sister.

_____

7. Antonio has received a lot of new stamps for his collection.

_____

8. She has hardly any English magazines.

_____

9. There were (at that moment) so many beautiful things that I couldn't choose.

_____

10. Half of my friends are teachers.

_____

11. There is very little water in the lake.

_____

12. Few people know this place.

_____

13. I was there for half an hour.

_____

14. You (*usted*) should invest in that company as much as your wife.

_____

15. He is a little-known writer.

_____

16. Very few pupils succeeded in passing the exam.

_____

17. You (*tú*) can talk to me now. I have plenty of time.

_____

18. There is plenty of sugar. You needn't buy any.

_____

19. Some boys have hit your (*tú*) son.

_____

20. I have spent as much as you (*tú*).

_____

21. Any pupil can use the library.

_____

22. They both have a blue bike.

_____

23. Both of them (*ellos*) will have to help.

_____

24. Either doctor is going to come.

_____

25. Neither girl has passed the exam.

_____

26. They (fem.) both know that this (masc.) is ours.

_____

27. I used to go there every Sunday.

_____

28. She took them (*ellos*) all to the theater.

_____

29. We have spent all our money on clothes.

_____

30. He drank all the beer that we had bought.

_____

29

Some-, Any-, No-, and Every-

Something translates as **algo** and *somebody/someone* as **alguien**:

Tengo algo que decir.	*I have something to say.*
Alguien quiere verte.	*Somebody wants to see you.*

Anything and *anybody/anyone* remain **algo** and **alguien** in interrogative sentences, but they become **nada** and **nadie** in the negative:

¿Has visto algo?	*Have you seen anything?*
¿Has hablado con alguien sobre esto?	*Have you talked to anybody/anyone about this?*
No hay nada en el frigorífico.	*There isn't anything in the fridge.*
No había nadie en la calle.	*There wasn't anybody/anyone in the street.*

In affirmative sentences, *anything* translates as **cualquier cosa** and *anybody/anyone* as **cualquiera**:

Dame cualquier cosa.	*Give me anything.*
Cualquiera puede pintar una pared.	*Anybody can paint a wall.*

Nothing translates as **nada** and *nobody/no one* as **nadie**. These words do not change when the verb is negative:

Esto es mejor que nada.	*This is better than nothing.*
Nadie sabe esto.	*Nobody knows this.*
No he comprado nada.	*I haven't bought anything.*
No he hablado con nadie.	*I haven't talked to anybody.*

Note: When these words precede the verb, the word **no** is never used. Compare:

No he visto a nadie.	*I haven't seen anybody.*
Nadie ha sido visto.	*Nobody has been seen.*

The counterpart of *everything* is **todo** and that of *everybody/everyone* is **todo el mundo** (singular verb) or **todos** (plural verb):

Todo está bien.   *Everything is all right.*
Todo el mundo sabía lo que pasó.   *Everybody knew what happened.*
Todos estaban muy contentos.   *Everybody was very happy.*

Somewhere corresponds with the constructions **algún lugar, agún sitio,** and **alguna parte**. When position/location is meant, these constructions are preceded by the preposition **en**. If movement toward "somewhere" is meant, the preposition **a** is used:

Deben de estar en alguna parte.   *They must be somewhere.*
Vámonos a algún sitio.   *Let's go somewhere.*

Algún lugar, algún sitio, and **alguna parte** constructions follow the same logic as the expressions above:

No les puedo encontrar en ningún sitio. *I can't find them anywhere.*
Vámonos a cualquier sitio.   *Let's go anywhere.*

With a negative meaning, it is not possible to leave out the word **no**:

No están en ningún sitio.   *They are nowhere.*

Instead of **en**, the preposition **por** is very often used:

No les he visto por ningún lugar.   *I haven't seen them anywhere.*

Anywhere, in affirmative sentences, translates as **cualquier sitio, cualquier lugar** or **cualquier parte**:

Vámonos a cualquier sitio.   *Let's go anywhere.*

Everywhere can be translated by **todas partes, todos lados,** and **todos sitios**. When movement is meant, the preposition **a** precedes these constructions. When position/location is meant, they are preceded by **en**, although **por** is very habitual:

Les vi en todas partes.   *I saw them everywhere.*
Hay polvo por todos lados.   *There is dust everywhere.*
Uso esta bici para ir a todas partes.   *I use this bike to go everywhere.*

Exercise 166

Underline the correct option. In some cases both answers are possible.

1. Ella no quiere hablar con *alguien / nadie*.

2. No les he dicho *nada / algo* todavía.

3. Nada *no / –* ha sido decidido aún.

4. Podrían estar *cualquier parte / en cualquier parte*.

5. Me gustaría pasar mis vacaciones en *algún sitio / algún lugar* romántico.

6. Esto no lo puede hacer *alguien / cualquiera*. Es muy difícil.

7. No he comprado *cualquier cosa / nada* todavía. Iré esta tarde.

8. Se lo he dicho a *todo el mundo / todos*.

9. *Todo el mundo / Todos* estaban colaborando con los profesores.

10. Me gustaría ser *alguien / cualquiera* en la vida.

11. Había policías *en / por* todas partes.

12. *Alguien / Cualquiera* puede levantar eso. Casi no pesa.

13. *Nadie / Alguien* sabe nada de esto aún.

14. No he visitado *ningún lugar / ningún lado* interesante últimamente.

15. No necesito que me digas *nada / cualquier cosa*. Lo sé todo.

Exercise 167

Rewrite each sentence to give the opposite meaning, as in the example.

> *Example*:   He estado con alguien que conoces.
> <u>No he estado con nadie que conozcas.</u>

1. He visto algo extraño en ese sitio.

_____

2. Patricia ha contraído alguna enfermedad extraña.

_____

3. Ellos van a pasar sus vacaciones en algún lugar del Caribe.

_____

4. He encontrado algo que te interesa.

_____

5. He tenido una charla con alguien que pertenece a tu familia.

_____

6. Algo raro ha sido descubierto en ese agujero.

_____

7. Nada anormal ha sido detectado a esa profundidad.

_____

8. Nadie ha entrado en esa habitación.

_____

9. Vamos a algún sitio a tomar una cerveza.

_____

10. He estado en todas partes.

_____

Exercise 168

Match the items in the first column with items from the second column.

1. Había papeles
2. Juan no había estado
3. El niño se lo comió
4. Me puse en contacto
5. Algo
6. Nada malo
7. Julia conoce a
8. Eso no lo dibuja
9. Aquí mejor que
10. No dejes que

A. todo sin rechistar.
B. cualquiera.
C. entre nadie.
D. todo el mundo en este pueblo.
E. por todas partes.
F. en cualquier otro sitio.
G. extraño está ocurriendo.
H. en ningún sitio esa noche.
I. con alguien de la embajada.
J. podrá ocurrir.

Exercise 169

Find and correct any mistakes.

1. Todo el mundo saben que te vas a casar con ella.

2. Deberías poner esto cualquier otro sitio.

3. Si llama alguien, diles que no estoy.

4. Rafael necesita alguien que le cuide.

5. Aún hemos hecho nada con los formularios.

6. Nadie de esa familia va a ser invitado.

7. Todos salieron por la puerta de atrás.

8. No te la bebas todo.

9. ¿Has enviado una postal a cualquiera?

10. Le haces caso a cualquiera menos a mí.

Exercise 170

Translate the following sentences.

1. I have put everything behind the door.

_____

2. Nobody has been here this afternoon.

_____

3. Has anybody phoned you (*tú*) tonight?

_____

4. Did you (*usted*) see anybody there?

_____

5. I could eat anything.

_____

6. I haven't sold anything yet.

_____

7. Anybody will be able to open this door.

_____

8. Have you (*vosotros*) been anywhere this summer?

_____

9. She has been nowhere.

_____

10. I have nothing to do. Shall we go somewhere?

_____

11. I had to pay for everything.

_____

12. I haven't told anyone that we are having a relationship.

_____

13. Everybody saw what you (*tú*) did.

_____

14. Is someone there?

_____

15. Is anyone there?

_____

Review 6

Exercise 171

Underline the correct option. In some cases both answers are possible.

1. No *tienes por qué / debes* venir mañana. Puedes tomarte el día libre.

2. Elena *debía / tenía que* coger el autobús de las seis, pero lo perdió.

3. Mi padre me dijo que no *hizo / hacía* falta que le ayudara, así que me marché con mis amigos.

4. Vi que no *era / fue* necesario comprar carne; había mucha en el frigorífico.

5. Marta se marchó enfadada. No *tenías que / deberías* haberle dicho lo de Luisa.

6. Hay *unos / –* chicos jugando en la plaza.

7. Los padres de Antonio no *debían / podían* estar enfadados, pues dieron permiso a su hijo para que fuera al cine con nosotros.

8. No *podía / debía de* ser muy tarde, pues el sol aún no se había puesto.

9. Encontrarles va a ser casi imposible. Pueden estar en *algún / cualquier* sitio.

10. No has *debido / podido* decirle eso al profesor. Ahora va a pensar que fuimos nosotros.

11. *Cada / Ambas* empresas fueron sancionadas por evasión de impuestos.

12. *Los dos / Ambos* políticos se negaron a formar parte del comité.

13. No hubo tantos participantes *como / que* en la edición anterior.

14. *No / –* hemos tomado ninguna decisión al respecto.

15. Ese hombre se dio a la bebida y se convirtió en un *alguien / cualquiera*.

Exercise 172

Change the following sentences to **no hacer falta** constructions, as in the examples.

Examples: No tienes por qué cambiar las sábanas.
   No hace falta que cambies las sábanas.

   Paco no tenía por qué venir.
   No hacía falta que Paco viniera.

1. No tenías por qué prestarnos la furgoneta.

_____

2. No tenían por qué trabajar hasta tan tarde.

_____

3. Mari no tenía por qué quedarse con los niños.

_____

4. Juan no tenía por qué ir a la lavandería.

_____

5. Carlos no tiene por qué invitarnos.

_____

6. No tienes por qué revisar el motor.

_____

7. No tienen por qué hacer los últimos ejercicios.

_____

8. No tienes por qué vender la barca.

_____

9. No tienes por qué decirnos lo que pasó.

_____

10. No tenían que reparar el granero.

_____

11. No teníais que levantaros tan temprano.

_____

12. No teníamos que avisar a nadie.

_____

13. Mónica no tiene por qué debutar este sábado.

_____

14. Luis no tenía que ordeñar las vacas.

_____

15. Nadie tenía por qué vigilarles.

_____

Exercise 173

Fill in the blanks with an item from the list that follows. Choose the appropriate tense of verbs. Each item can be used more than once.

alguien   cada   deber   hacer   marcharse   nadie
necesario   ningún   poder   tener que   un poco   unos pocos

1. No es _____ que envíes las cartas hoy.

2. _____ de ser las cinco de la mañana cuando empezó a nevar.

3. No _____ falta que les lleváramos a casa. Se habían ido con Pedro.

4. _____ ha estado registrando mis cosas.

5. Sólo necesito _____ de dinero para salir del apuro.

6. Cuando llegué no había _____ . Todos _____ .

7. Paco no _____ haber ido a la fábrica. Estaba cerrada porque era domingo.

8. Creo sinceramente que (tú) _____ poner las cosas más claras en aquella
   reunión.

9. Sólo _____ pasajeros resultaron heridos.

10. Tu cuñado _____ haberse vacunado antes de ir a África.

11. No _____ falta que Carlos tradujera el documento, pero él insistió.

12. Los atacantes _____ de cogerle por sorpresa la noche del sábado.

13. Antonio no _____ estar casado; sólo tiene diecisiete años.

14. No me queda _____ amigo a quien recurrir.

15. _____ uno de ellos recibió la información necesaria.

Exercise 174

Find and correct any mistakes.

1. No tengo ningunos libros sobre ese tema.

2. Sólo algunos supieron hacer el último ejercicio.

3. Opino que Pablo no debía insultarte de esa forma.

4. La fiesta es mañana en mi casa; no hace falta que trajeras nada.

5. Mi jefe me dijo que debí recoger a unos japoneses en el aeropuerto a día siguiente, y me
   aconsejó que me acostaba temprano.

6. No hizo falta que Juan se quedara para cerrar, pero dijo que no tenía otra cosa que hacer.

7. Me parece que deberías haber dejado el auto en el garaje.

8. Al final no fue necesario que llamáramos a los bomberos.

9. Carola nos dijo que no teníamos por qué esperarla hasta tan tarde.

10. El cartel decía que nadie debió entrar en el edificio sin permiso.

11. No creo que debes meterte en ese asunto.

12. Todos tuvimos que pasar por el control de aduanas.

13. Los dos profesoras fueron expedientadas por maltrato a los alumnos.

14. Nadie no quiso tomar postre.

15. No conozco nadie que sepa árabe.

Exercise 175

Rewrite each sentence using the prompts in parentheses, as in the examples.

> *Examples*: Clara se montó en el autobús de la línea doce. (*deber, línea diez*)
> <u>Clara se debería haber montado en el autobús de la línea diez. (= Clara se</u>
> <u>debió montar en el autobús de la línea diez).</u>
>
> Me parece que esa chica no es muy inteligente. (*no deber*)
> <u>Esa chica no debe de ser muy inteligente.</u>

1. Antonio salió a hacer un muñeco de nieve en mangas de camisa. (*no tener que*)

_____

2. Mis padres llegaron a las siete. (*deber, mucho antes*)

_____

3. José tocó los cables sin cortar primero la energía eléctrica. (*no deber*)

_____

4. Mi hermana envió la carta sin sello. (*no tener que*)

_____

5. Luis faltó al trabajo por tercera vez. (*no tener que*)

_____

6. Estoy convencido de que Pablo no habla ruso. (*no poder*)

_____

7. Opino que ese pintor no pintó el cuadro. (*no poder*)

_____

8. Me parece extraño que Joaquín haya tomado esa decisión. (*no tener que*)

_____

9. Deduzco que ella lo hizo sin malas intenciones. (*deber*)

_____

10. Calculo que eso cuesta unos cien dólares. (*deber*)

_____

11. El profesor me castigó sin dejarme explicar nada. (*no deber*)

_____

12. Tatiana abandonó su puesto de trabajo. (*no tener que*)

_____

13. Estoy seguro de que ellos no han roto el cristal. (*no poder*)

_____

14. Marcos se gastó todo su dinero en esa moto. (*no deber*)

_____

15. Creo que Luis tiene razón. (*deber*)

_____

Exercise 176

Translate the following sentences.

1. There have been some problems with the car.

_____

2. Somebody should have cooked for them.

_____

3. All the pupils must be in class at nine o'clock.

_____

4. She needn't have written anything.

_____

5. You (*tú*) don't have to listen to his music.

_____

6. Miguel didn't have to go back the following day (he knew in advance).

_____

7. I don't have any time to play with you (*vosotros*).

_____

8. She shouldn't have made coffee for so many people.

_____

9. The man in the hall told me that I had to wait.

_____

10. I needn't have said that I wanted to pay.

_____

11. Pepe will have to ask for a loan.

_____

12. It wasn't necessary for me to explain anything. They already knew what had happened.

_____

13. Amalia can't have been listening to music in her room; I saw her talking to Pedro in the street.

_____

14. There were so many people in the shop that we had to wait for two hours.

_____

15. That man must be the boss. He is giving orders.

_____

16. Elena can't have written this (recent past). She is only five years old.

_____

17. You shouldn't have touched that wire.

_____

18. You (*tú*) needn't feed the parrot. It has plenty of food.

_____

19. You (*tú*) needn't have fed the parrot. It had plenty of food.

_____

20. You (*vosotros*) could have bought the bread.

_____

Comparatives and Superlatives

30

The comparative is formed by placing the word **más** before all regularly formed adjectives. To form the superlative, **más** is itself preceded by the definite article. *Than* translates as **que**:

Yo soy más alto que tú.	*I am taller than you.*
Ella es <u>la</u> más inteligente.	*She is <u>the</u> most intelligent.*

Than translates as **de lo que** when it is followed by a phrase containing a verb. *Lo* becomes *el* (contraction **del**), *los*, and *las* (to agree in gender and number) only when the verb following refers to people, animals, or things (but not qualities) mentioned in the first statement:

Soy mejor de lo que tú piensas.	*I'm better than you think.*
Tengo más <u>dinero del</u> que puedo gastar.	*I have more money than I can spend.*
Compré más <u>cosas</u> de <u>las</u> que necesitaba.	*I bought more things than I needed.*
Tengo más <u>amigos</u> de <u>los</u> que tú podrías tener jamás.	*I have more friends than you could ever have.*

Más de can also be used with numbers, as in *Había más de cien personas* (*There were more than one hundred people*).

Irregular adjectives have their own forms:

adjective		comparative		superlative	
bueno	*good*	mejor	*better*	mejor	*best*
malo	*bad*	peor	*worse*	peor	*worst*
poco	*little*	menos	*less, few*	menos	*least, fewest*
viejo	*old*	mayor	*older*	mayor	*oldest*

Él es muy bueno, pero ella es mejor.	*He is very good, but she is better.*
Ellas son las peores.	*They* (fem.) *are the worst.*
Tengo menos dinero que tú.	*I have less money than you.*
Juan es el menos cualificado de todos.	*Juan is the least qualified of all.*
Ella es la mayor.	*She is the older/oldest.*

As you can see, the comparatives and superlatives in these examples agree in number only with the accompanying noun.

In colloquial Spanish it is possible to say *más viejo* and *la más vieja* in referring to people. In talking about animals and things, **mayor** is not usual.

To convey the meaning that the quality referred to is present to an extreme degree, it is common to add the suffix **-ísimo** to most adjectives dropping the final vowel, although in some cases the spelling may change (e.g., the spelling of **poco** changes to **poquísimo** to maintain the hard **c**):

Esa chica es guapísima.	*That girl is very, very beautiful.*
Esto es carísimo.	*This is extremely expensive.*

The English comparative and superlative forms *further* and *furthest* translate as **más lejano** when they refer to distance. In other contexts, *further* usually translates as **más** and *furthest* as **máximo**:

¿Más noticias?	*Any further news?*
El punto máximo	*The furthest point* (negotiations, for example)

Repeated comparatives together joined by *and* (*colder and colder, more and more difficult*, etc.) translate as **cada vez + comparative form**:

Estás cada vez más guapa.	*You are more and more beautiful.*

It is usual to place **cada vez** at the beginning of the clause:

Cada vez tengo menos dinero.	*I have less and less money.*

In the English construction *the + comparative . . . , the + comparative* translates as **cuanto + comparative..., comparative**:

Cuanto más alto eres, mejor juegas al baloncesto.	*The taller you are, the better you play basketball.*

Superlative forms followed by nouns do not take the definite article:

el apartamento con menos habitaciones	*The apartment with (the) fewest rooms*

The verb **tener** (*have*) requires a special construction in the superlative:

Juan <u>es el que menos dinero tiene</u>.	*Juan has the least money* (literally: *Juan is the one who has the least money*).

Most adverbs also go with **más**, except **bien** (*well*), which becomes **mejor**, and **mal** (*badly*), which becomes **peor**. In the superlative it is usual to use a construction similar to that used with the verb **tener**:

Ella es la que mejor lo hizo.　　　*She did it best.*

Fui el que más saltó.　　　*I jumped highest.*

As/so . . . as translates as **tan... como:**

No eres tan alta como tu hermano.　　　*You aren't so tall as your brother.*

Exercise 177

Rewrite the following sentences without changing the meaning. Place the words in parentheses at the beginning of the sentence.

> *Example*:　　Este año ha habido menos clientes. (*El año pasado...*)
> 　　　　　　 El año pasado hubo más clientes.

1. Juan es más alto que todos sus compañeros. (*Juan es*)

_____

2. Las condiciones de mi contrato son mejores que las tuyas. (*Tus condiciones*)

_____

3. Mi casa es más pequeña que la de Antonio. (*La casa de Antonio*)

_____

4. Carlos es bastante más alto que yo. (*Yo*)

_____

5. Este libro tiene menos páginas que ése y que el tuyo. (*Este libro es*)

_____

6. Paco sabe más español que Luis. (*Luis*)

_____

7. Esta película no es tan interesante como la que vimos ayer. (*La película que vimos ayer*)

_____

8. María necesita menos dinero que sus amigas. (*María es*)

_____

9. Mi hijo Jorge es el que más años tiene. (*Mi hijo Jorge es*)

_____

10. Patricia ha recolectado más naranjas que los demás. (*Patricia es*)

_____

Exercise 178

Form sentences with **cuanto... más**, as in the examples. Use the present tense.

> *Examples:*   (Yo) comprar electrodomésticos, (yo) gastar mucha electricidad.
> **Cuantos** más electrodomésticos compro, **más** electricidad gasto.
>
> Tom estudiar español, (él) entenderse bien con la gente.
> **Cuanto** más español estudia Tom, **mejor** se entiende con la gente.

1. Paco ponerse mucha ropa, (él) pasar mucho frío.

   _____

2. La gente envejecer, (ella) oír poco.

   _____

3. (Tú) practicar, (tú) jugar bien.

   _____

4. Mi hermano tener poco dinero, (él) ser muy feliz.

   _____

5. (Yo) intentarlo mucho, (ello) salirme muy mal.

   _____

6. (Yo) pensarlo mucho, ponerme muy nervioso.

   _____

7. (Yo) hablar mucho con mis hijos, (ellos) comprenderme muy bien.

   _____

8. Luis gastar mucho, (él) sentirse muy mal.

   _____

9. (Tú) correr mucho con el auto, (tú) correr mucho peligro.

   _____

10. (Tú) prepararte muy bien, (tú) tener buenas oportunidades en la vida.

   _____

Exercise 179

Find and correct any mistakes.

1. Hoy estoy más bien que ayer.

2. Cuanto más leche bebes, más creces.

3. Los exámenes están más y más difíciles.

4. Es la concesión más lejana que pienso hacer.

5. Tengo más pocos deberes que ayer.

6. Carlos es mucho más simpático que su padre.

7. Pepe está cada vez más delgado.

8. Cuantos más amigos invites, más bebida tendrás que comprar.

9. En este bar hay mucho más personas que en ése.

10. Soy el que mejores notas ha sacado de mi clase.

Exercise 180

Translate the following sentences.

1. She is the most beautiful woman I have ever seen.

_____

2. I have a lot of magazines here, and there are many more in that room.

_____

3. She has fewest books.

_____

4. Ana bought a lot more books than her sister.

_____

5. I received more than twenty letters.

_____

6. She is much more intelligent than you (*tú*) think.

_____

7. Houses are more and more expensive.

_____

8. Your (*tú*) son is stronger and stronger.

_____

9. The cheaper a car is, the worse (it is).

_____

10. The more I eat, the hungrier I am.

_____

11. Felipe is the kindest man I know.

_____

12. He is much older than his brother.

_____

13. There were more birds together than I had ever seen.

_____

14. Andrea has the fewest subjects.

_____

15. It is the most boring film I have ever seen.

_____

31

Either, Neither, So, and Such

When followed by adjectives, both *so* and *such* translate as **tan**:

Ella es tan bonita.   *She is so pretty.*
Es una mujer tan guapa.   *She is such a beautiful woman.*

Remember that in Spanish, the adjective usually follows the noun.
     Such + noun translates as **así** placed after the noun:

No me gusta salir con gente así.   *I don't like going out with such people.*

Such can also be translated by **semejante** (showing agreement of number), which is usually placed before the noun. **Semejante** cannot be accompanied by an article:

Nunca me casaría con semejante mujer.   *I'd never get married to such a woman.*

So + auxiliary verb + subject is translated by **subject + también**:

Ella está estudiando español y yo también.   *She is studying Spanish and so am I.*
Luis vino y su mujer también.   *Luis came and so did his wife.*

In negative sentences, *either* (placed at the end of the clause) translates as **tampoco** and usually precedes the verb, which cannot be negative:

Yo tampoco les vi.   *I didn't see them either.*

Constructions of the type *neither/nor + auxiliary verb + subject* are translated by **subject + tampoco**:

Paco no vino y ella tampoco.   *Paco didn't come and neither did she.*

English verbs followed by **so** are translated by the corresponding verb or verbal construction followed by **que sí**:

Creo que sí.	*I think so.*
Espero que sí.	*I hope/expect so.*
Me temo que sí.	*I'm afraid so.*
Supongo que sí.	*I suppose so.*
Imagino que sí.	*I imagine so.*

To form the negative, these verbs take **que no**:

Creo que no.	*I don't think so.*
Espero que no.	*I hope not.*
Me temo que no.	*I'm afraid not.*
Imagino que no.	*I don't imagine so.*

As a linking word at the beginning of clauses, *so* becomes **así que**:

| El teatro estaba cerrado, así que me fui a casa. | *The theater was closed, so I went home.* |

Exercise 181

Join the following sentence pairs, as in the examples.

> *Examples*: María es una mujer muy guapa. Todos quieren salir con ella.
> <u>María es una mujer tan guapa, que todos quieren salir con ella.</u>
>
> Paco no va a venir. Su mujer no va a venir.
> <u>Paco no va a venir, y su mujer tampoco.</u>
>
> Luis quiere comprar una casa. Ana quiere comprar una casa.
> <u>Luis quiere comprar una casa, y Ana también.</u>

1. Ese auto es demasiado caro. Nadie puede comprarlo.

_____

2. Era un trabajo muy peligroso. No había operarios.

_____

3. Mi padre necesita ir al dentista. Mi madre necesita ir al dentista.

_____

4. Yo no voy a ir a ese parque de atracciones. Ellos no van a ir a ese parque.

_____

5. Juan no lo rompió y Elisa no lo rompió. ¿Quién lo hizo entonces?

_____

6. Fue una fiesta muy aburrida. Todos se marcharon antes de las doce.

_____

7. Carola necesita muchísimo dinero. Ya no sabe dónde conseguirlo.

_____

8. Yo colecciono sellos. Mi primo Pepe colecciona sellos.

_____

9. No está lloviendo en el centro del país. No está lloviendo en el sur.

_____

10. Está lloviendo muchísimo. Las calles se están inundando.

_____

Exercise 182

Fill in the blanks with **así, así que, semejante, también, tampoco,** or **tan.**

1. No pienso tolerar _____ insulto.

2. Es un proyecto _____ ambicioso, que tendremos que contratar a los

   mejores.

3. No deberías relacionarte con chicas _____.

4. Ya sé que no crees que eso vaya a suceder; sinceramente, yo _____ lo creo.

5. Rafael reservó mesa y Laura _____ lo hizo, _____

   tenían dos mesas.

6. Necesito un auto _____, grande y rápido.

7. ¿No te gustó? A mí _____ me hizo mucha gracia.

8. Carlos ingresó en el hospital, _____ la fiesta fue aplazada.

9. Nuestra estancia fue _____ corta, que _____ pudimos

   ver esta vez el museo.

10. Roberto decidió quedarse; su hermano _____.

Exercise 183

Find and correct any mistakes.

1. Yo tampoco no les vi llegar.
2. Ella ha también cogido el tren rápido.
3. Es un tan buen colegio, que todos aprueban.
4. Elisa se quedó fuera. Nosotros también.
5. No me gusta comer en restaurantes semejantes.
6. Semejantes clientes no tienen cabida en mi negocio.
7. Paró de llover, así nos fuimos a jugar al tenis.
8. Paco me preguntó si iba a terminar pronto, y yo le respondí que creía así.
9. Mario no quiso participar, porque también lo iba a hacer su hermano.
10. Tampoco hace falta que te afeites todos los días. Tres o cuatro veces a la semana es suficiente.

Exercise 184

Translate the following sentences.

1. I don't need your (*tú*) help either.

_____

2. I would like to live in such a house.

_____

3. They are such nice people that I wouldn't like to hurt them.

_____

4. Sergio should go to bed now, and so should you (*tú*).

_____

5. You (*usted*) haven't seen the criminal either.

_____

6. Miguel wasn't able to say anything, and neither was Pedro.

_____

7. Such a girl is the dream of my life.

_____

8. You (*tú*) haven't done your homework, so I won't let you go out.

_____

9. Prices were so high that I decided not to buy anything.

_____

10. I'm not going to work in such an office.

_____

11. There was such a long line that I had to wait for an hour.

_____

12. Nobody came, so we went to bed.

_____

13. My friends didn't do the last exercise. Neither did I.

_____

14. She asked if I was going to be there; I answered that I thought so.

_____

15. I have said that I don't think so.

_____

32

Reason, Result, and Purpose

Because of translates as **a causa de** or as **debido a**:

No jugamos a causa de la nieve.   *We didn't play because of the snow.*
No lo compraron debido a ti.   *They didn't buy it because of you.*

Similarly, *due to* and *owing to* also translate as **debido a** and **a causa de**:

Debido a la nieve no pudimos salir.   *Due to the snow we couldn't go out.*

As and *since*, to express reason or cause, translate as **como**:

Como estaba lloviendo, no jugamos al tenis.   *As it was raining, we didn't play tennis.*
Como no has aprobado tus exámenes, no   *Since you haven't passed your exams, I won't*
te compraré nada.   *buy you anything.*

When they appear at the beginning of the subsidiary clause, *as* and *since* translate as **ya que** or **puesto que**:

No iré a la fiesta, ya que no me han   *I won't go to the party, since they haven't*
invitado.   *invited me.*

As a result can be translated by **como resultado**, but it is much more common to use **por eso, por esa razón**, or **por ese motivo**:

Tenía que estudiar mucho y por eso no   *I had to study hard and as a result I didn't call*
llamé a mis amigos.   *my friends.*

Como resultado de is usual when a noun follows:

Juan perdió vista como resultado de su   *Juan lost eyesight as a result of his illness.*
enfermedad.

Therefore translates as **por tanto** or **por consiguiente**, but it is possible to use **por eso, por ese motivo,** and **por esa razón**:

Hacía mucho viento y por tanto me quedé en casa.	*It was very windy and therefore I stayed at home.*

Purpose is expressed by placing **a** or **para** before the infinitive. This translates *to, in order to* and *so as to* before English verbs:

Fui a Inglaterra a/para aprender inglés.	*I went to England to learn English.*
Vine a/para hablar con María.	*I came in order to talk with María.*

With verbs that have nothing to do with movement toward a place, only **para** is possible:

Compré muchos para no ir a la tienda en un mes.	*I bought a lot (of them) so as not to go to the shop in a month.*

For before gerunds translates as **para + infinitive**:

Lo uso para sujetar los libros.	*I use it for holding the books.*

So/So that + can/can't/could/couldn't/will/won't translates as **para que + subjunctive** forms of the verb following *can* or *will*:

Cogeremos un taxi para que no lleguemos tarde.	*We'll take a taxi so that we won't be late.*
Les llevé al teatro para que vieran *Hamlet*.	*I took them to the theater so that they could see* Hamlet.

It is possible to translate the verb *can*, but it is impossible to use future structures with **para que**:

Te he traído estas fotos para que puedas ver mi nueva casa.	*I've brought you these photos so that you can see my new house.*

In case must be translated by **por si** (not by **en caso de**):

Compraré más comida por si viene Antonio.	*I'll buy more food in case Antonio comes.*

Inversion of the subject after **por si** is usual, but it is possible to place the subject before the verb.
Por si can be followed by a subjunctive **imperfecto** when a possibility is less certain:

Compra más comida por si viniera Pablo.   *Buy more food in case Pablo should come.*

In case is translated by **en caso de** when a noun follows (warnings and notices):

En caso de incendio, romper el cristal.   *In case of fire, break the glass.*

Exercise 185

Fill in the blanks with an item from the list that follows (only one item can be used twice).

a causa	como	en caso	para	para que
por si	por tanto	resultado	ya que	

1. Todos los vuelos fueron cancelados _____ del mal tiempo.

2. _____ no me prestas atención, me marcho.

3. Hemos preparado esta habitación _____ tenemos invitados.

4. No has hecho tus deberes; _____ no podrás salir a jugar.

5. Sólo debes llamar a los bomberos _____ de emergencia real.

6. Pablo sufrió mucho como _____ de su adicción a la bebida.

7. He decidido ir solo, _____ no quieres venir conmigo.

8. Vendí mi casa _____ poder pagar todas mis deudas.

9. Lo hice _____ vieras que yo sí era capaz.

10. Necesito un champú _____ pelos grasos.

Exercise 186

Fill in the blanks with **a** or **para**. If both are possible, insert **a/para**.

1. He venido _____ jugar con tu hermano.

2. Mentí _____ que el profesor no te castigara.

3. Estoy buscando algo _____ combatir los insectos.

4. Fui _____ ver si aún quedaban fresas.

5. _____ poder hablar bien, necesitas más práctica.

6. Les he llamado _____ que se enteren de lo que tienen que traer.

7. Viajaron a Holanda _____ ver los molinos.

8. Salté _____ evitar la patada.

9. Les llevé _____ ver la última película de Batman.

10. Los cogí _____ evitar que alguien tropezara.

Exercise 187

Find and correct any mistakes.

1. Debido que no me quedaba dinero, no pude comprar las entradas.

2. Los puse detrás de la puerta para que nadie los veía.

3. Utilizo esta manguera a regar el jardín.

4. Me llevé mi tabla de surf en caso de que fuéramos a la playa.

5. Mari me insultó. Por ésa me fui de la fiesta.

6. Paco se emborrachó en el trabajo. Como resultado de esto, le despidieron.

7. Los senté juntos para que se fueran conociendo.

8. Me disfracé a no ser reconocido.

9. Estamos aquí reunidos para hablar sobre el futuro de nuestra empresa.

10. La ayudé a cruzar la calle.

Exercise 188

Translate the following sentences.

1. She came to see me yesterday.

_____

2. I left very early so as not to be late again.

_____

3. We played on Saturday in case it rained on Sunday.

_____

4. I went to Pedro's house in order to talk about the match.

_____

5. The plane had a breakdown; as a result, it couldn't take off.

_____

6. Miguel has no money, since he spent it all yesterday.

_____

7. As Pedro has to study for his exams, we won't tell him that there is a party.

_____

8. I couldn't take part in the games because of my illness.

_____

9. María didn't know my phone number, so she didn't phone me.

_____

10. I stayed at home in order to study a little.

_____

11. I use this red pen for marking exams.

_____

12. Felipe lent me his dictionary so that I could translate the document.

_____

13. She was very nervous; therefore she couldn't say a word.

_____

14. My car is very good, so I don't need to use yours (*tú*).

_____

15. Use (*usted*) this in case of danger.

_____

33

Time

As and *when* can both be translated by **cuando**:

Todo ocurrió cuando yo estaba durmiendo.	*It all happened when I was sleeping.*
Cuando estaba saliendo de la casa, el teléfono empezó a sonar.	*As I was going out of the house, the phone started to ring.*

Cuando is followed by the subjunctive when the speaker refers to future actions. Compare:

No me gusta ser molestado cuando estoy comiendo.	*I don't like to be disturbed when I'm eating.*
Te llamaré cuando llegue.	*I will phone you when I arrive.*

Future actions can be referred to by the subjunctive **pretérito perfecto**:

Llámame cuando hayas terminado.	*Call me when you have finished.*

The future action can be situated in the past:

Ella me dijo que la llamara cuando terminara (= hubiera terminado).	*She told me to call her when I finished (= had finished).*

Just as translates as **justo cuando**:

Paco llegó justo cuando íbamos a empezar.	*Paco arrived just as we were going to start.*

Cuando is not usually followed by the indicative **pluscuamperfecto**. The **indefinido** is preferred:

Cuando encontré la llave, llamé a Pablo.	*When I had found the key, I phoned Pablo.*

While corresponds with **mientras** in time contexts:

Ella se marchó mientras estaba durmiendo.	*She left while I was sleeping.*

As soon as translates as **tan pronto como**. Similarly to **cuando,** this construction is followed by subjunctive forms when the speaker refers to the future:

Vine tan pronto como lo supe.   *I came as soon as I heard (about it).*

Te visitaré tan pronto como llegue   *I'll visit you as soon as I arrive in Madrid.*
    a Madrid.

Before translates as **antes de,** and *after* as **después de;** both can be followed by the infinitive:

Lávate las manos antes de cenar.   *Wash your hands before (having) dinner.*

Me dormí después de comer.   *I fell asleep after eating.*

When the subject before and after **antes de/después de** is the same, these adverbs are followed by the infinitive. When the subjects are different, **que + subjunctive** follows:

Siempre me lavo las manos antes de <u>cenar</u>.   *I always wash my hands before <u>I have dinner</u>.*

Carlos se puso de pie antes de que el   *Carlos stood up before the president came in.*
    presidente entrara.

The **pluscuamperfecto** is possible instead of the **indefinido:**

Salimos antes de que hubiera parado   *We went out before it (had) stopped raining.*
    (= parara) de llover.

Until translates as **hasta:**

La esperé hasta las diez.   *I waited for her until ten.*

As a conjunction, **hasta** is followed by **que.** Subjunctive forms follow only when the speaker refers to future actions:

Ella siempre espera hasta que yo llego.   *She always waits until I arrive.*

Espera hasta que yo regrese.   *Wait until I come back.*

Hasta takes the infinitive only when the subject of both clauses is the same:

Entrené hasta estar exhausto.   *I trained until I was exhausted.*

Exercise 189

Underline the correct option.

1. Llámame por teléfono tan pronto como *tienes / tengas* los resultados.

2. El supermercado cerró justo *cuando / como* llegué.

3. No les digas nada hasta que yo te lo *digo / diga*.

4. Mientras ellos *cenaron / cenaban*, yo preparé los dormitorios.

5. Tomé una foto de Elisa mientras ella *salió / salía* de la casa.

6. Yo ya lo sabía todo antes de que tú me lo *contabas / contaras*.

7. Siempre me fumo un puro después de *cenar / que ceno*.

8. Jacinta estuvo llorando *hasta / hasta que* quedar dormida.

9. Nos acostamos después *de / –* cenar.

10. Me di cuenta después de que ella se *marchaba / marchara*.

Exercise 190

Create meaningful sentences using the expression given in parentheses, as in the examples.

> *Examples*: Tú esperar aquí, yo regresar. (*hasta*)
> <u>Espera aquí hasta que yo regrese.</u>
>
> Ella deber venir a casa, la película terminar. (*después*)
> <u>Ella debe venir a casa después de que termine la película.</u>

1. Tú preparar la comida, yo ordeno el jardín. (*mientras*)

_____

2. Tú devolver el dinero, tú poder. (*tan pronto como*)

_____

3. Tú enviarme un mensaje, tú terminar el examen. (*cuando*)

_____

4. Yo siempre darme una ducha, yo acostarme. (*antes*)

_____

5. Pepe tener que acostarse, él hacer sus deberes. (*después*)

_____

6. Tú tirar de la cuerda, yo decirte tú parar. (*hasta*)

_____

7. Nadie poder tocar nada, yo decirlo. (*hasta*)

_____

8. Yo nunca comer mucho, yo tener partido. (*cuando*)

_____

9. Tú recoger a los niños, tú poder. (*tan pronto como*)

_____

10. Tú limpiar todo esto, Pedro venir. (*antes*)

_____

Exercise 191

Find and correct any mistakes.

1. Ana empezó a sentirse bastante mal después de tomarse el postre.
2. Ella hizo la comida antes de Pedro viniera del trabajo.
3. Mis padres estuvieron haciendo compras mientras yo dormí la siesta.
4. Me puse a trabajar tan pronto que mi jefe llegó.
5. Pepe nunca se toma un aperitivo después de que él termina su trabajo.
6. Debes meter el auto en el garaje antes de que empieza a llover.
7. Envíame una postal cuando estás allí.
8. Ella lo recogió antes que Juan se daba cuenta.
9. Mientras yo acabo esto, ¿por qué no vas preparando la película?
10. No olvides cerrar con llave cuando salgas.

Exercise 192

Translate the following sentences.

1. She was already there when I arrived.

_____

2. I went to the hospital as soon as I heard the news.

_____

3. I wrote a letter while she was reading the paper.

_____

4. She stayed there until the police arrived.

_____

5. We waited until twelve o'clock. Then we left.

_____

6. I don't usually drink anything before I have dinner.

_____

7. She is always cooking when I visit her.

_____

8. María phoned Paco after dinner.

_____

9. She got very nervous when she saw him.

_____

10. Translate this when you (*tú*) have finished with that exercise.

_____

11. Jaime will help us when he comes from the supermarket.

_____

12. He never visits me when he comes from work.

_____

13. I'll be with you (*vosotros*) as soon as I talk to my boss.

_____

14. Pedro will have to stay in his room until I tell him to come.

_____

15. It started to snow as I was coming home.

_____

Contrast

34

Both *although/though* and *even though* translate as **aunque**. If the clause that follows refers to the future, the verb must be in the subjunctive:

> Me lo pasé muy bien, aunque me dolía
> la cabeza.
>
> *I had a very good time, although I had a
> headache.*
>
> Lo compraré aunque tenga que pedir
> un préstamo.
>
> *I will buy it even though I have to ask for a
> loan.*

Subjunctive forms are also used when the action referred to has possibly already begun:

> Visítales aunque se hayan acostado ya.
>
> *Visit them even though they have gone to bed
> already.*

As you can see, **aunque** followed by the subjunctive is not preceded by a comma.

When *though* is used to mean *however*, its common translation is **sin embargo**, which cannot be placed at the end of clauses:

> Sin embargo, (ella) es bastante inteligente.   *She is quite intelligent though.*

Aunque can be used to convey the same meaning:

> Tom no habla español; aunque yo le
> entiendo bastante bien.
>
> *Tom doesn't speak Spanish. I understand him
> quite well though.*

In spite of and *despite* translate as **a pesar de**. A following clause begins with **que**. If an infinitive follows, **que** cannot be used:

> Jugamos al tenis a pesar de la lluvia.   *We played tennis despite the rain.*
> Ella trabaja mucho a pesar de estar enferma.   *She works very hard despite being ill.*
> Ana cuidaba su jardín a pesar de <u>que</u>
> estaba embarazada.
>
> *Ana tended her garden in spite of <u>the fact that</u>
> she was pregnant.*

In introducing a contrast, *while* and *whereas* translate as **mientras**. This term can be followed by **que**:

Juan es muy activo, mientras que su hermano es muy vago.

Juan is very active, while his brother is very lazy.

Mientras can be placed at the beginning of either clause (*Mientras que Juan es muy activo,...*). *However* translates as **sin embargo**:

El examen fue demasiado difícil. Sin embargo, puede que apruebe.

The exam was too difficult. However, I might pass.

Juan dice que no vendrá. Sin embargo, puede que cambie de opinión.

Juan says he won't come. However, he may change his mind.

Exercise 193

Rewrite the following sentences. Place the words in parentheses at the beginning of the sentence, as in the example.

Example: Carlos tiene mucho tiempo libre, pero nunca visita a su madre. (*aunque*)
Aunque Carlos tiene mucho tiempo libre, nunca visita a su madre.

1. La madre de Rafa es muy trabajadora, pero su padre se pasa el día bebiendo. (*mientras*)

_____

2. Antonio es muy inteligente, pero no estudia nada y suspende. (*aunque*)

_____

3. Luis tiene una pierna rota, pero va a participar en la carrera. (*a pesar de*)

_____

4. Puede que nadie me quiera ayudar, pero yo lo voy a hacer. (*aunque*)

_____

5. Mis amigos se lo estaban pasando muy bien, pero yo estaba sufriendo con las matemáticas.

(*mientras*)

_____

6. Estaba lloviendo a mares, pero decidimos dar un paseo. (*a pesar de*)

_____

7. Roberto no tiene dinero, pero se empeña en comprar ese auto. (*aunque*)

_____

8. La empresa ha tenido malos resultados este año, pero pensamos mejorar en el próximo ejercicio. (*sin embargo*)

_____

9. Paco no ha estudiado nada, pero se empeña en hacer el examen. (*a pesar de*)

_____

10. No tenemos los medios adecuados, pero vamos a buscar a los montañeros perdidos. (*aunque*)

_____

Exercise 194

Underline the correct option.

1. Lo haré aunque me *cuesta / cueste* la vida.
2. Ana quiere aprender inglés aunque se *gasta / gaste* todo su dinero en ello.
3. Entraremos en el cine aunque la película *ha / haya* empezado.
4. Antonio aparenta ser tonto. Aunque *sabe / sepa* muy bien lo que se hace.
5. Mandaré a mi hijo a la universidad aunque no me *queda / quede* dinero para comer.
6. Puedes ir allí, aunque *es / sea* posible que ya hayan cerrado.
7. Aunque Fernando *habla / hable* inglés perfectamente, le da mucha vergüenza usarlo en público.
8. Aunque te *insultan / insulten* desde la tribuna, debes intentar jugar con normalidad.
9. Hazles leer aunque se *aburren / aburran*. La lectura es muy importante.
10. Carla no reaccionó. Aunque *habla / hable* español muy bien.

Exercise 195

Join the following sentence pairs with **a pesar de** and the infinitive, as in the example.

> *Example*: Juan viene muy cansado del trabajo. Siempre juega con sus niños.
> A pesar de venir muy cansado del trabajo, Juan siempre juega con sus niños.

1. Hacía mucho frío en la calle. Los niños jugaban y se divertían.

_____

2. Gané el segundo premio. No estaba muy contento.

_____

3. Cogí un taxi. Llegué tarde.

_____

4. María tenía mucho dinero. Nunca iba a restaurantes.

_____

5. Carlos es muy famoso. No es vanidoso.

_____

6. Antonio no tiene ni idea de electricidad. Siempre se empeña en arreglar enchufes.

_____

7. Luis habla ruso perfectamente. No nos quiso ayudar con el texto.

_____

8. Vendí mi casa por mucho dinero. No pude comprar el apartamento.

_____

9. Andrea tiene mucha ropa moderna. Siempre se pone el mismo vestido.

_____

10. Vi la película tres veces. No entendí nada.

_____

Exercise 196

Translate the following sentences.

1. Amelia has a lot of friends. However, she never goes out.

_____

2. Despite the weather, we decided to have lunch in the garden.

_____

3. He works day and night, while his brother onwly goes to parties.

_____

4. Although I had plenty of time, I didn't wait for them (*ellos*).

_____

5. We will wait for them (*ellos*) even though they are late.

_____

6. I will pass that exam even though I have to study day and night.

_____

7. In spite of the fact that I translated everything for her, she didn't understand anything.

_____.

8. Despite the fact that I hadn't done anything, the teacher punished me.

_____

9. Although Joaquín had been there several times, he didn't recognize the place.

_____

10. She said that we would see that film even though we didn't like it.

_____

11. The house was very small. I liked it, though.

_____

12. Juan went out with his friends, although his father had told him not to do it.

_____

13. Although the house was empty, the lights were on.

_____

14. Rosa cooked for twelve people, despite knowing that only six people were coming.

_____

15. Alba is tall and slim, while her sister is short and fat.

_____

Review 7

Exercise 197

Underline the correct option. Sometimes both answers are possible.

1. Ella estaba *más / tan* guapa, que todos querían sacarla a bailar.

2. El doctor vino *a / para* examinar al paciente.

3. No pudimos esquiar *debido/debidas* a las olas.

4. Ellos tampoco *no / –* quisieron verlo.

5. Estoy buscando un pegamento especial *a / para* arreglar este jarrón.

6. Ese hotel es el *malísimo / peor* de todos.

7. No me gusta ir a *lugares así / semejantes lugares*.

8. Uno de los dos *tendrá / tendrán* que acompañarnos.

9. Debes hacerlo aunque no te *gusta / guste*.

10. Juan se equivocó de salida, *así que / así* llegó tarde.

Exercise 198

Join the following sentence pairs with relative pronouns.

1. Ésa es la carta. Me la enviaron ayer.

_____

2. La chica estuvo aquí ayer. La conocí en el tren.

_____

3. Ahí está la camisa. Me la voy a poner ahora mismo.

_____

4. Ése es el despacho. Firmé el contrato en él.

_____

5. Ahí está la mujer. Me viste hablando con ella.

_____

6. El tren llegó a las siete. Yo llegué entonces.

_____

7. El señor Vázquez vendrá esta noche. Yo trabajo para él.

_____

8. La mujer quiere verte. Su hijo se peleó con el tuyo.

_____

9. Paco necesita un descanso. Ha estado demasiado ocupado últimamente.

_____

10. El libro es muy interesante. Me lo prestaste la semana pasada.

_____

Exercise 199

Rewrite the following sentences in the active. Omit the subject.

1. La carretera va a ser cortada por el accidente.
2. El asunto está siendo estudiado.
3. Las nuevas cifras están siendo evaluadas.
4. Esa ley no podrá ser derogada hasta el año que viene.
5. El barco fue abandonado debido al temporal.
6. Carla ha sido operada esta semana.
7. Mi padre fue multado por exceso de velocidad.
8. Se ha restablecido el suministro.
9. Mario iba a ser nombrado director.
10. No podré ser sustituido.

Exercise 200

Rewrite the following sentences as one conditional sentence.

1. Ana se quemó porque no usó guantes.

_____

2. Apagué la tele porque la película era muy aburrida.

_____

3. Puede que Juan se marche a España. Si es así, lo celebraremos.

_____

4. Amalia podría ser elegida. De ser así, organizaríamos una gran fiesta.

_____

5. Es posible que nieve esta tarde. Entonces jugaremos en el pabellón.

_____

6. Antonio se levantó porque oyó un ruido.

_____

7. Fui a la cochera porque creía que había alguien allí.

_____

8. Me enfadé porque el fiscal me llamó irresponsable.

_____

9. Mis padres no me llamaron, así que me fui a la cama.

_____

10. Lo hice porque me obligaron.

_____

Exercise 201

Translate the following.

1. I have just heard that he is going to visit us tonight.

_____

2. She had just closed the door when Paco arrived.

_____

3. Pedro didn't buy the drinks. Neither did Melisa.

_____

4. Somebody will have to fill out the forms.

_____

5. She is not coming tomorrow. She has to look after her mother.

_____

6. I wasn't feeling very well, so I told them to leave.

_____

7. She told us to put the purchases in the kitchen.

_____

8. Marcos asked me to take him to his mother's house.

_____

9. It is possible that I will sell this car.

_____

10. If Antonio knew that I'm going to do that, he would get very angry.

_____

11. You (*usted*) should wait until they (*impersonal*) call you.

_____

12. Felipe will buy the house unless you (*tú*) tell him not to do it.

_____

13. Andrea wants to live in that country, although she doesn't speak the language.

_____

14. I can't take you (*usted, masc.*) there either.

_____

15. Did you (*usted, fem.*) recognize the man who attacked you?

_____

16. As she doesn't want me to help her, I'll leave.

_____

17. He was sent there in order to learn the habits of the country.

_____

18. Fernando used to read the paper over (= *durante*) lunch. So did his wife.

_____

19. Rogelio won't be able to be with us (*masc.*) this week.

_____

20. She says that somebody has stolen the book you lent her.

_____

Final Review

Exercise 202

Fill in the blanks with the correct form of **ser** or **estar**. Use the present tense. Note: In some cases both verbs are possible.

1. El reloj que _____ en el comedor lo compramos en la tienda que _____ en la calle Jacinto Benavente.

2. Será mejor que no hables con el jefe hoy. _____ de un humor de perros.

3. ¡A ver si _____ a lo que _____! ¡Ya te has equivocado dos veces!

4. Hoy (*nosotros*) _____ a veintidós de enero, no a veinticinco.

5. _____ yo quien decide eso, no tú.

6. Sólo _____ (*nosotros*) diez en el grupo, y hacen falta quince.

7. Esta casa ya _____ alquilada, así que tendremos que buscar otra.

8. Todos estos paquetes _____ enviados a la central en camiones frigorífico.

9. Los exámenes _____ corregidos por un equipo independiente.

10. Los exámenes ya _____ corregidos, pero las notas se publicarán la semana que viene.

11. Ellos _____ más que nosotros, así que no podremos vencerles.

12. Ella siempre _____ pendiente de lo que dicen los demás.

13. Paco _____ diabético y tiene que inyectarse insulina cada cuatro horas.

14. Nosotros _____ abocados al fracaso si seguimos así.

15. Pablo _____ hasta la coronilla de pagar tus deudas.

16. Esta casa sí _____ en venta, pero ésa no lo _____.

17. Mis padres _____ muy contentos con mis resultados.

18. Ya no _____ (*yo*) para esos trotes. (Yo) _____ demasiado viejo.

19. El ser humano no _____ capacitado para hacer eso.

20. La ropa de deporte _____ demasiado cara en esa tienda.

Exercise 203

Translate the following sentences. Use **ser** or **estar** as appropriate.

1. All the boxes were behind the garage.

_____

2. Carlos is not used to living alone.

_____

3. I can't eat that. I'm on a diet.

_____

4. Those girls are very much alike. Which one is your daughter?

_____

5. The police say that she is involved in the crime.

_____

6. According to the board, our flight is delayed.

_____

7. Elena looks great in those clothes.

_____

8. The car is not ready yet.

_____

9. She was on the point of leaving.

_____

10. The apples were (at) two dollars the kilo.

_____

11. I am not interested in that job.

_____

12. This book is quite interesting.

_____

13. The lights were on. They were turned on by the guard.

_____

14. The car is being repaired at the moment.

_____

15. After twenty years in jail, he is free now.

_____

16. I am not free tonight.

_____

17. What is Antonio like?

_____

18. How are Susana's parents?

_____

19. The house is not in very good condition.

_____

20. My parents are very angry with me.

_____

Exercise 204

Fill in the blanks with the verbs in parentheses. Use the present simple or present continuous; sometimes both tenses are possible. Indicate also when **ir a** is possible or compulsory.

1. Mis vecinos de la derecha nunca _____ (*participar*) en las fiestas que

   organizamos en el barrio.

2. La semana que viene (nosotros) _____ (*jugar*) un partido muy importante.

   ¿Te _____ (*apetecer*) venir conmigo?

3. Eso _____ (*depender*) de qué día sea. Si es durante el fin de semana, sí (yo)

   _____ (*poder*) ir.

4. Mi mujer se _____ (*sacar*) el carnet de conducir. Se (*examinar*) el martes

   que viene.

5. En estos momentos (yo) lo _____ (*pasar*) muy mal. Mi mujer está enferma

   y mi empresa me _____ (*despedir*).

6. ¿Te _____ (*comer*) esa hamburguesa? Si no, me la

   _____ (*comer*) yo.

7. ¿Tanta hambre (tú) _____ (*tener*)? No entiendo dónde (tú)

   _____ (*meter*) todo lo que (tú) _____ (*tragar*).

8. Mi jefe _____ (*decir*) que (nosotros) _____ (*tener*) que

   subir la producción, ya que (nosotros) _____ (*tener*) serios problemas con

   la competencia.

9. Una de las principales causas de la crisis es que los bancos no _____ (dar) suficientes créditos a las empresas. Por eso la economía no se (reactivar) como es debido.

10. Según el comunicado, (nosotros) _____ (tener) los resultados en breve. Por tanto, (nosotros) _____ (deber) ser pacientes.

11. Ahora (yo) _____ (reformar) la casa; por eso está todo en desorden. Si no te importa, (nosotros) _____ (mantener) la reunión en la de Luis.

12. Cada vez más personas _____ (dejar) el tabaco hoy día. Por lo visto, las medidas del gobierno _____ (surtir) efecto.

13. Jorge siempre me _____ (molestar). Cada vez que (él) me _____ (ver) en el colegio, me _____ (empujar) y se _____ (meter) conmigo.

14. A menudo (yo) _____ (entrenar) al parque. Suelo ir por la mañana temprano, porque más tarde (ello) me _____ (resultar) casi imposible.

15. A menudo (yo) _____ (entrenar) en el parque. Normalmente (yo) _____ (ir) por la mañana, ya que (yo) _____ (trabajar) por las tardes.

Exercise 205

Translate the following sentences.

1. Miguel is not going to be here tonight. He has to work.

_____

2. I'm taking my exams next Monday. That's why I'm studying so hard now.

_____

3. We are meeting them next Tuesday.

_____

4. I usually park my car in front of my house.

_____

5. The TV says that it is going to rain in this area on the weekend.

_____

6. You are always talking about politics!

_____

7. They are performing live at this theater next Saturday.

_____

8. What time does the next train leave?

_____

9. Are you (*usted*) enjoying the party?

_____

10. The doctor says that I have to stop smoking at once.

_____

11. How many subjects do you have on Mondays?

_____

12. She is leaving for Denmark next Tuesday.

_____

13. You are going to crash into that tree!

_____

14. We are having a party in our garden this Friday.

_____

15. My wife is taking driving lessons at the moment.

_____

16. Are you seeing Tony tonight?

_____

17. My brother is getting married next month.

_____

18. When does school let out for summer vacation?

_____

19. What is she saying?

_____

20. He hardly ever goes swimming in the morning.

_____

Exercise 206

Fill in the blanks with the appropriate definite or indefinite article where necessary.

1. Dile a _____ mujer de Antonio que venga _____ otro día. Hoy no podemos atenderla.

2. _____ otro día vi _____ programa sobre _____ desempleo en España.

3. Juan padece de _____ diabetes. Ya sabes que _____ diabetes es _____ enfermedad muy peligrosa.

4. ¿Crees en _____ vida después de _____ muerte?

5. Mi hijo está estudiando _____ inglés en el colegio, aunque _____ inglés que le enseñan no es _____ británico, sino _____ americano.

6. Esa empresa necesita _____ contable. _____ contable que tenía se marchó _____ mes pasado con un millón de dólares.

7. Hay _____ tal Luis Rodríguez que quiere verte. No es _____ Luis Rodríguez que vino la semana pasada; es otro.

8. Yo creo que con _____ medio kilo de carne picada tendremos suficiente. _____ vez pasada hiciste la receta con _____ kilo y medio y te salió fatal.

9. A mi hermano le gusta jugar a _____ cartas. Yo prefiero _____ ajedrez.

10. Te voy a enseñar _____ fotografías que hice en _____ últimas vacaciones.

11. Dicen que _____ ser humano es _____ ser racional, pero yo no veo _____ racionalidad por ninguna parte.

12. Voy a comprar _____ acciones. Ya sé que no es _____ buen momento, pero estoy convencido de que voy a encontrar _____ gangas.

13. Buenos días, señorita Figueroa. Le hemos guardado _____ correspondencia, como usted nos dijo.

14. Algunos creen que _____ dinero es _____ más importante en la vida, pero está claro que eso es _____ grave equivocación.

15. No debes confundir _____ bello con _____ bueno, que es _____ que la gente suele hacer con frecuencia.

16. Hay que ver _____ alto que está tu niño. Cuando le vi por última vez era _____ enano, y ahora es _____ hombre de la casa.

17. Yo no sabía _____ caras que estaban _____ habitaciones de ese hotel. Pagué por _____ mía 300 dólares _____ noche.

18. La última vez que hubo _____ niebla en esta zona, un avión se estrelló contra _____ colina.

19. La tripulación y _____ pasajeros tuvieron _____ suerte. Yo diría que _____ suerte tremenda, ya que sólo _____ pasajero resultó ligeramente herido.

20. Esta zona es para _____ personas con poca movilidad. _____ que tengan

movilidad normal deben aparcar en _____ parte trasera.

Exercise 207

Fill in the blanks with the appropriate object or reflexive pronoun. Where necessary, the subject is provided in parentheses.

1. A Juan _____ acaban de nombrar director de filial, aunque él pensaba que _____

iban a ofrecer el puesto de vicepresidente.

2. Mucho me temo que a usted (*mujer*) _____ tendremos que operar de inmediato. Lo que

_____ está ocurriendo es muy grave.

3. A tu perro _____ pasa algo raro. Se _____ está cayendo el pelo.

4. Aquí tienes los documentos. Llévate_____ a la oficina de Javier para que _____

pongan el sello.

5. A Pedro _____ van a trasladar a Nueva York. A él no _____ hace gracia la idea.

Dice que _____ va a pasar mal lejos de su familia y amigos.

6. A nosotros no _____ apetece salir con tanta frecuencia. Creo que _____ estamos

haciendo viejos.

7. Por favor, señora Sánchez, siénte_____ y dígame que se _____ ofrece.

8. Papá, mamá, (a vosotros) _____ tengo que contar algo: Pedro y yo _____

casamos esta primavera.

9. Mi hija dice que _____ aburre en el colegio. Yo creo que las materias que (a ella)

_____ imparten están muy por debajo de su nivel.

10. Carlos no _____ siente muy bien después del divorcio. Ahora (él) _____ está

imaginando que toda la culpa ha sido suya.

11. Si quiere usted, señora, _____ puedo llevar a su casa en mi coche.

12. Lo siento, señor Álvarez, no _____ puede presentar aquí sin cita previa y exigir que

_____ dejemos ver al director.

13. No dejes las botellas aquí en medio. Pon_____ en la despensa. El lunes _____

llevaré a la tienda.

14. El gobierno (a nosotros) _____ quiere subir los impuestos otra vez. Esta situación no

_____ sostiene por más tiempo.

15. ¡Manténgan_____ alejados del fuego! ¡Las llamas _____ pueden alcanzar!

Exercise 208

Substitute a pronoun for the direct object and include the indirect object pronoun, as in the examples.

Examples: Le voy a prestar <u>mi cámara</u> a Francisco.
<u>Se la</u> voy a prestar a Francisco.

Ella me ha dicho <u>que no viene mañana</u>.
Ella <u>me lo</u> ha dicho.

1. Ya te he dicho <u>que no tengo las llaves</u>.

_____

2. Les tengo que enviar <u>esto</u> antes del martes.

_____

3. Os voy a contar <u>la historia</u>.

_____

4. Te voy a prestar <u>mis prismáticos</u> para la excursión.

_____

5. Le voy a comprar a mi hijo <u>un teléfono nuevo</u>.

_____

6. Mis padres me van a dar <u>el dinero</u>.

_____

7. Elena me va a traer <u>las copias</u>.

_____

8. Se les ha caído <u>la moto</u> al río.

_____

9. Nos han enviado <u>un correo</u>.

_____

10. Se te ha salido <u>la camisa</u>.

_____

Exercise 209

Fill in the blanks with the correct form of the verbs in parentheses. Use the **imperfecto** or the **indefinido**. In some cases both tenses are possible.

1. Ayer _____ (*haber*) serios incidentes en Berlín. Las manifestaciones organizadas por los sindicatos de los estudiantes _____ (*acabar*) en una auténtica batalla campal.

2. Mis vecinos _____ (*llegar*) ayer de sus vacaciones en Rumanía. Cuando (ellos) _____ (*entrar*) en la casa, (ellos) _____ (*ver*) que todo _____ (*estar*) destrozado.

3. Marta _____ (*estar*) en la consulta del médico ayer. Cuando (ella) _____ (*estar*) en la sala de espera, (ella) _____ (*ver*) a una amiga que _____ (*estudiar*) con ella en el colegio.

4. La enfermera, al ver que (ellas) _____ (*hablar*) en voz alta, les _____ (*tener*) que decir que (ellas) se _____ (*tener*) que callar.

5. El otro día (yo) _____ (*leer*) en el periódico que la chica que _____ (*desaparecer*) en extrañas circunstancias después de una fiesta _____ (*ser*) encontrada en el sur del país.

6. Cuando la policía la _____ (*encontrar*), (ella) _____ (*estar*) en un estado deplorable; (ella) _____ (*tener*) la ropa hecha jirones y también _____ (*presentar*) numerosas heridas y contusiones.

7. Miguel me _____ (*contar*) que (él) _____ (*tener*) que ir a una reunión al día siguiente. Dos días después (él) me _____ (*decir*) que (él) no _____ (*poder*) llegar a tiempo a la reunión, porque (él) _____ (*tener*) que recoger a su hijo primero.

8. Alguien se _____ (*llevar*) las bicicletas mientras nosotros _____ (*esperar*) en la parte de atrás. Está claro que (nosotros) _____ (*deber*) hacerle caso al hombre que nos _____ (*decir*) un poco antes que (nosotros) no _____ (*deber*) dejar las bicicletas sin vigilancia.

9. Para mí (ello) _____ (*estar*) claro que el acusado le _____ (*mentir*) al juez cuando (él) _____ (*asegurar*) que (él) no _____ (*hacer*) negocios con la víctima.

10. La pobre mujer se _____ (desmayar) delante de todos los invitados. Alguien _____ (preguntar) si _____ (haber) un médico en la sala, pero como nadie _____ (responder), (nosotros) _____ (tener) que llamar a una ambulancia.

11. El avión se _____ (estrellar) en un campo que _____ (haber) cerca de la pista. Por lo visto, al avión no le _____ (funcionar) bien el altímetro y los pilotos no _____ (poder) determinar la altitud con exactitud.

12. Tomás _____ (ser) muy aficionado a jugar al golf. Todas las mañanas (él) _____ (ir) a un club de golf cerca de su casa y _____ (practicar) durante un par de horas.

13. Un buen día (yo) _____ (decidir) dejar mi empleo. Siempre (yo) _____ (tener) la ilusión de tener un negocio propio, así que (yo) _____ (alquilar) un local y _____ (montar) una tienda de golosinas.

14. El temblor no _____ (ser) muy fuerte, aunque todas las botellas que _____ (estar) en ese estante _____ (caer) al suelo. Yo me _____ (asustar) muchísimo, porque mi hijo _____ (jugar) justo debajo en ese momento.

15. Ayer (yo) _____ (estar) charlando con Luis. _____ (Hacer) tiempo que (yo) no le _____ (ver), así que (ello) _____ (ser) una gran alegría verle de nuevo.

Exercise 210

Find and correct the mistakes (each sentence contains at least two).

1. Juan estrelló contra un árbol porque su coche quedó sin frenos.

2. Luisa me contó que ya no era casada a Antonio.

3. La niña se caía del árbol cuando su padre le gritaba.

4. La botella era medio vacía; por eso le puse debajo de grifo.

5. Justo he recibido una carta del Matías, pero aún no lo he leído.

6. Ayer he comprado un diccionario de alemán para traducir este textos.

7. Habían dos hombres que querrían hablar con tú.

8. No sé qué edad es esa mujer, pero parece la mayor que mi madre.

9. Me gusta esquiando en invierno. Es un deporte mucho completo.

10. Nadie han estado aquí esta mañana. Ha sido todo muy tranquilo.

11. El mecánico se negó reparar el coche si no le pagué antes.

12. Los empleados dijeron que ellos iban a poner en huelga porque la dirección amenazaba con despedir mitad plantilla.

13. Nadie le gustó la obra de teatro. Todos coincidieron en que era organizada muy mal.

14. Nos tomamos café durante intermedio mientras discutíamos el argumento de la obra.

15. No suelo tomar desayuno tan temprano. Prefiero hacer más tarde.

Exercise 211

Fill in the missing word(s).

1. Ya deberías saber _____ peligroso que es hacer eso _____ llevar gafas especiales.

2. El yate se hundió _____ dos días, pero aún no sabemos a qué _____ se encuentra.

3. Carolina se casó _____ la edad de veinte años, y a _____ veintiuno ya estaba divorciada.

4. ¿Cuántas _____ a la semana vas a la clase _____ informática?

5. _____ dos meses que no veo a Jaime. La última _____ que _____ vi estaba muy bien.

6. No puedes llevarte los dos juguetes, así _____ dime _____ de los dos te gusta más.

7. Los platos ya no están en ese mueble. _____ he puesto en el aparador _____ comedor.

8. _____ siquiera sé _____ qué sirve esto.

9. Tu hijo está muy alto. ¿Qué _____ tiene?

10. ¿A qué _____ está tu casa del centro? No creo que esté _____ lejos como la mía.

11. A tus padres no _____ va a sentar nada bien la noticia, porque es muy grave _____ que has hecho.

12. Esos coches ya no _____ fabrican.

13. _____ que debes hacer es hablar con el director _____

de tu problema.

14. El tabaco no sólo es malo _____ ti, _____ también

para _____ que están a tu alrededor.

15. Esa casa _____ puerta está abierta es mía. _____ de

Juan está a la derecha.

Exercise 212

Translate the following sentences.

1. How long have you been collecting shells?

_____

2. She has just finished the letter that she was writing this morning.

_____

3. Felipe was going to lock the door when his father called him.

_____

4. When we arrived at the movie theater, the movie had already started.

_____

5. He had just started the explanation when a pupil (*girl*) fainted in front of him.

_____

6. There was glass everywhere because someone had broken a windowpane.

_____

7. They have known each other since they were in school.

_____

8. Tomás has been driving for six hours now.

_____

9. They got married twenty years ago.

_____

10. That means that they have been married for twenty years.

_____

11. I last saw him when he was getting off the plane.

_____

12. I didn't know how dangerous it was to ride a bike without a helmet until I had the accident.

_____

13. I told the doctor that I wasn't feeling very well.

_____

14. My wife told me that I had to cut the grass before dinner.

_____

15. Those girls hate each other. They are always arguing.

_____

16. I noticed that someone was following me when I stopped in front of the bank.

_____

17. I made dinner while my wife was bathing the kids.

_____

18. She crashed into a tree when she was coming to the village.

_____

19. He had been living there for six months when he decided to leave for Paris.

_____

20. Carmen said that she hadn't been able to buy a good wine.

_____

Exercise 213

Underline the correct option. In some cases both answers are possible.

1. Te he dicho que no *corres/corras* con los vasos en la mano.

2. ¿Qué pasaría si Juan *viniera/viniese* con ella?

3. A lo mejor *tenemos/tengamos* que dejar este sitio pronto.

4. No es muy probable que ellos *averiguan/averigüen* nada.

5. Me parece que *debes/debas* preparar los apuntes un poco mejor.

6. Llévate un paraguas por si *llueve/llueva*.

7. No me parece que *debamos/debemos* darles otra oportunidad.

8. Rompe el cristal sólo en caso de que *hay/haya* fuego.

9. No creo que mi mujer *sabe/sepa* nada de esto.

10. Si por casualidad *ves/veas* a Tomás, dale recuerdos míos.

11. Lo que tú *ganes/ganas* es para ti y tu familia, no para nosotros.

12. Todo dependerá de que *somos/seamos* capaces de conseguir el contrato.

13. Parece mentira que *dices/digas* algo así.

14. Les sugerí que *invirtieran/invertían* en bonos del Estado.

15. Juan no está en casa; al menos, no que yo *sé/sepa*.

16. No te sabría decir si David *estuvo/estuviera* allí o no.

17. Si David *estuvo/estuviera* allí, su mujer lo sabría.

18. Espero que os lo *paséis/pasáis* muy bien.

19. Es posible que ellos *traerán/traigan* los portátiles.

20. Que él *esté/está* casado no significa nada.

Exercise 214

Fill in the blanks with the correct indicative or subjunctive form of the verbs in parentheses.

1. Juana no quiere que yo _____ (*usar*) su teléfono, porque teme que (yo) _____ (*gastar*) demasiado.

2. Es muy probable que (ellos) _____ (*despedir*) a Luis, porque la empresa _____ (*atravesar*) una mala situación.

3. Ya le he dicho a mi abogado que (él) _____ (*ir*) preparando el expediente, por si (nosotros) _____ (*tener*) que emprender acciones judiciales.

4. No me parece bien que (tú) _____ (*hacer*) eso sin que yo _____ (*estar*) contigo.

5. Lo haré aunque (yo) _____ (*tener*) que endeudarme para ello. No permitiré que mi negocio se _____ (*hundir*).

6. Aunque (yo) no _____ (*tener*) mucho dinero, te prestaré un poco. No es plan de que te _____ (*enfrentar*) tú solo a esos problemas.

7. No me agrada que mi hijo se _____ (*relacionar*) con esos chicos. Ellos sólo le _____ (*poder*) dar problemas.

8. Les llevé a mi despacho para que (ellos) _____ (*firmar*) el contrato, pero (ellos) se _____ (*retractar*) cuando vieron las condiciones.

9. El director nos sugirió que (nosotros) _____ (*elegir*) otra asignatura para que (nosotros) no _____ (*tener*) tantas dificultades.

10. Hace falta que (tú) _____ (llamar) al fontanero. Parece que el desagüe de la bañera _____ (estar) atascado.

11. Si yo _____ (ser) tú, yo no haría eso. Debes dejar que Luis lo _____ (hacer) en tu lugar.

12. Si (tú) _____ (estar) tan cansado, ¿por qué no te fuiste antes? No estarías tan cansado si (tú) te _____ (quedar) tanto tiempo.

13. Los que _____ (haber) terminado pueden irse; no tiene sentido que (vosotros) os _____ (quedar) aquí por más tiempo.

14. Te llamaré cuando (yo) _____ (llegar) al hotel, así que (tú) no te _____ (preocupar).

15. Es vital que Susana _____ (ser) llevada al hospital de inmediato. No podemos dejar que _____ (transcurrir) un minuto más.

16. Que ellos _____ (ser) culpables es algo que está fuera de toda duda. Sin embargo, no hay suficientes pruebas con las que (nosotros) _____ (poder) enviarlos a prisión.

17. Que yo _____ (ser) aceptado por ese club es mi gran ilusión. Hace años que (yo) _____ (desear) ingresar en él.

18. No pretendo que (tú) _____ (terminar) esto sin mi ayuda, pero podrías demostrar que (tú) _____ (saber) hacer algo sin mí.

19. Es muy raro que ellos _____ (haber) llegado hoy. Ayer me dijeron que todos los pilotos franceses estaban en huelga, así que no comprendo cómo (ellos) _____ (haber) conseguido volar hasta aquí tan pronto.

20. No comprendí que ella me _____ (dejar). No había indicios en nuestra relación de que (ella) se _____ (sentir) mal.

Exercise 215

Join the following sentence pairs using the appropriate relative pronouns. Determine whether commas have to be used or not.

1. La habitación no tenía terraza. Yo dormí en esa habitación.

_____

2. Marisa está muy descontenta. Su examen no salió muy bien.

_____

3. Necesito hablar con el señor Antúnez. Me llamó ayer con urgencia.

_____

4. Elisa tuvo que consultar quince libros diferentes. Tres de ellos estaban en chino.

_____

5. Mario nos ayudó con toda la mudanza. Fue muy amable por su parte.

_____

6. Nos encontramos a varios excursionistas. Dos de ellos estaban heridos.

_____

7. La tienda ya había cerrado. Yo compré el jarrón allí.

_____

8. José Alonso vendrá este sábado. Te lo presenté hace dos meses.

_____

9. Todo sucedió el último fin de semana de marzo. Estábamos de vacaciones entonces.

_____

10. Nuestros vecinos no nos dirigen la palabra. Su hija está en mi clase.

_____

11. Nos sirvieron carne de avestruz. La mayor parte de esa carne estaba en mal estado.

_____

12. El día era el doce de diciembre. Me saqué el carnet de conducir ese día.

_____

13. La mujer está enferma. Yo trabajo para ella.

_____

14. La casa no tenía señales de los secuestradores. La policía registró esa casa.

_____

15. Ella es la mujer de mis sueños. No sabría vivir sin ella.

_____

Exercise 216

Underline the correct option. In some cases both answers are possible.

1. Ella lo tenía desde _hacía/durante_ mucho tiempo.

2. No os _vayáis/vayas_ tan lejos. Podría ser peligroso.

3. Este es el cuadro *del/sobre el* que te hablé.

4. Esos son los chicos *cuyo/cuyos* padre intentó agredir al director.

5. ¿*Cómo de frecuente/Con qué frecuencia* vas al gimnasio?

6. Debo felicitarte *por/sobre* tu enorme éxito en la empresa.

7. No me gusta jugar *a las/a* cartas.

8. Ambos compartimos un gran amor *de/por* el arte.

9. *Contra/Cuanto* más dinero tienes, más amigos te salen.

10. Somos amigos *desde que/desde* estábamos en la guardería.

11. Les llevé a mi casa *que/para que* vieran mi colección de pistolas.

12. Podremos discutir el asunto *en/durante* el almuerzo.

13. Fuimos novios *durante/desde hacía* cinco años.

14. Ellos estaban casados *durante/desde hacía* cinco años.

15. Me gustaría *tomar/dar* un paseo por la playa.

Answer Key

Exercise 1

1. está 2. es 3. están 4. está 5. Son 6. están 7. Son 8. Es 9. es/está 10. soy 11. están 12. Es 13. estás 14. está 15. están 16. Es/Está 17. es 18. está 19. son 20. es

Exercise 2

1. C 2. E 3. A 4. I 5. B 6. H 7. J 8. G 9. D 10. F

Exercise 3

1. Correct 2. Correct 3. es 4. es 5. Correct 6. está 7. Son 8. Correct 9. está 10. es, está 11. está, es 12. es 13. está 14. Correct 15. Correct 16. Es 17. están 18. Correct 19. estoy 20. Correct

Exercise 4

1. Es 2. es 3. es 4. es 5. está 6. es 7. es 8. es 9. Está 10. está 11. está 12. está 13. está 14. Está 15. está 16. Es 17. es 18. está 19. es/está 20. está

Exercise 5

1. Mi marido está en la oficina. 2. María no está trabajando en este momento. 3. Mis amigos están muy contentos con los resultados. 4. El hermano de Tom no está casado. Es/Está soltero. 5. ¿Qué está estudiando tu hermana? 6. Marta está muy interesada en la historia. 7. ¿Estás libre esta noche? 8. No estés nerviosa. Estoy aquí contigo. 9. El señor Fernández no está. Está en casa. 10. Estás maravillosa esta noche. 11. Todas las luces están encendidas. 12. ¿Están ustedes aquí de vacaciones? 13. ¿Cómo están tus padres? 14. Tu padre está muy joven para su edad. 15. ¿Cómo es Andrea? 16. Ella es baja, delgada y morena. 17. Ella está muy gorda, pero ahora está comiendo menos. 18. Estos libros son para Carmen. 19. El autobús escolar no está para viajes largos. 20. ¿Para qué es esto? ¿Es para la nueva instalación? 21. No estoy para fiestas. 22. ¿De qué color son las cortinas nuevas? 23. ¿Cuánto es? 24. La carne son diez dólares y el melón son dos dólares. 25. Es el dos de enero.

Exercise 6

1. quiere 2. pueden 3. dice, debo 4. necesita 5. vienes 6. tiene 7. parecen 8. piensan 9. suspende 10. opina, conduzco 11. conozco 12. vuela 13. huele 14. va 15. lee

Exercise 7

1. están cenando 2. está pintando 3. está haciendo 4. están subiendo 5. Estamos teniendo 6. están intentando 7. están yendo 8. está leyendo 9. está dando 10. está lloviendo 11. está durmiendo 12. estás fumando 13. estamos sobrevolando 14. Están cayendo, está empezando 15. está haciendo

Exercise 8

1. reunimos/vamos a reunir 2. hace/va a hacer 3. estudio/voy a estudiar 4. dejas/estás dejando 5. está dando 6. estoy cenando/voy a cenar 7. habla/está hablando 8. necesito/voy a necesitar 9. gana/está ganando/va a ganar 10. dice/está diciendo, tiene/está teniendo 11. lloras/estás llorando 12. vas 13. vas a poner 14. estudia/va a estudiar 15. estamos pintando/vamos a pintar

Exercise 9

1. Correct 2. Voy a comprar 3. me echas 4. Correct 5. Jorge es 6. Creo 7. Correct 8. Correct 9. Peso 10. Correct 11. te reúnes 12. Correct 13. Correct 14. está sentada 15. Correct

Exercise 10

1. Ella viene la semana que viene. 2. ¿Qué vas a hacer con la tele vieja? 3. Van a pasar sus vacaciones en Brasil. 4. Tom nunca me presta sus libros. 5. Mis padres siempre me están regañando. 6. Miguel vive en un pequeño pueblo en las montañas. 7. Mi mujer me va a comprar una corbata nueva. 8. ¿Almuerzas con ellos mañana? 9. Ellos no trabajan este fin de semana. 10. El profesor está explicando la lección. 11. No me gusta esta casa. 12. ¿Cuántos invitados vienen? 13. ¿Cuántas personas están viviendo en esa casa? 14. ¿Qué estás comiendo? 15. ¿A qué hora abren las tiendas? 16. La película empieza en diez minutos. 17. Creo/Pienso que va a llover. 18. ¿Por qué no comes con nosotros? 19. Hace viento en este momento. 20. Rosa dice que su novio quiere casarse con ella. 21. Él dice que Martin va a vender su coche. 22. Estoy redecorando mi apartamento. Te va a gustar. 23. Mis vecinos siempre están discutiendo. 24. Van a estar aquí todo el fin de semana. 25. Quiero ser médico. 26. Ella va a tener un bebé. 27. Tenemos invitados para cenar/la cena. 28. Les veo está tarde. 29. Nicolás está traduciendo la carta para mí = Nicolás me está traduciendo la carta. 30. Me voy a poner el/mi traje gris.

Exercise 11

1. la 2. el 3. el 4. los 5. el 6. el 7. las 8. la 9. los 10. la 11. el 12. el 13. la 14. la 15. la 16. los

Exercise 12

1. las 2. el, las 3. el 4. – 5. la 6. la 7. el/– 8. el 9. los 10. – 11. la 12. los 13. una/– 14. el, la 15. – 16. los 17. el 18. – 19. el 20. los

Exercise 13

1. – 2. un 3. – 4. unos 5. unos/– 6. una 7. un 8. una 9. – 10. unos 11. unos, una 12. una/–, un/– 13. – 14. un 15. una/– 16. unos, una/– 17. – 18. unos 19. un 20. –, unos/–

Exercise 14

1. el, la 2. un, un 3. un, –, un, la, el, una 4. las, un, la, un, el 5. un, la 6. la, el 7. un/–, la 8. una, un, el 9. el, el 10. –, la, la, la 11. un, el, el, la 12. los, el, la, un, el, unas/– 13. el, la 14. la, – 15. la, la/–, la/–, la/–, las/–, – 16. una, el 17. la, la 18. –, un, la/una, un, un, un 19. los, las 20. un, la

Exercise 15

1. Los hombres suelen ser más altos que las mujeres. 2. Vamos a tener (una) tormenta. 3. Ana necesita las herramientas que tienes en casa. 4. Vamos a tener problemas. 5. ¿Eres bueno/buena en biología? 6. Estamos teniendo un tiempo muy malo (= Estamos teniendo muy mal tiempo) en este momento. 7. Hay leche, pero no hay pan. 8. Puedo ver el agua desde aquí. 9. Ella guarda el arma de su marido en una caja en el desván. 10. El hermano de Felipe no va a estar en la oficina mañana. 11. Yo siempre suspendía (las) matemáticas en el colegio (= la escuela). 12. Ella se va a alojar en el (hotel) Tattom. 13. Mi hijo estudia en el (colegio) Fabiola (not *la Fabiola*). 14. Mis hijos/niños están jugando con (unos) niños en la calle. 15. Tengo unos cincuenta dólares. 16. Camarero, por favor, ¿puede darme un zumo de naranja? 17. Ella odia las arañas, pero adora las serpientes. 18. Joan nunca come carne; es vegetariana. 19. Mi hijo quiere ser piloto. 20. Siempre tengo (la) química a las diez. 21. Odio la química. Es una asignatura muy difícil. 22. La gramática inglesa no es tan difícil. 23. Creo que los españoles son gente muy agradable (= personas muy agradables). 24. Mi padre nunca lleva corbata. 25. Necesito comprar unos vaqueros y una chaqueta. 26. Hay (unos) vasos vacíos en la mesa. 27. Unas personas quieren hablar con tu padre. 28. Este auto necesita (un) combustible especial. 29. Piensan visitar unos lugares/sitios en el Océano Atlántico. 30. La vida es/está muy cara en las ciudades grandes (= en las grandes ciudades). 31. Los coches producen más contaminación que los aviones. 32. Los niños están creciendo todo el tiempo. 33. Prefiero las películas de miedo. 34. La azul está en el dormitorio. 35. Voy a comprar el blanco. 36. Él es un fontanero que trabaja los sábados. 37. Lo malo

es que ella no sabe la verdad. 38. Mi color favorito es el rojo. 39. Ella no tiene moto. 40. Ella tiene un novio que estudia chino.

Exercise 16

1. me 2. le 3. Nos 4. Les 5. lo 6. le, los 7. le/lo 8. me, lo 9. ti 10. Le 11. le 12. usted 13. ella, ti 14. Les 15. Os, le

Exercise 17

1. no le puedo 2. conmigo 3. les voy 4. No quiero llamar 5. Correct 6. con ellos 7. Correct 8. la puedo 9. Correct 10. Correct 11. Les tendrás 12. Correct 13. Correct 14. te van 15. Me van

Exercise 18

1. le 2. les 3. ti 4. usted 5. lo 6. le 7. Le 8. le 9. les 10. mirándonos 11. Les 12. darme 13. prestarle 14. le 15. –

Exercise 19

1. Se lo tengo que prestar a Juan. 2. Ella no me la quiere dar. 3. Te lo voy a enseñar. 4. Os los voy a traer. 5. Marta no me los quiere enviar. 6. No se lo pienso decir. 7. No te lo quiero dejar para esta noche. 8. Los amigos de Tony no nos los van a mostrar. 9. María no me lo sabe contar. 10. Nos lo tienes que comunicar. 11. El profesor se los va a perdonar. 12. Juan se la quiere comprar a su hijo. 13. Yo se la estoy reparando a mi vecina. 14. Esos albañiles se la están construyendo. 15. ¿Cuándo te la repararon por última vez?

Exercise 20

1. Os voy a dar la dirección de Tom. 2. Tengo que decirle que esto es para ella, no para él. 3. Ella va a llevar a Felipe al cine. 4. No le podemos decir a Mary que Andrés está aquí. 5. ¿Qué puedo hacer por usted? 6. Mi padre me quiere enviar a ese colegio. 7. Ella siempre nos trae caramelos. 8. No les/los quiero ver (a ustedes) aquí. 9. ¿Puedo ayudarte? 10. ¿Tienes una cita con él? 11. ¿Por qué no les envías una postal? 12. Prefiero llamarlas. 13. Creo que los tengo en mi habitación. 14. ¿Puedes verlo? 15. Tienes que repararla. 16. No le voy a decir a Philip que la compro en otra tienda. 17. Ella no nos quiere ayudar. 18. Carlos no puede estar trabajando con ellas. 19. Ella no puede explicarlo. 20. Roberto tiene que decirle al profesor que es su culpa. 21. Le estoy diciendo que no le/lo podemos ayudar. 22. Tienes que darle esto a tu hermano. 23. Ella no le puede prestar a Juan el dinero. 24. Ella no nos quiere enseñar su casa. 25. ¿A qué hora vais a estar con ellos? 26. Estamos viéndola. 27. A Tomás lo va a contratar el señor Barros. 28. ¿Me puedes pasar las patatas, por favor? 29. ¿Son todos estos regalos para mí? 30. Sí, son todos para ti. 31. Se lo estoy enviando. 32. Voy a traérselos. 33. No nos la quiere decir. 34. Ella se la está escribiendo (a ellos/ellas). 35. Juan no nos los puede enseñar.

Exercise 21

1. se 2. nos 3. me 4. te 5. te 6. os 7. se 8. os 9. le 10. se 11. Te 12. se 13. nos 14. le 15. Os

Exercise 22

1. le gusta 2. Correct 3. se van 4. Correct 5. Correct 6. Correct 7. se están 8. Llamémoslo 9. se está cepillando los... 10. Nos podemos reunir 11. te diviertas 12. me siento, me duele 13. Correct 14. Correct 15. me pongo, ella entra 16. se estrecha 17. Correct 18. Correct 19. le apetece 20. Correct

Exercise 23

1. arriesgarnos 2. arriesgar 3. me niego 4. se aburren 5. entró, se sentó 6. se metió 7. quedarnos 8. lastimaros 9. le 10. le 11. te, nos 12. os 13. se 14. operar 15. meter

Exercise 24

1. Se te va a caer el sombrero. 2. A Ana se le enfriaron los pies. 3. Se te ha puesto la cara roja (= ... roja la cara). 4. Se nos van a empañar los cristales. 5. A Pepe se le va a perder el dinero. 6. Se nos ha estropeado la

cosecha. 7. A Martín se le está cayendo el pelo. 8. A tu mujer se le quemó la comida en el horno. 9. A mis amigos se les perdió la pelota en los arbustos. 10. A tus padres se les ha averiado el auto. 11. A Roberto se le está poniendo el bigote gris. 12. A Sara se le ha escapado el perro de la casa. 13. A usted se le ha parado el reloj a las diez. 14. Se nos ha puesto el gato enfermo comiendo algo en mal estado. 15. A ellas se les estropeó la televisión justo antes del campeonato.

Exercise 25

1. No me gusta lo que estás haciendo. 2. Me parece que Ángela está cometiendo un gran error. 3. Ella dice que se siente muy bien. 4. Me voy a casa. Hasta mañana. 5. El lunes que viene nos marchamos a Washington. 6. Susana siempre se pone muy nerviosa cuando ve a Antonio. 7. Me está dando un poco de hambre. ¿Puedes darme algo de/para comer? 8. Tus padres se van a enfadar mucho. 9. La vida en las grandes ciudades se está poniendo muy cara. 10. La carretera se está estrechando. 11. Te vas a emborrachar si sigues bebiendo así. 12. Te vas a lastimar (= Te vas a hacer daño). 13. Nos estamos aburriendo. ¿Por qué no (nos) vamos al cine? 14. Siempre desayuno café (= Siempre tomo café en el desayuno). 15. Voy (= Me voy) a tomar un café. 16. Tienes que ponerte de pie cuando él entra/entre. 17. La semana que viene nos vamos de vacaciones. 18. Tienes que comportarte cuando estás/estés en casa de tu abuela. 19. ¿Puedo quitarme los zapatos, por favor? 20. Me sé la lección de memoria. 21. Carlos prefiere trabajar de noche. 22. A Carlos no le gusta levantarse temprano. 23. A Patricia no le gustan las patatas. 24. Yo le gusto mucho a Ana. 25. Nos encanta pasar nuestras vacaciones en las montañas. 26. Se van a reunir en este pub/bar. 27. Carla y Tomás se odian. 28. Nos escribimos de vez en cuando. 29. Mañana nos vemos en el parque. 30. Él no se puede bajar del tren. 31. ¿Por qué no te montas en el auto (= subes al auto)? 32. Mi cuñado se jubila la semana que viene. 33. Felipe se está mirando en el espejo. 34. ¡Te vas a quemar! 35. Estoy seguro/segura de que nos lo vamos a pasar muy bien allí.

Exercise 26

1. la 2. se 3. Le 4. la 5. le 6. se 7. La 8. nos 9. se 10. nos 11. ella 12. la 13. se 14. nosotros 15. nos 16. los 17. le 18. el/un 19. nos 20. se 21. la 22. se 23. me 24. se

Exercise 27

1. Le voy a traer a Francisco un regalo de mi país. 2. Ella cree que yo estoy saliendo con otra. 3. Gerardo no me quiere prestar su diccionario. 4. El viento te va a destrozar la cometa. 5. Los padres de Luis lo van a castigar porque sus notas son muy malas. 6. Nunca tomo té en el desayuno. 7. No nos gusta ver películas de miedo. 8. Esta noche me voy a poner el vestido rosa. 9. No sé qué voy a hacer con estos libros. 10. Estoy leyendo un libro muy interesante en este momento.

Exercise 28

1. siento, duele 2. parece, debe 3. tienen 4. puedo, Tengo que 5. gusta, Prefiero 6. odia, está 7. marcho, viene 8. da 9. roban, Es 10. repasas, examinas 11. sé, saco 12. dice, quiere 13. vemos, espera 14. niega, Insiste 15. apetece, dejamos

Exercise 29

1. Los 2. Correct 3. Correct 4. Se le 5. Los niños, las niñas 6. No llevo dinero 7. un bolígrafo 8. Nos vamos 9. Correct 10. Correct 11. no huele 12. Correct 13. Correct 14. Llegamos 15. Tengo

Exercise 30

1. H 2. G 3. J 4. A 5. I 6. B 7. D 8. F 9. C 10. E

Exercise 31

1. Le 2. me 3. ganamos 4. se toca la nariz 5. Los 6. está 7. está 8. los 9. más 10. el 11. unas 12. me echas 13. se fueron 14. acostar 15. –

Exercise 32

1. Tengo que estar en la oficina a las tres. 2. Mi marido no puede venir con nosotros/nosotras. 3. ¿Trabaja Felipe mañana? 4. Mi hermano está reparando su auto/coche en este momento. 5. La casa que ella quiere

comprar es/está muy vieja. 6. Mi mujer les está enseñando la casa. 7. Los niños están viendo la televisión en este momento. 8. Ella no se siente muy bien. Necesita ir al médico. 9. ¿A qué hora se levanta Marta? 10. ¿Cuánto dinero vas a necesitar? 11. No está lloviendo, pero hace mucho viento. 12. ¿A qué hora es el almuerzo? ¿Es a las dos? 13. No puedo traducir esto, porque no hablo español. 14. ¿Te gustan estos tejanos/vaqueros? 15. Mi conocimiento de la gramática española es muy bueno. 16. Los vegetarianos nunca comen carne. 17. Ella dice que la película empieza en diez minutos. 18. ¿Cómo es el pueblo? ¿Es pequeño? 19. ¿Cuántas puertas tiene el auto de Peter? 20. Se casan la semana que viene. 21. No quiero discutir contigo. 22. El novio de María necesita hablar con el señor Jackson. 23. Tu vaso está vacío. ¿Quieres más whisky? 24. Camarero, por favor, ¿puede darme la cuenta? 25. ¿Dónde guarda él sus herramientas? 26. Tengo que hacer una cita con el señor Smith. 27. ¿Qué desayunas? (= ¿Qué tomas en el desayuno?). 28. ¿Te vas a comer esas patatas? 29. No me quiero mirar en el espejo. 30. Creo que Janet se va a enfadar mucho. 31. Vas a cometer el mismo error si no me escuchas. 32. ¿Por qué no te tomas otra copa? 33. Ella es muy joven. No puede hacer eso. 34. El nuevo profesor no es muy alto. 35. La clase/lección de español no es hoy; es mañana. 36. Ana, ¡qué guapa estás esta noche! 37. Necesito hacer algo. 38. Él va a hacer un largo viaje. 39. ¿Cuántas habitaciones tiene ese apartamento? 40. Dicen que el tiempo se va a poner peor (= ... va a empeorar).

Exercise 33

1. vi 2. llevaba 3. fuimos 4. pasamos 5. ayudaba/estaba ayudando 6. entrenaban 7. cogió 8. estrelló 9. resultaron 10. venían 11. llevaron 12. estaba 13. salíamos 14. declaró 15. podía

Exercise 34

1. se quitó 2. Correct 3. arrancó, se marchó 4. llegó, estaba 5. Correct 6. Correct 7. tenía 8. tenía 9. quería 10. rompieron 11. Correct 12. Dónde iban 13. Correct 14. Correct 15. La fiesta estaba

Exercise 35

1. bajé, tiré, encontraba, fue/era 2. entré, percibí, pareció/parecía, venía, fui 3. trabajaban, tenían, engañaba/estaba engañando, organizaron, duró 4. estaban dibujando, abrió, era, enfadó, expulsó 5. comenzaba, estábamos, faltaba, tenía, quedaban 6. estuve, divertí, visité, bailé, conocía 7. preguntó, pensaba, respondí, era 8. contó, era, comenté, podíamos, quería 9. Eran, estaba, celebraban, esperaba, venían 10. preguntó, consideraba, respondió, tuvo/tenía, imputaban 11. venían, estaba, había, ayudó, bañó, preparaba 12. empezaron, prendieron/prendían, Hubo, salieron 13. cometió, sostenía/sostuvo, vertió, encontraba 14. decía, estaba, iban, cambiaban 15. golpeaba, estaba, miraba, dibujaba, había

Exercise 36

1. False 2. True 3. False 4. False 5. True 6. False 7. False 8. True 9. True 10. False

Exercise 37

1. Anoche hice todos mis ejercicios. 2. Él se marchó temprano porque quería terminar un informe importante antes de las doce. 3. ¿Qué hacías (= estabas haciendo) cuando te llamé? 4. Tuve que coger dos autobuses para llegar aquí. 5. Silvia no pudo terminar el examen porque empezó a sentirse mal. 6. Ella me dijo que tenía algo importante que hacer al día siguiente. 7. Tuvimos problemas con el auto camino de aquí. 8. Javier iba a abrir la puerta cuando el teléfono sonó. 9. Él terminó de cenar mientras ella limpiaba (= estaba limpiando) el dormitorio. 10. ¿Cuántos libros tuviste que leer el trimestre pasado? 11. ¿A qué hora llegó el avión? 12. ¿Cuánto dinero gastó ella en comida? 13. Ella nos dijo que no le gustaba la película que estábamos viendo. 14. A ella no le gustó la película de anoche. 15. Sara no estaba en la oficina cuando el jefe llegó. 16. Ella estuvo allí unos minutos, pero entonces se marchó. 17. ¿Te gustaba pescar cuando eras (un) niño? 18. Alguien intentaba (= estaba intentando) abrir la puerta de mi casa. 19. Él nos estaba contando una historia muy graciosa. 20. Estaba lloviendo (= Llovía) mucho cuando me levanté. 21. Nosotros estábamos allí cuando ocurrió. 22. Yo solía reunirme con ellos en la casa de Peter. 23. Yo solía nadar mucho cuando era joven. 24. Él era oficial de policía. 25. Él fue marinero de 1990 a 2000. 26. Él era marinero en aquella época. 27. Ella dijo que no podía venir, porque tenía invitados para la cena. 28. Alguien estaba gritando (= gritaba) cuando me desperté. 29. Los trabajadores estaban tomando (= tomaban) café cuando el camión llegó. 30. Rafael tuvo una extraña experiencia cuando venía a la ciudad. 31. De repente recordé que los

documentos estaban en la oficina. 32. Ella olvidó regar las plantas. 33. El avión aterrizó exactamente a las dos. 34. ¿A qué hora terminó ella la prueba? 35. ¿Por qué no quiso/quería él venir? 36. ¿Sabía ella que Paco venía esa/aquella tarde? 37. ¿Qué solías hacer cuando tenías dieciocho años? 38. Mi equipo no pudo ganar el partido. 39. ¿Por qué eligió usted este país? 40. Yo le dije (a él) que estaban casados.

Exercise 38

1. El tuyo debe de estar en el dormitorio. 2. Voy a lavar la tuya esta tarde. 3. Ella cree que éste es (el) nuestro. = Ella cree que este paraguas es (el) nuestro. 4. Juan asegura que ésa es (la) suya. = Juan asegura que esa oficina es (la) suya. 5. La suya nos va a invitar a cenar. = La de Federico... 6. Estoy saliendo con la suya. = Estoy saliendo con la de Pablo. 7. Ellos están haciendo el trabajo con el nuestro. 8. No quiero traducir esto sin el tuyo. 9. Esta moto es mucho más rápida que la tuya. 10. Elena es más guapa que la suya. = Elena es más guapa que la de Luis. 11. Estas tartas son mucho más sabrosas que las de la tuya. 12. Yo creo que estos documentos son suyos. 13. Ellos van a invertir el suyo en esa empresa. 14. No me gusta la tuya. 15. Piensan que todos éstos son (los) nuestros. = Piensan que todos estos niños son (los) nuestros.

Exercise 39

1. La suya 2. el mío 3. los tuyos 4. tuyos/los tuyos 5. la suya 6. La suya/La de ella 7. de él/suyos 8. de Paco 9. el suyo 10. suya 11. vuestros/los vuestros 12. de ella/los de ella 13. el suyo 14. nuestras/las nuestras 15. tuyo

Exercise 40

1. Correct 2. Correct 3. el suyo, el nuestro 4. Correct 5. Correct 6. Eso es suyo 7. Correct 8. Correct 9. Correct 10. el tuyo 11. suyo 12. Correct 13. dos libros tuyos 14. suyo 15. Correct

Exercise 41

1. True 2. False 3. False 4. True 5. True 6. False 7. False 8. False 9. False 10. True

Exercise 42

1. Puedes usar el mío, si quieres. 2. Los de Elena están intentando aprender inglés. 3. Ella dice que este anillo es de ella, pero yo creo que es de él. 4. Marta dice que va a llevar el suyo al garaje. 5. ¿Por qué no usa él la nuestra? 6. Le voy a dar (a él) la mía, porque no la necesito. 7. Un alumno tuyo quiere verte ahora mismo. 8. Una hermana de Carla estuvo aquí ayer. 9. Carlos no nos puede enseñar/mostrar los suyos. 10. Le voy a enviar a la mía todo el dinero. 11. Os dije que el vuestro mordió a mi hijo. 12. Usted sabe que me gusta la suya mucho. 13. Ayer hablé con ella. Me dijo que la suya (= la de ella) también iba a estudiar allí. 14. El hermano de Antonio no puede reparar la televisión. El de ella tampoco. 15. El vestido de Emilia es azul. El mío es rojo. 16. El periódico que estabas leyendo era (el) mío. 17. El perro que estaba ladrando toda la noche era (el) suyo = ... (el) de él. 18. ¿Me puede enseñar/mostrar el suyo, por favor? 19. Mañana vengo con mi mujer a las tres. Ella quiere conocer a la tuya. 20. Ellos aseguran que la suya es mucho mejor. 21. ¿Estás seguro/segura de que la de Jorge tiene dos jardines? 22. Puedes sentarte junto al suyo = ... junto al de ella. 23. Eso es nuestro, no suyo = ... no de ellos/ellas. 24. Esa habitación es (la) nuestra, no (la) vuestra. 25. El de Sara y el de Susana son muy buenos amigos.

Exercise 43

1. ha podido 2. hemos comido 3. han querido 4. has tenido 5. han comprado 6. ha sido 7. han suspendido 8. ha rellenado 9. ha tenido 10. ha hecho 11. has escrito 12. han visto 13. ha preparado 14. ha hecho 15. ha cambiado

Exercise 44

1. hemos visto 2. hemos tenido 3. hablamos 4. han aprobado 5. he pintado 6. ha sido 7. hicimos, fue 8. has dormido 9. acaba de terminar 10. tengo 11. practicas 12. he escrito 13. Has estado corriendo 14. conozco, éramos 15. llevas

Exercise 45

1. ha dicho/dijo, va/va a ir 2. puedes, están cenando, quieren 3. estamos haciendo, vienes, charlas 4. ha estado/estaba, he comido, voy a fumar, voy a tomar 5. ha decidido, vio, tiene/tenía, tengo/voy a tener 6. han roto/rompieron, tienen/van a tener, hemos hablado 7. iban a visitar, pudieron, tenían/tuvieron, tuvieron. 8. has pintado, ha quedado, tenías, va a llover 9. hemos invertido, Estamos, sabemos, va a salir, pienso, teníamos 10. acaban, han tenido, están haciendo, cogen/van a coger 11. has terminado, apetece, Necesitas 12. He oído, casas/vas a casar, ha extrañado, has dicho/decías, pensabas 13. íbamos, empezó, Tuvimos, era, resultó, teníamos 14. has hecho, has decepcionado, he dado, haces 15. vi, dijo, ibas a comprar, pudiste, tenías

Exercise 46

1. el suyo, la estación 2. podido, acabamos de 3. Ayer leí, han decidido 4. buscando, he encontrado 5. ha, mi 6. cenamos, unos amigos nuestros 7. hablar, me han 8. le he, sabe 9. puesto, el tuyo 10. quedamos, salir 11. escrito, ayuda de nadie 12. Un amigo mío, llamó, decirme 13. inscritas, el registro 14. sabe, cogido 15. quiere, nosotros

Exercise 47

1. Ella acaba de estar aquí. 2. Mark no ha estado trabajando esta mañana. 3. Carla ha estado decorando su apartamento. 4. Antonio acaba de recibir una carta importante. 5. Mi padre ha vendido su viejo coche (= su coche viejo). 6. ¿Has comido bien o tienes todavía/aún hambre? 7. Él ha estado entrenando mucho (= muy duro) esta semana. 8. Se acaban de marchar. 9. Mark ha estado traduciendo documentos españoles toda la mañana. 10. María no ha tenido que hacer nada hoy. 11. ¿Ha rellenado usted el formulario? 12. Acabamos de oír la noticia. 13. Felipe todavía/aún no nos ha llamado. 14. He puesto la tuya en tu habitación. 15. Los suyos han estado jugando con los nuestros en el jardín. 16. ¿Cuánto tiempo llevas esperando? 17. ¿Cuánto tiempo lleva ella trabajando en esta oficina? 18. Ella es enfermera desde hace dos años. 19. Llevo dos meses coleccionando sellos. = Colecciono sellos desde hace dos meses. 20. Llevamos seis meses viviendo en este barrio. = Vivimos en este barrio desde hace seis meses. 21. ¿Cuánto hace que él es médico? = ¿Desde cuándo es él médico? 22. Toco el piano desde que era pequeño. 23. Miguel tiene bigote desde que estaba en la universidad. 24. Llevan veinte años casados. = Están casados desde hace veinte años. 25. Han cogido el dinero. 26. Les/Los han llevado al cine. 27. Pablo nos ha dicho que su mujer lleva un año estudiando español. = ... estudia español desde hace un año. 28. Les he tenido que decir que esto no es posible. 29. ¿Cuánto tiempo lleva tu hijo jugando al tenis? = ¿Desde cuándo juega tu hijo al tenis? 30. Sé conducir desde que tenía dieciocho años. 31. Nos acaban de decir que Carlos les/los va a visitar mañana. 32. Ella acaba de terminar su trabajo. 33. Hoy no he bebido nada. 34. Amelia ha comprado el suyo en la librería nueva. 35. ¿Has tenido suficiente? 36. No han podido traerla. 37. ¿Ha escrito ella la carta? 38. ¿Qué ha hecho él con su bici? 39. Usted ha sido muy amable conmigo. 40. ¿Qué han dicho ellos sobre esto?

Exercise 48

1. cuáles 2. De quién 3. qué 4. Quiénes/Cuáles 5. Cuál 6. quién 7. por qué 8. Cuántos 9. Cómo 10. cómo 11. dónde/adónde 12. quién/cuál 13. quién 14. qué 15. de quién

Exercise 49

1. qué 2. están, Están 3. Para quién 4. Correct 5. Correct 6. ha 7. Cuánta 8. De quién 9. Correct 10. Correct 11. Correct 12. Cuánta 13. de dónde 14. Correct 15. Cuáles

Exercise 50

1. ¿Por qué lo hizo Antonio? 2. ¿Cómo suele ir Marisa al colegio? 3. ¿A quién invitaste a tu fiesta de cumpleaños? 4. ¿Cómo es la nueva profesora? 5. ¿Cómo está el chico del otro día? 6. ¿Cuánto (dinero) tienes? 7. ¿Cuántas chicas hay en tu clase? 8. ¿Para quién trabajas? 9. ¿De quién son todas estas tierras? 10. ¿Para qué lo necesitas? 11. ¿Con cuál te vas a quedar? 12. ¿Cuál es tu película favorita? 13. ¿Dónde compraste las camisas? 14. ¿Cuándo nació ella? 15. ¿Con quién fuiste al cine?

Exercise 51

1. F 2. J 3. E 4. H 5. A 6. G 7. D 8. I 9. C 10. B

Exercise 52

1. ¿Cuántas galletas te comiste? 2. ¿Cuándo nació Martín? 3. ¿Cuánto dinero vais a necesitar? 4. ¿De quién era el libro que ella estaba leyendo? 5. Él no me dijo cuándo iba a comprarla. 6. ¿Por qué no solicitas ese empleo? 7. ¿Por qué no os podéis quedar con nosotros esta noche? 8. ¿Dónde escondió él las joyas? 9. ¿Cuáles son tus apellidos? 10. ¿Cuál es tu color favorito? 11. ¿Cómo va ella a hacer eso? 12. ¿Cómo es el jefe de Miguel? 13. ¿Cuáles tuvo él que coger? 14. No voy a decirle (a él) cómo lo hice. 15. ¿Cómo se siente el nuevo paciente hoy? 16. ¿Cuántos libros tienes que leer este verano? 17. ¿De quién es este periódico? 18. ¿En qué casa vive ella? 19. ¿Para quién trabajó él? 20. ¿Por qué no pudieron terminar la prueba? 21. El profesor quiere saber quién rompió la pizarra. 22. El periódico no dice cuándo llega el rey. 23. Las instrucciones no dicen cómo podemos montar esto. 24. ¿Quién le/lo llevó al teatro? 25. A quién llevó él al teatro?

Exercise 53

1. qué 2. lo 3. peso 4. veces 5. lo, que 6. longitud 7. estatura 8. Cuánto 9. mide, que 10. frecuencia 11. altura/altitud 12. altura/altitud 13. profundidad 14. hace 15. lo

Exercise 54

1. altura 2. estatura 3. a qué distancia 4. qué tamaño 5. Qué mujer más guapa 6. lo 7. profundidad 8. profundo 9. qué distancia hay 10. la edad 11. peso 12. qué edad tenía yo 13. qué mal/lo mal que 14. lo mal que 15. Cuánto pesas

Exercise 55

1. ¿Cuántos dormitorios tiene su nueva casa? 2. ¿Cuánto dinero lleva usted encima? 3. ¿A qué distancia está su casa del centro de la ciudad? 4. ¿Qué distancia hay de su colegio al gimnasio? 5. ¿Cuál es la edad de su esposa? = ¿Qué edad tiene su esposa? 6. ¿Qué edad tiene su hijo? = ¿Cuántos años tiene su hijo? 7. ¿Qué altura tiene esa colina? = ¿Cuál es la altura/altitud de esa colina? 8. ¿Qué anchura tiene su dormitorio? = Cuál es la anchura de su dormitorio? 9. ¿Por qué no vio usted la película? 10. ¿Cuánto mide su novio? = ¿Qué estatura tiene su novio? 11. ¿Cuál es la superficie de su casa? = ¿Qué superficie tiene su casa? 12. ¿Cuánto pesa la hija de Pedro? 13. ¿Cuál es su peso actual? 14. ¿Cuál va usted a elegir? 15. ¿Qué va usted a pedir para Navidad?

Exercise 56

1. ¿Qué edad/Cuántos años tiene la hija de Jennifer? 2. ¿Cuál es su edad, señora Alonso? = ¿Qué edad tiene usted, señora Alonso? 3. ¿Cuántas veces al mes juega usted al tenis con su amiga Ana? 4. ¿A qué distancia está su oficina del supermercado? = ¿Qué distancia hay de su oficina al supermercado? 5. ¿Qué anchura tiene el nuevo puente? 6. ¿Cuánto pesa esa vaca? 7. ¿Cuál es su comida favorita? 8. ¿Cuál es la longitud de este lado? = ¿Qué longitud tiene este lado? 9. ¿Qué estatura tiene Tom? = ¿Cuánto mide Tom? 10. ¿Cuántas casas van a construir en esta zona? 11. ¿Cuántas veces a la semana solía ella ir a clase? 12. ¿Cuánto tiempo hace que usa/está usando este diccionario? = ¿Cuánto tiempo lleva usando este diccionario? 13. ¿Cuánto tiempo estuvo usted en Estados Unidos? 14. ¿Cuánto tiempo hace que compró usted la granja? 15. ¿A qué distancia está su ciudad de la universidad? = ¿Qué distancia hay de su ciudad a la universidad? 16. ¿Cuánto tiene que pagar él por este apartamento? 17. ¿Cuánto cuesta esta revista? 18. ¿Cuánto le debo? 19. Usted debe saber lo importante que es para mí obtener su ayuda (= ... la ayuda de ellos). 20. ¿Cuántas veces ganó él esa carrera?

Exercise 57

1. le/lo 2. la 3. encuentra, le 4. vimos 5. reúno 6. están yendo/van 7. se puso, entraba/estaba entrando 8. he hablado 9. te vas a reunir 10. se quiere 11. Les, el mío 12. se han escapado 13. lo mal 14. Hiciste, el año 15. se puso 16. teníamos 17. trabajaba 18. trabajaba/estaba trabajando 19. Cuánto hace que/Desde cuándo 20. puedo/voy a poder

Exercise 58

1. le gusta, la playa 2. ha estado 3. Te debes, te levantas 4. me dio, me vio 5. le pasa, odia (not *se odia*) 6. nos ha dicho 7. no teníamos 8. se parece, en el físico 9. puede, mi permiso 10. Les dije 11. le parecen 12. Tienes 13. Se te va 14. A Pablo le encanta 15. lleva puesta 16. le pasa 17. Me voy, tengo que 18. gusta, la fruta, las naranjas 19. me debo tocar la nariz 20. Se está lavando el pelo

Exercise 59

1. False 2. False 3. False 4. False 5. True 6. True 7. True 8. True 9. True 10. False

Exercise 60

1. Tengo, hace 2. llega, es, sabe 3. jugaban/estaban jugando, salió 4. debe, podemos 5. has visto, acaba, has tenido que 6. crecen, son, hemos dado 7. has podido, necesitas 8. ha dicho, tenemos que/debemos, es 9. están cenando, pueden 10. has puesto, compré/he comprado 11. vinieron, hacen, colaboran 12. tuve que, saltó, robó 13. he dicho, voy a, quiere/va a 14. lleva, ha encontrado 15. hemos podido, ha estado, Empezó, ha parado 16. sabe, llega, castigo 17. presentaste, es, gusta, vive 18. llevaba, era/fue, hice, era/fue 19. va a/tiene que, voy a invitar 20. estoy leyendo, trata, descubre, es

Exercise 61

1. ¿Qué estaba haciendo Marta cuando sonó la alarma? 2. ¿Quién cogió todas las monedas de la caja? 3. ¿Cuánto mide el hijo de Rafael? 4. ¿De quién son todas estas libretas? 5. ¿Cuántas personas hay en esa manifestación? 6. ¿Dónde los puso Juan? 7. ¿Por qué llamaste al director del colegio? 8. ¿Con quién fuiste al dentista? 9. ¿Quién va (= Quiénes van) a venir a vuestra celebración? 10. ¿Quién fue el que rompió el cristal? 11. ¿Cuántas veces has usado el tuyo? 12. ¿A qué distancia viven los vuestros? 13. ¿Dónde nació la hija de Antonio? 14. ¿Qué preparó tu padre? 15. ¿Qué estás haciendo? = ¿Qué estás leyendo? 16. ¿Cuántos idiomas habla el tuyo? 17. ¿Cuánto es? 18. ¿Cómo es tu nuevo aparato de televisión? 19. ¿Por qué te quedaste en casa? 20. ¿Cuántas veces al mes sueles visitar a tu abuela?

Exercise 62

1. No voy a poder hacer eso. 2. Ella no puede venir esta noche, porque tiene que estudiar. 3. El doctor/médico me ha dicho que no debo fumar. 4. Les he dicho a mis amigos que no puedo estar con ellos en el fin de semana. 5. ¿Qué longitud tiene esa pared? 6. ¿Cuánto tiempo lleva ella practicando para el concierto? 7. Ellos estaban leyendo sus libros cuando el profesor abrió la puerta. 8. Ella estaba lavando los platos cuando su hijo dio un grito. 9. No le podemos comprar la moto, porque no tenemos dinero. 10. Ella no viene a las diez esta noche. Tiene que hacer algo primero. 11. Últimamente (él) tiene problemas en el trabajo. 12. El libro que me prestaste es muy interesante. 13. La casa que alquilamos no tenía garaje. 14. ¿Me puedes prestar tu cámara? La necesito en el fin de semana. 15. ¿Puedes decirme qué hora es? 16. ¿A qué hora empieza el concierto? 17. Ella nunca ve la televisión de noche. 18. Ese hombre siempre me está molestando. 19. El policía dijo que no podíamos aparcar allí. 20. María dijo que tenía que quedarse con su abuela esa/aquella tarde. 21. El dependiente preguntó si necesitábamos algo más. 22. Mi jefe me dijo que (yo) tenía que terminar el informe antes del lunes. 23. Tengo esta moto desde que tenía dieciséis años. 24. Llevo dos meses trabajando en esta oficina. 25. Él lleva seis semanas estudiando alemán. 26. ¿Qué anchura tiene la nueva carretera? 27. Marta nos va a dar el suyo. 28. A usted se le va a caer el sombrero. 29. Nadie me va a decir lo que tengo que hacer. 30. Les presté mi cámara, no la vuestra. 31. Ella cogió el periódico de Pedro, no el mío. 32. ¿Cuántas veces al año les visita ella? 33. ¿Quién escribió eso en la pared? 34. Mi mujer no llevaba su vestido azul en la fiesta de Marisa. 35. Le dije que no quería verle más. 36. Cuando la policía llegó, el ladrón no estaba en la casa. 37. ¿Por qué no te pones la camisa que te compré ayer? 38. ¿Por qué no comemos en un restaurante? 39. ¿No te gustó el anillo que tu marido te compró? 40. Yo solía llevar a mis niños a un restaurante todos los sábados.

Exercise 63

1. desde hace 2. desde que 3. – 4. – 5. desde hacía 6. desde 7. – 8. desde hacía 9. – 10. desde que 11. desde que 12. desde hacía 13. – 14. – 15. desde

Exercise 64

1. habían estado vigilando/estuvieron vigilando, había sucedido/sucedió 2. había trabajado/trabajó, había dado/dio 3. llegué, estaban 4. di, pasaba/estaba pasando 5. llevaban, estaban 6. acababa, había dado/dio 7. dijo/había dicho, hiciste 8. tuviste, descubriste 9. acabó, consiguió 10. había marchado, empezó. 11. habían comprado, aconsejé/había aconsejado 12. decidieron/habían decidido, podía 13. aseguró, tocó 14. había acostumbrado, dijeron 15. había entendido, había explicado/explicó

Exercise 65

1. Ellos llevaban dos años viviendo en ese apartamento. 2. Carlos llevaba varios meses trabajando para un anticuario. 3. Marta acababa de terminar la cena cuando apareció su marido. 4. Llevábamos pocas semanas saliendo. 5. Juan lleva ocho días preparando el examen. 6. Tu hermano se acaba de marchar. 7. Ella acababa de salir de la casa cuando explotó la cocina. 8. Acabo de terminar el ejercicio. 9. Llevo diez años practicando el tenis. 10. Llevo un año sin comer en ese restaurante. 11. Elena lleva mucho tiempo sin visitarnos. 12. Paco llevaba años sin ver a su hermana. 13. Luis acaba de hablar con el director. 14. Roberto acababa de cerrar con llave cuando vio que aún había gente dentro. 15. Llevo siglos sin saber nada de ellos.

Exercise 66

1. False 2. True 3. True 4. False 5. False 6. False 7. True 8. True 9. False 10. True

Exercise 67

1. Pepe acababa de ver un accidente. 2. Mi amiga Ana había traído más bebidas. 3. Se escribían desde hacía años. = Llevaban años escribiéndose. 4. El profesor había estado explicando la lección. 5. Todos mis amigos habían estado jugando al tenis esa tarde. 6. Dijeron que habían comprado la verdura en el nuevo supermercado. 7. Luis comentó que había estado muy ocupado en la oficina ese día. 8. Paco había estado estudiando (durante) tres horas. = Paco estuvo tres horas estudiando. 9. Ella me preguntó si había visto su paraguas. 10. Pedro le preguntó (a ella) si había estado trabajando en el nuevo proyecto. 11. Ella me ayudó mucho. Gracias a ella terminé de hacer los ejercicios. 12. El policía me dijo que yo había aparcado mi auto en el aparcamiento equivocado. 13. Yo acababa de terminar el libro que él me había prestado. 14. Él acababa de leer el periódico que había comprado dos horas antes. 15. Él había estado estudiando en este colegio durante un año cuando sus padres decidieron mudarse. = Él había estado estudiando un año en este colegio... = Él estuvo un año estudiando... 16. Felipe había trabajado (= trabajó) allí (durante) unas cuantas semanas, pero entonces se marchó. 17. Mi madre dijo que no había preparado nada para nosotros. 18. El ladrón nos aseguró que no había robado el cuadro. 19. Cuando entré en mi habitación vi que alguien había estado registrando mis cosas. 20. Antonio me ha dicho que él tuvo una relación con ella antes de ir a la universidad. 21. Ella dice que Juan ha sido muy amable con ella. 22. Ella dijo que Juan había sido muy amable con sus niños. 23. Él dijo que llevaba más de veinte años coleccionando sellos. = Él dijo que coleccionaba sellos desde hacía más de veinte años. 24. Él me acaba de dar la noticia. 25. Ella me dijo que él acababa de darle la noticia. 26. Miguel dijo que alguien le/lo había estado siguiendo. 27. El presidente les aseguró que el gobierno había solucionado el problema. 28. Dijeron que había estado (= estuvo) lloviendo durante dos horas. 29. Ella dijo que estaba lloviendo desde las cuatro. 30. Le he dicho (a él) que yo era soldado desde 1980. 31. Él dijo que algo extraño había ocurrido. 32. Ella nos dijo que su marido no la había llamado. 33. Les dije que yo no había podido recoger a sus niños. 34. Cuando ella se despertó, yo llevaba varias horas cocinando. 35. Dije que Federico no había estado ayudándome. 36. Mari había tenido que recoger a su hijo del colegio. 37. Yo había olvidado mi libro en la oficina. 38. Yo acababa de aparcar mi auto cuando le/lo vi. 39. Habían estado durmiendo toda la noche. 40. Yo había escondido el dinero en el jardín.

Exercise 68

1. ya/alguna vez 2. a menudo/frecuentemente 3. ocasionalmente 4. frecuentemente/a menudo 5. Normalmente/Habitualmente, ocasionalmente/algunas veces 6. jamás 7. nunca/jamás 8. ocasionalmente 9. nunca/jamás 10. siempre 11. siempre, algunas veces 12. Normalmente/Habitualmente 13. algunas veces/ocasionalmente 14. Ya 15. aún/todavía

Exercise 69

1. jamás he visto 2. rara vez les veo 3. Casi nunca como 4. Todavía no 5. Correct 6. demasiados 7. Correct 8. Correct 9. Ya he 10. solemos 11. Correct 12. nunca más 13. Correct 14. Jamás he 15. Correct

Exercise 70

1. ¿Has estado alguna vez en Irlanda? 2. ¿Desde cuándo vive ella en este pueblo? = ¿Cuánto (tiempo) hace que ella vive... 3. ¿Con qué frecuencia/Cuántas veces viene Juan aquí? 4. ¿Lo practicas habitualmente? = ¿Sueles practicarlo? 5. ¿Sueles almorzar en ese sitio? 6. ¿Cuántas veces por semana os limpia Sara la casa? 7. ¿Quién se encarga de eso habitualmente? = ¿Quién es el que se encarga de eso habitualmente? 8. ¿Cuántas veces/Con qué frecuencia juegas al tenis en esa cancha? 9. ¿Quién es el chico más torpe que jamás has visto? 10. ¿Los has terminado ya? = ¿Ya los has terminado? 11. ¿Has recibido el paquete ya? = ¿Ya has recibido el paquete? = ¿Has recibido ya... 12. ¿A qué chica diste la información? = ¿Quién fue la chica a la que diste la información? 13. ¿Os reunís aquí frecuentemente/a menudo/habitualmente/normalmente/siempre? 14. ¿Fumas alguna vez delante del bebé? = ¿Alguna vez fumas delante del bebé? 15. ¿Quién es el que suele aparcar aquí? = ¿Quién suele aparcar aquí?

Exercise 71

1. I, J 2. K 3. F 4. H 5. K 6. A, I, J 7. D 8. C 9. B. 10. A, I, J 11. E

Exercise 72

1. Ya he estudiado mis lecciones. = Ya me he estudiado las lecciones. 2. Ella todavía/aún no nos ha visto. = Ella no nos ha visto todavía/aún. 3. Todavía/Aún tenemos/estamos teniendo problemas con nuestro auto. 4. ¿Has hablado alguna vez con el presidente? = ¿Alguna vez has hablado con el presidente? = ¿Has hablado con el presidente alguna vez? 5. Ella ya ha probado la sopa. 6. Todavía están trabajando en ello. 7. ¿Has estado alguna vez en una pelea? 8. Ella no ha estado diciendo la verdad. 9. Acabo de cometer un nuevo error. 10. Esos cuadros son demasiado caros para mí. 11. Se acaban de bajar del autobús. 12. Pedro suele almorzar a las dos. 13. Ella solía comprar fruta en este supermercado. 14. Nos vamos a reunir/ver a las seis. 15. ¿Ha tenido usted alguna vez (una) moto? 16. Él se acababa de marchar a Los Ángeles. 17. Algunas veces juego al golf con él. 18. Casi nunca compro periódicos los fines de semana. 19. Ella normalmente se queda con los niños. 20. ¿Cuánto tuvo que pagar ella por esta revista? 21. Hace viento desde ayer. 22. Esta es la película más aburrida que jamás he visto. = ... que he visto jamás. 23. ¿A qué hora te levantas normalmente por la mañana? 24. Estaban redecorando su apartamento desde agosto. 25. Yo iba a regar las plantas. 26. No les/los llamamos muy frecuentemente. 27. Ocasionalmente se reúnen y hablan/charlan de/sobre/acerca de sus vidas. 28. Nunca nos han gustado las películas de miedo. 29. ¿Ha roto ella la botella? 30. ¿Cuánto dinero habían gastado ya? 31. ¿Quién la llevó a la oficina? 32. ¿Qué suele cocinar ella los fines de semana? 33. He comido demasiadas galletas. 34. He gastado demasiado. 35. ¿Todavía/Aún están durmiendo? 36. El mecánico no ha reparado mi auto todavía/aún. 37. ¿Por qué no nos has enseñado tus notas todavía? 38. ¿Cuánto (tiempo) lleváis viendo esta película? = ¿Desde cuándo estáis viendo... ? 39. Ella casi nunca/rara vez viene antes de las diez. 40. Casi nunca escribo cartas.

Exercise 73

1. Tienes 2. piensas 3. pondré 4. llevaré/voy a llevar 5. marcho 6. voy a salir 7. voy a participar/participo 8. echo 9. voy a comprar 10. estaré 11. quieres dar 12. Vendrás/Quieres venir 13. habrán terminado 14. Estará 15. habrás oído

Exercise 74

1. podremos/vamos a poder 2. habrá cogido 3. Estará 4. pondré/voy a poner 5. Preparo 6. ganará/va a ganar/gana 7. despedirá/va a despedir 8. haces/vas a hacer 9. Tengo que 10. operan/van a operar 11. habrá llegado 12. llevaré 13. habrá limpiado 14. tomamos 15. Habrá sido

Exercise 75

1. Los habrá llevado Pepe. 2. La habrá cogido su marido. 3. Lo habrá puesto/hecho tu madre. 4. Se lo habrá contado Paco. 5. Se lo habrá dicho Francisca. 6. Habrán sido los niños. 7. Lo voy a hacer yo mañana. 8. Las voy a comprar yo este martes. 9. Se la habrá llevado la niña. 10. No te voy a poder llevar a esa hora. 11. Las va a traer esta tarde. 12. Lo voy a necesitar para unas traducciones. 13. Lo habrá dejado en el desván. 14. Habrá estado trabajando mucho. 15. Yo no voy a poder dárselo mañana. = No se lo voy a poder dar mañana.

Exercise 76

1. False 2. False 3. True 4. False 5. True 6. True 7. True 8. True 9. True 10. False

Exercise 77

1. No tendremos problemas. 2. Tendrán que trabajar este fin de semana. 3. Voy a hacer café. 4. ¿Te explico la lección? 5. Ella no va a estar aquí esta Navidad. 6. ¿Dónde va a dormir ella? 7. Él ya habrá comprado la leche. 8. Hará viento en el sur del país. 9. Marco no aceptará esta oferta. 10. Amelia no va a París la semana que viene. 11. Ella habrá vendido su casa. 12. Paco tendrá que escribir las cartas en español. 13. Su equipo seguramente ganará/gana la liga. 14. ¿Qué ocurrirá si pulso este botón? 15. ¿Entrenas esta noche? 16. No quiero molestar a Felipe. Estará estudiando ahora. 17. Francisco no podrá echar esta carta al correo. 18. Para el final de esta semana llevarán dos meses viviendo en esta ciudad. 19. ¿Qué harás si (ella) te deja? 20. De acuerdo. Yo preparo la cena esta noche. 21. ¿Cree usted que lloverá en el fin de semana? 22. Mi jefe me ha dicho que nuestra oficina tendrá que cerrar en Navidad. 23. ¡No quiero/pienso ponerme ese traje! ¡Es demasiado viejo! 24. ¿Les decimos que no podemos ir allí mañana? 25. ¿Qué le compramos a Patricia por su cumpleaños? 26. Mi padre me ha prometido que me llevará a pescar el sábado que viene. 27. Habrán terminado el puente para el verano que viene. 28. Irás a la cárcel si haces eso. 29. Mañana me quedo en casa. ¿Por qué no vienes y pasas el día conmigo? 30. El domingo que viene jugamos en tu ciudad. 31. Estoy seguro de que ocurrirá un desastre si él oye algo sobre/acerca de esto. 32. Ella dice que no le van a gustar. 33. Pedro asegura que no nevará este invierno. 34. Lo olvidarás todo si no lees en español de vez en cuando. 35. Usted se pondrá mejor si se toma esta medicina.

Exercise 78

1. salir 2. quedarse 3. buscando 4. Dándome 5. hablando 6. corriendo 7. Subiendo/Al subir 8. para hablar 9. para ver/a ver 10. usar 11. ser 12. Estudiando 13. estando 14. haber 15. tener

Exercise 79

1. Tenemos que estar en el aeropuerto de Londres a las ocho menos cuarto. 2. Mis padres no me quieren llevar a Disneylandia. 3. Hay un restaurante saliendo del edificio a la izquierda. = Saliendo del edificio a la izquierda hay un restaurante. 4. Luisa no puede venir a jugar a las cartas esta noche. 5. No me gusta estar estudiando en verano. 6. Necesitamos un producto especial para limpiar esto. 7. Debo conseguir dos entradas para Elisa y Juan. 8. No soporto tener que sonreír todo el rato. 9. Tocar bien el piano es el sueño de mi vida. 10. Jugar con fuego es muy peligroso. 11. Estudiar sin tomar apuntes es poco eficaz. 12. A Carlos le encanta pasear por la playa. 13. Voy a tener que estar cuidando a mis hermanos. 14. Juan no sabe tocar ningún instrumento musical. 15. No me apetece salir esta noche.

Exercise 80

1. Correct 2. Correct 3. venir 4. tener 5. mirarla 6. Correct 7. Correct 8. Correct 9. Al salir/Saliendo 10. tirando 11. Correct 12. quedarme 13. Correct 14. ser 15. Correct

Exercise 81

1. tener que, salir 2. venir, jugar 3. empezando, oír 4. necesitar, poder 5. entrar, salir 6. caer, aparecer/entrar 7. llover, seguir 8. haber, firmar 9. pasar, compartir 10. ser, poner 11. llegar/venir, esperar 12. Saliendo, hacer 13. poder, ser 14. paseando, llegar 15. haber, hacer

Exercise 82

1. ¡No soporto ese olor! ¿Puedes apagar el puro/cigarro? 2. Ella no soporta estar con él. Prefiere estar sola. 3. Debes ignorarle. Simplemente/Sólo le gusta molestar a la gente. 4. Él no puede haber hecho este ejercicio. 5. Hacer eso puede ser muy peligroso. 6. Él entró en la casa rompiendo la cerradura de la puerta. 7. Usted puede encontrar mi oficina subiendo las escaleras a la derecha. 8. Ella se torció el tobillo al bajarse del taxi. 9. A ella le encanta pintar paisajes. 10. No me importa esperar en el vestíbulo. 11. Ella no puede haber dicho que no le importa lavar los platos. 12. Llegando a la ciudad tuvimos una avería. 13. Ella va a ser llevada al hospital. 14. El auto va a ser reparado pronto. 15. La casa va a ser limpiada la semana que viene. 16. No puede haber estado enfermo. 17. No pueden haber estado jugando al fútbol esta tarde. 18. Pintar una pared parece muy fácil, pero puede ser muy difícil. 19. Los inviernos en España pueden ser muy fríos. 20. El examen debe ser entregado a las dos. 21. Carlos disfruta tocando el piano. 22. A mis niños les encanta comer en casa de su abuela. 23. Entrando tropecé con Jorge. 24. Nadie puede haber estado aquí. 25. Suelo entrenar con mi hermano. 26. ¿Qué suele comprar ella en ese supermercado? 27. Debo terminar esto antes de salir. 28. Después de comer pasamos la tarde en la playa. 29. Dejé la fiesta/Me marché de la fiesta temprano para no tener que hablar con Luisa. 30. ¿Les digo que no puedes vender esta propiedad? 31. Alguien tendrá que estar vigilando a los niños. 32. Le ofrecí el dinero para obtener/conseguir mejor información. 33. Usted debe evitar ser reconocido por la prensa. 34. No pude dejarle ver los resultados. 35. La hice repetir los ejercicios. 36. Las oí hablar/hablando sobre Carlos. 37. Ella no me vio jugar el sábado pasado. 38. Le ofrecí (a ella) quedarse en mi casa. 39. Ella me invitó a pasar unos/unos cuantos días con ella. 40. ¿Por qué tengo que ayudarle?

Exercise 83

1. Nosotros habríamos tenido que quedarnos allí. = Nosotros tendríamos que habernos quedado allí. 2. Juan no habría podido estar trabajando sin mi ayuda. = Juan no podría haber estado trabajando sin mi ayuda. 3. Mis amigos no habrían hecho nada especial. 4. Carla los habría llevado al veterinario. 5. Yo no les habría avisado tan temprano. 6. En ese caso, mis padres me habrían comprado la moto. 7. Ella me lo habría dicho sin problemas. 8. Yo no habría pagado tanto por eso. 9. Mi jefe no me habría subido el sueldo. 10. Yo les habría dado una parte mayor. 11. Andrea no les habría podido enviar la información. = Andrea no les podría haber enviado la información. 12. Juan habría sabido qué hacer. 13. Ella habría podido terminar el trabajo sola. = Ella podría haber terminado... 14. Tú habrías tenido que prestarles el tuyo. = Tú tendrías que haberles prestado el tuyo. 15. Ellos habrían sacado mucho más dinero en ese caso.

Exercise 84

1. No deberías haber cogido las cosas de mi padre. 2. Marta debería haberse puesto (= se debería haber puesto) una bufanda para salir fuera. 3. Ellos deberían haber participado en la carrera. 4. Julio no le debería haber quitado a su madre veinte dólares. 5. Debería haber estado en la fiesta de Joaquín. 6. Deberías haber visto la película del otro día. 7. Carlos y Sara no deberían haber entrado en ese bar a tomar unas copas. 8. Mis hermanos no se deberían haber quedado hasta las tres. 9. Usted debería haber rellenado el formulario de la policía. 10. Luis no te debería haber contado el secreto. 11. El gobierno no debería haber cambiado la ley. 12. El pequeño Tony no se debería haber comido todas las chocolatinas. 13. Los alumnos no se deberían haber puesto a lanzar bolas de papel. 14. No le deberían haber pegado a ese hombre. 15. Jaime no debería haber metido la carne en el microondas.

Exercise 85

1. les deberías haber dado/deberías haberles dado 2. podría 3. Correct 4. podrías haber ayudado 5. Correct 6. se podría estar pintando/podría estar pintándose 7. Correct 8. quería/quiso 9. Correct 10. estaría 11. Correct 12. Correct 13. iba a llevar 14. comprarías 15. Correct

Exercise 86

1. echarías 2. diría 3. iría 4. organizaría 5. podría 6. estaría 7. inundarían 8. encantaría 9. llegarías 10. sería 11. deberían 12. mordería 13. operaría 14. gustaría 15. arreglaría

Exercise 87

1. Deberíais haber apagado ese fuego. 2. Ella debería haber estado trabajando en la oficina. 3. Me gustaría tener un hermano. 4. Nadie podría hacer ese ejercicio; es demasiado difícil. 5. Yo podría haberla comprado. 6. A ella le encantaría ir a pescar con nosotros. 7. Yo las habría visitado, pero no estaban en casa. 8. Tu equipo podría haber ganado la liga. 9. No debería estar allí solo. 10. Le pedí dinero, pero no quiso darme nada. 11. Usted dijo que lo limpiaría todo. 12. Ella dijo que no aceptaría esas condiciones. 13. Mi padre me prometió que no olvidaría mi cumpleaños. 14. Podrías haber dicho que ibas a venir hoy. 15. Respondieron que preferirían quedarse un poco más. 16. Él preguntó si me traía algo de la tienda. 17. El médico dijo que ella se pondría mejor muy pronto. 18. Él me dijo que la carrera tendría lugar en octubre. 19. Martín debería haber rellenado este formulario. 20. Me gustaría hacer un largo viaje. 21. Ella los habría lavado. 22. ¿Quieres/Querrías cerveza? 23. ¿Te gustaría unirte a nosotros? 24. ¿Querrías cerrar la puerta, por favor? 25. Le prometí que le/lo vería jugar.

Exercise 88

1. es/está 2. debiste 3. iba 4. tenía 5. quiso 6. saben 7. encantaría 8. gustan 9. darle 10. se comió 11. reunimos 12. duermes/estás durmiendo 13. hablaba 14. había 15. aceptaron

Exercise 89

1. ¿Para qué lo usas? 2. ¿De dónde vienes? 3. ¿Con quién estuviste saliendo? 4. ¿Cuánto tiempo estuviste saliendo con él? 5. ¿Cuántas veces al mes vas a la iglesia? 6. ¿Cómo te llamas? 7. ¿Qué edad tienes? = ¿Cuántos años tienes? 8. ¿Cómo era el policía? 9. ¿Cómo lo conseguiste? 10. ¿Qué estatura tiene Juan? = ¿Cuánto mide Juan? 11. ¿Quién puso eso ahí? 12. ¿Cuál quieres? 13. ¿Cuál es tu apellido? = ¿Cómo te apellidas? 14. ¿De quién es la chaqueta marrón? 15. ¿Estuviste con Jacinto?

Exercise 90

1. Se os va a escapar el preso. 2. A Juan se le va a romper el reloj. 3. A Luisa se le ha perdido la sombrilla. 4. A Antonio se le quemó. 5. Te lo puse en lo alto de la mesita. 6. Me lo trajeron ayer. 7. Se te va a derramar la tinta. 8. A Paco se le va a estropear el libro. 9. A mi mujer se le cayó el jarrón al suelo. 10. A Juan se le quedó el bolígrafo sin tinta. 11. A Amparo se le paró el auto en seco. 12. A Pepe se le cayó encima la estantería del salón. 13. A ellos se les gastaron las reservas. 14. Se me paró el reloj. 15. A Alejandra se le congeló la sangre.

Exercise 91

1. va 2. Correct 3. Me gustaría tomar 4. En qué 5. Correct 6. Le 7. caminar 8. Al salir/Saliendo 9. habían visto/vieron 10. se puso, la saludé 11. les habrá 12. se le 13. Correct 14. Correct 15. no vimos

Exercise 92

1. he estado, pienso 2. apruebas, dejaré 3. viste, iba 4. visitaré/visito/voy a visitar, Deseo 5. pudo cometer/podría haber cometido/puede haber cometido, reparte 6. tenemos/tendremos, queremos 7. has oído/habrás oído, hizo 8. han podido/habrán podido, concedió 9. querías, casaste 10. debió invertir/debería haber invertido, hablaban/hablaron 11. he querido/quise, Ha sido/Fue 12. he conocido, vivo/estoy viviendo 13. noté, pasó/había pasado 14. paseaban/estaban paseando, intentó

Exercise 93

1. Él está leyendo el periódico desde la una. 2. ¿Ha estado ella alguna vez en Australia? 3. ¿Quién pintó la casa? ¿Fue Felipe? 4. Marta estuvo sola toda la noche. Nadie vino a verla. 5. Pedro cogió el tren a las seis y media. 6. Él podría haber estado allí un poco más temprano. 7. Estamos enfermos desde entonces. 8. Ella nos va a enseñar la habitación donde duerme. 9. Él viene un poco más tarde. Necesita hacer algo importante primero. 10. Suelo ir caminando al trabajo. Casi nunca cojo el auto. 11. Podrías venir y quedarte con nosotros en/durante el fin de semana. 12. Ella no solía hablar español con sus vecinos. 13. Él tendrá que quedarse allí hasta las siete. 14. Él dijo que le gustaría ver la nuestra. 15. Ella me dijo que le encantaría trabajar para mí. 16. Mi padre dijo que él me prestaría el dinero que yo necesitaba para comprar la casa. 17. ¿Cuánto tiempo se quedaron allí? 18. ¿Qué longitud tenía la cuerda que ella estaba usando? 19. ¿Qué estatura tenía?/

¿Cuánto medía el hombre que os atacó? 20. ¿Cuál es tu deporte favorito? 21. ¿Tienes que estudiar esta noche? 22. ¿Qué se va a poner ella para ir a la boda de Pedro? 23. ¿A qué hora van a estar aquí? 24. ¿Vas a usar tu cámara este sábado? 25. Me gustaría vivir en un país donde nunca hace viento. 26. ¿Cuántos juguetes tiene ese niño? 27. No tengo que decirles que este examen es muy importante. 28. Ella podría haber tenido un accidente. 29. Él nos debería haber prestado su diccionario. 30. Les pregunté dónde estaba el banco. 31. El nuestro es el mejor que jamás he visto. 32. Creo que estos zapatos son de ella. 33. ¿Por qué no llamaste a la policía? 34. ¿De quién fue la culpa? 35. Carmen no nos puede llevar al aeropuerto mañana, porque trabaja. 36. ¿Cuántas galletas se comió ella? 37. Carlos estaba escribiendo una carta cuando su padre llegó. 38. Ella me aseguró que su hermano no lo había hecho. 39. Miguel debería visitar a su abuela más a menudo. 40. ¿Qué clase de libros sueles leer?

Exercise 94

1. a 2. a 3. a 4. a 5. – 6. a 7. a 8. – 9. a 10. – 11. – 12. a 13. – 14. a 15. a 16. – 17. a 18. –19. a 20. a

Exercise 95

1. F 2. G 3. J 4. I 5. H 6. A 7. B 8. E 9. D 10. C

Exercise 96

1. Elena llevó el reloj a la relojería del centro. 2. Necesito unas tijeras grandes para cortar esta tela. 3. Llamé a todos mis amigos para invitarles a mi fiesta. 4. He tenido que ir a la tienda de Paco. 5. Esta tarde no voy a ver a nadie. 6. Yo nunca leo a ese autor. 7. Vamos a tener que marcharnos a Australia. 8. Acosté a las niñas en el dormitorio de invitados. 9. Tuve que dejar a la pequeña Elisa en el dentista. 10. Le he enviado a Antonio una postal para Navidad. 11. Le he comprado el juego a un chico que iba por la calle. 12. Conozco a varias personas con ese nombre.

Exercise 97

1. a tu hermana 2. A veces 3. Correct 4. Correct 5. a nadie 6. gusta esa chica 7. a un médico 8. a tu hijo 9. A qué 10. A quién 11. Correct 12. el equipaje 13. a cenar 14. tocar esos 15. Correct

Exercise 98

1. He visto a Jorge en la casa de María. 2. ¿Viste al rey? 3. Les aseguré a mis padres que yo no estaba bebiendo cerveza. 4. ¿Por qué no llevas a Marta a un buen restaurante? 5. Ella siempre se levanta a las siete. 6. He comprado algo para ti. = Te he comprado algo. 7. Le he comprado a Pepe un libro de gramática. 8. Ella le envió una postal a Antonio. 9. Anoche no llamé a Miguel. 10. Le dije a Felipe que yo tenía que comprar (unos) regalos. 11. Le enseñé a Roberto el auto que yo había comprado. 12. Regañé a los niños, porque estaban jugando en mi jardín. 13. Él estaba jugando al fútbol con sus amigos. 14. ¿A qué hora empezó la película? 15. Le dije a mi mujer que me había quemado. 16. Encontré a los niños jugando en el dormitorio. 17. No soporto a los niños. 18. No le he dicho a nadie que estás enferma. 19. Ella se hizo daño cuando iba a la cocina. 20. No quiero molestar a los invitados.

Exercise 99

1. limpies 2. fuera 3. viera 4. están/estén 5. vendría 6. llueva 7. vendieran 8. está 9. está/esté 10. cambiaras/cambiases 11. coja 12. echaras 13. saques 14. firmara 15. había/hubiera 16. fuera 17. enterara 18. hagan 19. condujera 20. esté

Exercise 100

1. prestara 2. estaban 3. pagara 4. averiguaran 5. compraran 6. bebiera 7. tenía 8. fumaran 9. fuera 10. costaba 11. cerrara 12. entregara 13. saliera 14. robaba 15. cocinaba

Exercise 101

1. Llamé a Marta para que supiera lo que había pasado. 2. Entré de puntillas para que el bebé no se despertara. 3. Llevé a mi hijo al cine para que viera *King Kong*. 4. Llevé a mi mujer a un restaurante para

que no cocinara ese día. 5. Informé a mis jefes para que no se enteraran por la prensa. 6. Miguel me prestó su auto para que fuera al aeropuerto. 7. No te he comprado eso para que estés jugando todo el día. 8. Ana me contó la verdad para que no estuviera preocupado. 9. Felipe nos llevó a su finca para que montáramos a caballo. 10. Te lo digo para que estés informado. 11. Juan me ha regalado estos libros para que practique mi inglés. 12. Necesito hablar contigo para que sepas cuál es el verdadero problema. 13. Debes hablar más bajo para que los vecinos no oigan lo que me estás contando. 14. Tienes que comer más verdura para que te pongas tan fuerte como yo. 15. ¿Te lo trajo Roberto para que lo leyeras?

Exercise 102

1. que me hiciera 2. corría 3. Correct 4. Correct 5. aprobara 6. espere 7. estuviera 8. Correct 9. para enseñarte 10. Voy/Voy a ir 11. lleves 12. Correct 13. vayamos 14. sea operada 15. Correct 16. venías/ibas a venir 17. Correct 18. Correct 19. molesten 20. miren

Exercise 103

1. No quiero que jueguen con mi ordenador. 2. Ella le dijo que esperara en la tienda. 3. Creo que nevará esta Navidad. 4. No creo que haga frío. 5. Quiero que seas un buen chico. 6. Te he dicho que cuides a tu hermano. 7. Ella me pidió que la ayudara con el equipaje. 8. ¿Le importa que me siente junto a usted? 9. ¿Quién les dijo que se marcharan a las seis? 10. ¿Le digo que entre? 11. No pienso aceptar que él conduzca mi auto. 12. El policía me dijo que aparcara allí. 13. Si ella fuera más joven, podría trabajar para nosotros. 14. Les ordené que se callaran. 15. El profesor les dijo a sus alumnos que abrieran sus libros. 16. No puedo evitar que me miren. 17. ¿Te gustaría que ella se casara contigo? 18. Ana le ha dicho a Pepe que compre las bebidas. 19. Les pedí a mis amigos que no hicieran tanto ruido. 20. Ella insistió en que nos quedáramos con ella. 21. Espero que regrese pronto. 22. Es posible que Federico deje de fumar este año. 23. Es muy importante que envíes este paquete hoy. 24. ¿Por qué no les dices a tus padres que te den las llaves? 25. ¿Quién te dijo que hicieras esto sin que nadie estuviera presente? 26. Me gustaría que ella tradujera estas cartas antes del martes que viene. 27. Ella me aconsejó que me pusiera mi nuevo traje. 28. Él sugirió que colgáramos este cuadro en esta habitación. 29. Carlos me prestó su cámara para que yo hiciera (= pudiera hacer) fotos en la fiesta. 30. No os permito que veáis esas películas.

Exercise 104

1. Mi madre me dijo que me comiera toda la comida. 2. Mi mujer me dijo que no hiciera ruido para no despertar al bebé. 3. Mi vecina me pidió que pasara y me sentara. 4. Mi profesor me exigió que hiciera los cálculos necesarios. 5. El profesor nos ordenó que no escribiéramos en la pizarra. 6. El párroco nos dijo que averiguáramos la verdad. 7. El policía nos dijo que no nos pusiéramos nerviosos. 8. Mi novia me aconsejó que dejara el tabaco y que hiciera (= e hiciera) un poco de ejercicio. 9. La azafata nos dijo que nos pusiéramos las mascarillas en caso de emergencia. 10. El funcionario me pidió que no rellenara el formulario a lápiz. 11. Mi padre me ordenó que le diera a Pedro su dinero. 12. Mi hermana me dijo que escuchara la música y me callara (= ... y que me callara). 13. Tía Enriqueta nos dijo que no rompiéramos nada jugando en el jardín. 14. Yo les dije a mis amigos que brindaran a la salud de los enfermos. 15. Ella le dijo a Antonio que dejara eso en su sitio.

Exercise 105

1. G 2. H 3. A 4. J 5. I 6. K 7. B 8. C 9. E 10. D 11. F 12. L

Exercise 106

1. No corráis 2. Correct 3. Sentémonos 4. Poneos 5. Correct 6. Dale 7. Levantaos 8. Correct 9. Que lo paséis 10. Ponte tú 11. Correct 12. No os escondáis 13. Préstame 14. Correct 15. Correct

Exercise 107

1. No hables con él sobre esto. 2. Cierra todas las ventanas antes de que empiece la tormenta. 3. No hagas nada sin que Miguel esté contigo. 4. Que él les diga que vengan de inmediato. 5. Oigamos (= Vamos a oír) lo que él tiene que decir. 6. Quedémonos (= Vamos a quedarnos) aquí hasta el domingo. 7. Esperemos (= Vamos a esperar) hasta que ella llame. 8. Sujeta esto un momento, por favor. 9. Dígame/Cuénteme algo sobre

usted. 10. No discutas con tu madre. 11. Siéntense, por favor. Tengo que decirles algo importante. 12. Intenta decirlo en inglés. 13. Permítame ayudarla, señora. 14. No haga eso, señor. Es muy peligroso. 15. ¡No juguéis en la clase!

Exercise 108

1. tendremos 2. podréis 3. diera 4. hubiera tenido 5. sacaría 6. habría sido 7. habría dicho 8. iría 9. haría 10. trabajaría 11. habría cocinado 12. marcharemos 13. convocarán 14. sigas 15. llevar/llevaré

Exercise 109

1. Pedro no habría conseguido el empleo si yo no le hubiera prestado mi apoyo. 2. Juan se habría quedado en la cárcel si ella no hubiera pagado la fianza. 3. Los hermanos de Elena no participarían en la carrera si no fueran tan buenos. 4. ¿Qué habrías hecho tú con el dinero si te hubiera tocado la lotería? 5. ¿Qué le dirías tú a tu jefe si de repente te hicieras rico? 6. Los niños tendrán que dormir en el desván si vienen tus hermanos. 7. Si hace frío, nadie querrá comer en el jardín. 8. Si mantienes esa conducta, el director te expulsará del colegio. 9. Pillarás un resfriado si no te pones ropa de abrigo. 10. Mi vecino tendrá problemas si sigue aparcando el coche delante de la comisaría. 11. ¿Quién nos ayudará si nos quedamos sin dinero? 12. El proyecto fracasará, a no ser que el señor Thomson aumente los presupuestos. 13. Yo firmaría el contrato si las condiciones fueran mejores. 14. Tu mujer no estaría tan enfadada si no le gritaras/hubieras gritado tanto. 15. Ella habría dicho que sí si tú le hubieras pedido que se casara contigo.

Exercise 110

1. Correct 2. me enterara 3. Correct 4. si queremos 5. si te toca 6. Correct 7. Correct 8. le pediría, echara 9. Correct 10. hubiera tenido 11. si tuviera 12. Correct 13. a menos que tengas 14. Correct 15. Correct

Exercise 111

1. Si no hubiera llegado tarde, no habría perdido el autobús (or Si no hubiera perdido el autobús, no habría llegado tarde). 2. Si Marisa hubiera sabido que Pepe era un criminal, ella no se habría casado con él. 3. Si no hubiera ido a la ciudad a alta velocidad, no habría tenido un accidente. 4. Si no hubiera estado paseando en la lluvia, no habría cogido un enorme resfriado. 5. Si Jorge hubiera estado en Londres, habría podido ver a la reina. 6. Si todos los buenos hoteles no hubieran estado llenos, no habríamos tenido que quedarnos en aquel sitio. 7. Si Carlos hubiera sabido la hora exacta del funeral, habría ido. 8. Si mi vecino no se hubiera quedado sin empleo, no habría tenido que vender su casa. 9. Si Marta no se hubiera sentido mal ese día, habría cocinado. 10. Si Roberto no hubiera pensado que el lago era peligroso, habría alquilado la barca. 11. Si el profesor de matemáticas no hubiera sido malísimo, los chicos no habrían necesitado clases particulares. 12. Si su jefe no la hubiera acosado constantemente, Mari no habría solicitado el traslado. 13. Si Ana no hubiera estado en la cama con fiebre, Paco no habría llevado a sus niños al colegio. 14. Si mi padre hubiera querido darme el dinero, no se lo habría pedido prestado a un amigo. 15. Si José no hubiera saludado a una chica que estaba en la grada, no se habría caído del caballo.

Exercise 112

1. Pedro la habría visitado si hubiera sabido que estaba en el hospital. 2. Yo no habría comprado esta casa si hubiera sabido que iba a tener tantos problemas. 3. Ella no habría limpiado la habitación si sus hermanos no hubieran venido. 4. Yo vendería el auto si fuera tú. 5. Si ellos vienen mañana, tendremos que comer en la otra habitación. 6. Tendrás problemas, a no ser que le pidas a Carlos que te ayude. 7. Él viviría aquí si pudiera elegir/escoger. 8. ¿Qué diría Luis si viera esto? 9. ¿Qué estudiarías si pudieras empezar de nuevo? 10. Ella podría haberlo hecho si no hubiera bebido tanto. 11. ¿Dónde habrías escondido los cuadros si los hubieras robado? 12. Si usted le hubiera dicho (a ella) que se callara, yo habría oído la noticia. 13. Si él hubiera dicho algo, yo no habría olvidado echar la carta al correo. 14. Podríamos haber almorzado juntos si ella no hubiera llegado tarde. 15. Si Miguel estuviera aquí, lo repararía de inmediato. 16. Si encontraras mi anillo, por favor llámame. 17. Si ella dijera sí, yo sería muy feliz. 18. Yo creo que Carlos le habría pegado si le hubiera visto. 19. Si te hubieras levantado a las seis, no habrías tenido que coger un taxi. 20. Si ella se hubiera bajado del tren en la otra estación, habría encontrado nuestra oficina fácilmente. 21. Si ella le hubiera pedido (a él) que la llevara a casa, él se habría negado. 22. Podríamos haber llegado más temprano si Pablo no hubiera parado

tan a menudo. 23. Creo que ella se enfadará si nota que has estado usando sus cosas. 24. Yo sugeriría que usted pidiera carne en este restaurante si no supiera que es usted vegetariano. 25. Si Jessica no hubiera estado en la casa en ese momento, su hijo se habría quemado. 26. Si solicitaras ese empleo, tendrías que decírselo a tu mujer. 27. Si ella hubiera traducido los documentos antes del lunes, habríamos sabido qué hacer. 28. Si yo hablara chino, no necesitaría contratar (a) un intérprete. 29. Él dejará de fumar si el médico le dice la verdad. 30. Si yo hubiera visto esa película, no habría dormido. 31. Marcos traerá a sus niños, a no ser que usted le diga que no lo haga. 32. Podrás hablar español en un año siempre que estudies un poco todos los días (= cada día). 33. José se sentirá mejor con tal de que se tome su medicina. 34. Si lloviera mañana, tendríamos que cancelar el partido. 35. Estoy seguro de que Tomás ganará la carrera si Paco no participa.

Exercise 113

1. cuyos 2. que 3. que 4. donde 5. que 6. que/quienes/los cuales 7. que/la cual 8. en el que/donde/en el cual 9. donde/en el que/en el cual 10. el que/el cual 11. cuando 12. la que/quien/la cual 13. quien/el cual/el que 14. lo que 15. que/en la que/en la cual

Exercise 114

1. Éste es el perro que mordió a Jaime. 2. Mari es la profesora que castigó a Federico el otro día. 3. Ella usó la calculadora que yo necesitaba para el examen. 4. Luis es el policía que nos multó el otro día. 5. Ese hombre es el fontanero cuyo auto fue robado mientras estaba en mi casa. 6. La mujer cuyo hijo se peleó con el tuyo en el recreo quiere verte. 7. El hombre que robó diamantes de una joyería estuvo en la cárcel. 8. La chica que estuvo aquí ayer quiere ser pintora. 9. No creo que la moto que compraste la semana pasada alcance esa velocidad. 10. Necesito las herramientas que tienes en el desván. 11. Compré la novela que estaba en el escaparate. 12. Los chicos que rompieron un cristal del laboratorio pidieron perdón. 13. La maceta que Ana estaba regando se cayó a la calle. 14. El generador que producía electricidad para esta zona se averió. 15. El texto que tú redactaste el otro día estaba muy bien enfocado.

Exercise 115

1. cuya 2. con el que hablé 3. Correct 4. Correct 5. Correct 6. Los documentos que 7. Mi madre, que... 8. la razón por la cual 9. De quién es 10. ..., que/los cuales son 11. ..., lo cual nos... 12. Correct 13. el cual 14. Correct 15. Lo que necesitas

Exercise 116

1. La chica con la que Juan fue al cine estaba deprimida. 2. Mis primos, que querían pasar unos días con nosotros, vinieron ayer. 3. Adela, que quiere ser veterinaria, adora los animales (or Adela, que adora los animales, quiere ser veterinaria). 4. La cama en la que dormí no tenía colchón. 5. Pablo, que acaba de llegar de Alemania, va a venir a cenar. 6. El bar desde el que/desde donde te llamé estaba repleto de gente. 7. Necesito hablar con Tom, con quien/el que trabajo en el laboratorio, sobre el nuevo proyecto. 8. El capitán del barco, que sabía que no se podía hacer nada, dio la orden de abandono. 9. Nuestro médico de cabecera, que sabe que mi abuela está muy mal, nos visita dos veces por semana. 10. Jorge se comportaba de una forma muy extraña, lo cual/lo que nos hizo pensar que él tenía algo que ver con el asunto. 11. Encontré muchas monedas viejas, algunas de las cuales eran chinas. 12. Ayer vinieron veinte solicitantes, tres de los cuales eran ingenieros. 13. Pedro, cuya úlcera está empeorando, necesita ir al hospital. 14. ¿Es ésa la chica de la que tú recibiste una postal? 15. La casa de la que te hablé ya no está en venta.

Exercise 117

1. El hotel en el que nos alojamos era muy bueno. 2. La ciudad donde vivimos no tiene estación de ferrocarril (= estación de trenes). 3. Ana, cuya madre está en el hospital, se va a quedar/alojar con nosotros. 4. Patricia no apareció anoche, lo cual fue muy extraño. 5. El hombre para el que trabajo es muy agradable. 6. Las flores que le enviaste (a ella) eran muy bonitas/hermosas. 7. La chica que/a la que estás mirando no es Macarena. 8. El hombre del que te hablé te está buscando. 9. Creo que ella tendrá que hacer la prueba de nuevo. 10. Las personas para las que ella estaba cocinando no eran invitados. 11. Ése es el chico con el que ella estaba saliendo. 12. El auto en el que me viste es de mi hermano. 13. El hombre al que tiraste la piedra quiere verte. 14. Martin, al que conociste el año pasado, te envía recuerdos. 15. La habitación donde dormí no tenía ventana. 16. Todo ocurrió

en diciembre, cuando regresé de Washington. 17. La casa que estoy buscando debería tener jardín. 18. Lo que ella necesita es amor y comprensión. 19. No sé por qué ella dijo eso. 20. La razón por la que él me pegó es un misterio. 21. No sé qué decir. 22. Ella no había decidido qué decirles. 23. Ésa es la razón por la que me negué a prestarle (a él) mi cámara. 24. Roberto no aceptó las condiciones, lo cual era/fue muy lógico. 25. Hubo varios accidentes, dos de los cuales fueron muy graves. 26. La empresa para la que ella trabajaba tenía filiales en África. 27. Les dije a las personas que tú invitaste que se marcharan inmediatamente. 28. Ella les dijo a los chicos que estaban jugando en la calle que tuvieran cuidado con las flores. 29. Yo no sabía para qué vino ella. 30. Le ofrecí a la chica que había venido con él que se quedara y cenara con nosotros. 31. Mi padre, que solía llevarme a pescar muy a menudo, tenía una barca como ésta. 32. En invierno, cuando hace mucho frío, la gente suele patinar en el lago. 33. El dinero que él había escondido debajo del árbol era de él, no de ella. 34. ¿De quién eran las gafas de sol que llevabas? 35. Ella no comprendía de lo que yo estaba hablando. (= Ella no comprendía de qué estaba yo hablando).

Exercise 118

1. había intentado/intentó 2. a, a 3. crean 4. molestar 5. deberías haber hecho 6. llevaba 7. para 8. estropearan 9. pasó 10. traigas 11. a, – 12. comas 13. Tomémonos 14. llegue 15. pases 16. Ella nunca 17. Cuántas veces 18. A qué distancia 19. había estado/estuvo 20. acompañara/acompañase

Exercise 119

1. Si no tuviera suficiente dinero, necesitaría tu ayuda. 2. Si Antonio hubiera frenado a tiempo, no se habría estrellado. 3. Si el banco no les hubiera amenazado, no habrían puesto su casa en venta. 4. Si hubiera querido pelea, no me habría callado. 5. Si su compañero no estuviera enfermo, Juan no trabajaría mañana. 6. Si Pepe no tuviera invitados esta noche, cenaría con nosotros. 7. Si no hubiera aparcado en doble fila, no me habrían multado. 8. Si no hubiera estado paseando por allí mismo, no los habría encontrado. 9. Si el jefe hubiera estado en el despacho, yo no habría abierto la correspondencia. 10. Si no tuviera una lesión en la rodilla, podría participar. 11. Si Patricia me hubiera dado las llaves, yo habría abierto las puertas. 12. Si el avión no hubiera tenido una avería en el tren de aterrizaje, habría podido despegar. 13. Si el bebé no estuviera en la habitación, yo fumaría. 14. Si no hubieran rebajado el precio, no los habría comprado. 15. Si le hicieras caso a tu padre, no tendrías problemas. 16. Si no hubieras jugado en la nieve sin abrigo, no habrías cogido un tremendo resfriado. 17. Si no hubiera estado anocheciendo, no habría encendido las luces. 18. Si ella no te hubiera ayudado, no habrías ganado. 19. Si la carta no hubiera estado en castellano antiguo, la habría entendido. 20. Si la pregunta no hubiera sido muy fácil, no habrías acertado.

Exercise 120

1. Los míos 2. le lleve 3. al niño 4. Correct 5. me apetece 6. Les 7. Correct 8. Saliendo/Al salir 9. en Inglaterra 10. Correct 11. Correct 12. se montaran 13. a tus hermanos 14. hubieras esperado, habría llevado 15. A qué altura 16. Con quién 17. Correct 18. Correct 19. Quiénes 20. Correct

Exercise 121

1. tocáramos, llegara 2. repase 3. vaya 4. lleve, tengamos 5. bebiera 6. sepa 7. aloje 8. hagan 9. olvide 10. pudieran 11. preste 12. fueras 13. esté 14. consiga 15. dé

Exercise 122

1. True 2. True 3. False 4. False 5. False 6. True 7. False 8. False 9. True 10. False

Exercise 123

1. Ella ha ido a España tres veces este año. 2. Ella ha estado en América. 3. Es muy extraño que él lleve gafas de sol. 4. Ella estaba buscando una barca como la mía. 5. Ella habló en español, pero no pude entender nada. 6. No me di cuenta de que ella estaba esperando allí. 7. Necesito que no llegues tarde esta vez. 8. Ella solía dar un paseo todos los días. 9. Tengo tanto que hacer, que no sé con qué empezar. 10. Lo dejé cuando tenía veinte años. 11. ¿A qué altura está el campamento base? 12. La chica de la que te hablé acaba de casarse. 13. Insistí en que ella leyera la carta. 14. Ella me dijo que esperara hasta que ella regresara. 15. ¿Por qué no lo intenta empujando el coche? 16. Sugerí que pusieran su equipaje en nuestra habitación. 17. Habrían

ganado la liga si hubieran jugado mejor. 18. No hemos podido ir al supermercado. 19. Ella estaba escribiendo en la pizarra cuando entré en la clase. 20. ¿Has leído lo que dice el periódico? 21. Deberías haber leído las instrucciones. 22. Ella dijo que me daría unas revistas. 23. Él me aseguró que su mujer no había preparado nada. 24. Ojalá parara de hacer ese ruido. 25. Ojalá ella no hubiera escondido las llaves. 26. Ojalá los hubiera recogido. 27. Ojalá fuera más joven. 28. Ojalá se ponga mejor pronto. 29. ¿Por qué no le gustaría (a usted) vivir en el sur? 30. Ella dijo que no venía con Antonio. 31. ¿No sabe ella que el suyo estuvo aquí anoche? 32. ¿Cuánto va a pagar él por esto? 33. Decidí salir y tomarme unas cervezas. 34. No comprendo/ entiendo por qué te estás aburriendo. 35. No soporto comprar regalos.

Exercise 124

1. haya 2. había 3. había 4. había/hubiera 5. haya 6. haya 7. haya 8. había 9. había/hubiera 10. había 11. había 12. hubiera 13. haya 14. hubiera 15. hay

Exercise 125

1. Ha habido 2. Correct 3. Hay que llevar la moto al taller. 4. Va a haber 5. Correct 6. Hubo 7. había 8. había 9. Correct 10. Había niños 11. Allí estaban 12. Correct 13. Correct 14. Correct 15. había

Exercise 126

1. debería haber habido 2. habrá/hay 3. va a 4. había/hubiera 5. haya 6. habría 7. haya 8. hubiera 9. puede haber habido/pudo haber 10. hubo/había habido 11. hay que traer cosas/hay cosas que traer 12. hay aceite que usar 13. haya 14. no hay nada que hacer 15. había que ordenar

Exercise 127

1. No hay pan. ¿Por qué no vas y compras? 2. Todavía hay unas cuantas cosas que hacer. 3. Ha habido una pelea en ese bar. 4. Había una carta para usted en esta mesa. 5. Había demasiado humo en la habitación. Ésa es la razón por la que abrí todas las ventanas. 6. Acaba de haber una llamada para ella. 7. Podría haber algo peligroso en esa habitación. 8. Ella dijo que había habido mucha gente en la fiesta. 9. Debería haber más escuelas en esta zona. 10. Habría nieve por la mañana. 11. Debe de haber un hotel a la derecha. 12. Debería haber habido un mecánico en ese barrio. 13. Va a haber un partido muy bueno en la televisión. 14. ¿Cuántos sellos había cuando ella entró? 15. Él le aseguró al policía que había habido una carrera. 16. No había joyas cuando llegué. 17. Había algo que hacer antes de las once. 18. Hubo que hacerlo, porque estaba empezando a hacer frío. 19. No habrá problemas si escondemos las notas. 20. Hay que llevarla al hospital.

Exercise 128

1. Puede que ella ya tenga los resultados. 2. Tus padres pueden haberlo oído. 3. Ana pudo poner la trampa. 4. Puede que ellos comieran juntos. 5. Podría ser que tu madre te castigara por eso. 6. Puede que tus amigos vengan a verte. 7. El policía pudo pillarles. 8. La niña podía haberse perdido en el bosque. 9. El mecánico podría haberlo puesto ahí. 10. Tu hermana podría haberse puesto el vestido blanco. 11. Los Antúnez podían haber regresado aquella noche. 12. Marcos puede haberlo roto. 13. Aquellos chavales podían haberlo dejado allí. 14. Sandra podría habértelo enviado. 15. Puede que él esté en casa ahora.

Exercise 129

1. Correct 2. estén 3. pudo haber hecho 4. llamaran 5. venga 6. fuera 7. compraran 8. podía haber entrado 9. Correct 10. Puede que ella no 11. Correct 12. pudo haber estado 13. Correct 14. tuviera 15. Correct

Exercise 130

1. coja 2. sea 3. inaugurada 4. regale 5. escapara 6. poner 7. expulsar 8. interrogue 9. podrías haber roto 10. estar 11. podrías haber matado 12. podrían haber robado 13. nieve 14. caerse 15. podrías haber electrocutado

Exercise 131

1. False 2. True 3. True 4. False 5. True 6. False 7. True 8. True 9. True 10. True

Exercise 132

1. Puede que ella esté cocinando ahora. 2. Puede que él tenga que trabajar en el fin de semana. 3. Puede que Marta esté durmiendo en este momento. 4. Puede que haga frío en el norte. 5. Puede que Antonio sepa algo (= Antonio podría saber algo). 6. Puede que lleguen antes del domingo. 7. Puede que tengamos que vender nuestras propiedades. 8. Puede que sea posible (= Podría ser posible). 9. Luis podría estar en la oficina en este momento. 10. Puede que eso sea verdad (= Eso podría ser verdad). 11. Puede que Felipe encontrara el dinero cuando estaba camino de aquí. 12. Puede que Amparo las haya visto esta semana. 13. Te podrías haber roto el tobillo. 14. Puede que el libro sea interesante (= El libro podría ser interesante). 15. Puede que ella las haya enviado hoy. 16. Puede que esté nevando en mi país. 17. Puede que haya más gente/personas. 18. Podría haber algo allí. 19. Puede que ella esté enferma. 20. Puede que ellos quieran participar (= Ellos podrían querer participar). 21. Puede que él aparezca esta noche (= Él podría aparecer esta noche). 22. Puede que redecoraran su apartamento la semana pasada. 23. Podrían estar discutiendo cuando les viste. 24. Puede que os tengáis que quedar con vuestros abuelos la semana que viene. 25. Puede que tenga que llevarle a la estación (= Podría tener que llevarle...). 26. ¡No hagas eso! ¡Te podrías hacer daño! 27. Puede que su equipaje esté en el aeropuerto (= Su equipaje podría estar...). 28. Puede que Miguel se haya marchado esta mañana. 29. Él podría estar cenando con sus padres. 30. Puede que ella no quiera casarse con él.

Exercise 133

1. G 2. F 3. E 4. H 5. A 6. C 7. B 8. D

Exercise 134

1. me metí 2. bajar/bajarme 3. en 4. atravesar 5. de 6. salir/salirte 7. de 8. andando 9. atravesando/cruzando 10. metes 11. salir 12. entró 13. del 14. al árbol 15. bajarse

Exercise 135

1. Quiero que Juan salga del despacho. 2. No es posible que entre tanta gente en esa habitación. 3. Necesito que saques el auto del garaje. 4. Baja la tele pequeña al jardín. 5. Los deberías sacar del horno. 6. Te deberías meter en el ejército. 7. No he podido llevar los trajes a la lavandería. 8. El gato no se quiso bajar de la mesa. 9. Todos los chicos entraron en el despacho del director. 10. La bala atravesó la pared sin herir a nadie. 11. Tienes que girar a la derecha en el semáforo. 12. Es la primera vez que entro en este sitio. 13. Gira a la izquierda cuando llegues al cruce. 14. No me quise montar en la moto de Luis. 15. No te deberías subir a un árbol tan alto.

Exercise 136

1. Correct 2. Correct 3. al autobús 4. de ese árbol 5. Correct 6. en mi bicicleta 7. del vestíbulo 8. Correct 9. a ese lugar 10. Correct 11. Correct 12. de un sexto piso 13. Correct 14. al agua 15. Correct

Exercise 137

1. Él salió de la oficina a las seis. 2. Nadie pudo salir de la casa. Todos se quemaron. 3. Ella acaba de entrar en esa habitación. 4. Acaban de salir. 5. Felipe se montó en el autobús que iba a Granada. 6. Ella no se bajó en esta estación. 7. Ella no podrá entrar en ese restaurante. 8. Él entró en el edificio corriendo. 9. El perro saltó a la mesa. 10. El perro saltó de la mesa. 11. El perro saltó la mesa. 12. Él salió de prisa del colegio. 13. Quita esos libros de mi cama. 14. Deberías sacarlos ahora mismo. 15. ¿Por qué no metes tu dinero en el banco? 16. Ella iba a montarse en su auto cuando oyó el teléfono. 17. Llegamos a Londres después de las siete. 18. ¿Puede usted decirme cómo llegar a esta dirección? 19. Sara no ha podido sacar los cuadros del edificio. 20. Entramos en un bar y nos tomamos una cerveza. 21. ¡Salid de aquí! 22. Ella estaba enferma. Ésa es la razón por la que yo no quería que saliera. 23. Mete las patatas aquí, por favor. 24. ¡Saca este perro de la habitación! 25. ¿De dónde vienes?

Exercise 138

1. Me quieren regalar un libro de poemas. 2. Me han dado cien dólares. 3. Ya se ha redactado el informe. 4. No se puede extraer más petróleo de ese pozo. 5. Me han dicho que te lleve a tu casa. 6. Me

han pedido que les traiga esta cesta de Navidad. 7. No se podrá entrar en esa discoteca. 8. No me dejan jugar contigo. 9. Me dijeron que no tirara papeles al suelo. 10. Se te dijo que no tocaras esa canción. 11. Me quieren despedir. 12. No recuerdo si se te dijo que Meli no forma parte del proyecto. 13. Se les debería decir que no hicieran eso. 14. Les tendrán que ordenar que limpien esto. 15. No me quisieron dejar ver al bebé.

Exercise 139

1. Se ha derribado el puente. 2. Aún no se ha reparado el mástil del barco. 3. Se va a bloquear esta carretera. 4. Dijeron que eso era imposible. 5. Sospechan de esos chicos. 6. No nos han ordenado que vigilemos a los alumnos. 7. Necesitamos que se reparen estos conductos. 8. No sabemos si han cerrado la presa. 9. En este restaurante no se atiende bien a los clientes. 10. Desde aquí se llama a los empleados. 11. Aún no han descubierto una vacuna contra esa enfermedad. 12. No necesito que se me diga lo que tengo que hacer. 13. Se ha atracado a dos turistas. 14. En esa tienda se necesita una chica que hable español. 15. Han contratado a dos estupendos abogados.

Exercise 140

1. les 2. – 3. cuentan 4. les 5. lo 6. admitió 7. tiene 8. A 9. – 10. van 11. traigan 12. están 13. se les puede ver 14. necesitan 15. fabrican

Exercise 141

1. Se dice que ella está saliendo... 2. Correct 3. Correct 4. se ponen 5. Parece 6. se les pueden 7. se me 8. ha 9. debe 10. Yo os he dicho 11. Correct 12. reparen 13. Se comentaba que Matías tenía... 14. Correct 15. Correct

Exercise 142

1. Se dice que ella está enferma. 2. Se dice que tienen mucho dinero. 3. Se piensa que Pablo es oficial de policía. 4. Se supone que esa escuela es muy buena. 5. Se dice que ese vecindario es muy peligroso. 6. Se sabe que vienen la semana que viene. 7. Dicen que él no soporta a su mujer. 8. Dicen (= La gente dice) que él tiene un empleo muy bueno. 9. Piensan que me casé con Ana, pero no es verdad. 10. Dicen que mucha gente viene aquí en verano. 11. Estoy decorando mi apartamento. = Me están decorando... 12. Le repararon el coche el lunes pasado. 13. Me hice un vestido (= Me hicieron un vestido) para ir a la boda de Felipe. 14. Están construyendo un puente. 15. Necesitan chicas para el bar (= Se necesitan...). 16. Están buscando a los ladrones. 17. No me necesitan en la oficina mañana. 18. Venden (= Se vende) esa casa. ¿Por qué no la compramos? 19. Las están traduciendo en este momento. 20. Me han dicho que ella te gusta mucho. 21. A ella le han dicho que se quede allí hasta las seis. 22. Se habla inglés en esta tienda. 23. No se puede terminar el informe tan pronto. 24. Se sabe que usted no es médico. 25. Me comprarán un auto nuevo cuando vendan (= se venda) el viejo. 26. Les están construyendo una casa. 27. ¿Por qué no le trajeron los libros? 28. ¿Por qué no te los recogen? 29. No puedo evitar que me miren. 30. Ella no soporta que le regañen. 31. A mi hijo le gusta que lo lleven al cine. 32. A Marta le encanta que la inviten a fiestas. 33. Odio que me llamen a casa. 34. Me gustaría que me llevaran a Disneylandia. 35. No se admiten perros en este hotel.

Exercise 143

1. La niña ha sido atropellada. 2. El grifo está siendo arreglado. 3. Dos diccionarios han sido cogidos por Juan. 4. Tres kilos de manzanas han sido comprados. 5. El examen no ha podido ser hecho. 6. Ese bloque va a ser derribado. 7. Uno nuevo va a ser construido en su lugar. 8. La cesta debería haber sido traída. 9. No pudieron ser sacados de los escombros. 10. Tendrán que ser puestos detrás de la casa. 11. Fui visto con ella en el cine. 12. Fueron cogidos por sorpresa. 13. Hemos estado siendo importunados toda la semana. 14. Vas a ser dejado en mi casa. 15. Vas a ser colocado en la empresa de tu padre. 16. No podrán ser salvados. 17. No debió ser dejada allí. 18. Fueron pintados de rojo. 19. Acaban de ser traídas de la pizzería. 20. Tendrían que ser acabadas pronto.

Exercise 144

1. Están operando a Carlos en este momento. 2. No nos pueden despedir así por las buenas. 3. Ana invitó a Antonio a su cumpleaños. 4. Los empleados están envolviendo los paquetes. 5. Tuvieron que atender a Paco

en urgencias la otra noche. 6. Van a nombrar a Marta jefa del departamento. 7. Atracaron a mis vecinos el otro día en pleno supermercado. 8. No van a poder sustituir a Luis este fin de semana. 9. Los han encontrado sanos y salvos. 10. Ya te deberían haber avisado. 11. Nos tuvo que proteger la policía (= La policía nos tuvo que proteger). 12. No han llamado a nadie todavía. 13. Un perro vagabundo agredió a David. 14. La profesora está vigilando a los niños. 15. Han educado muy bien a Daniel. 16. Me han enviado una carta muy extraña. 17. Ya han retirado los escombros. 18. Podrían haber rescatado a los alpinistas con vida. 19. Ya no (se) fabrican piezas así. 20. Al profesor le lanzaron una tiza (= Le lanzaron una tiza al profesor).

Exercise 145

1. fueron llevados 2. provocaron 3. fueron introducidas 4. fue lanzada 5. fueron convocados 6. fueron tomadas 7. consiguieron 8. fue transportada 9. invadió 10. fue invadido 11. fueron llevadas 12. fueron introducidos 13. forzaron 14. fue rechazado 15. eligieron

Exercise 146

1. abierta 2. vacunados 3. Correct 4. Se dice 5. Correct 6. estaba 7. estaba 8. habrías sido elegido 9. Correct 10. nombrada 11. Correct 12. acusado 13. Correct 14. Correct 15. está siendo reparada

Exercise 147

1. El auto de Paco fue encontrado en mi calle. 2. Sara tuvo que ser llevada al médico. 3. Este libro no fue escrito por Cervantes. 4. Ella dijo que la cena había sido preparada por su madre. 5. Él me aseguró que las joyas no habían sido robadas por su mujer. 6. Luis dijo que le estaban construyendo una casa (= ... se estaba construyendo...). 7. La fruta iba a ser comprada en aquel supermercado. 8. Este problema no puede ser resuelto/solucionado. 9. El frigorífico debe ser reparado de inmediato. 10. Podrían ser traídos a nuestra casa. 11. Podrían haber sido traídos el jueves pasado. 12. El periódico estaba siendo leído por Antonio. 13. Los niños no han podido ser recogidos. 14. Esos puros tendrán que ser apagados. 15. Ese hombre tiene que ser cuidado por sus hijos. 16. Fuimos oídos desde la otra habitación. 17. El intérprete no fue contratado por Tomás. 18. Están siendo buscados por la policía. 19. Esos autos no deberían ser aparcados aquí. 20. El paquete iba a ser enviado el lunes. 21. El partido ha sido cancelado. 22. ¿Dónde habían sido escondidas las llaves? 23. ¿Por quién fue pintado este cuadro? 24. ¿Por quién fue escrito ese libro? 25. ¿Por quién será alquilada la barca? 26. La tienda no estaba abierta a las diez. 27. La tienda no fue abierta a las diez. 28. La sopa debería ser probada primero. 29. Él no soporta ser reconocido en la calle. 30. Este formulario debe ser rellenado a lápiz.

Exercise 148

1. con el que 2. haya 3. La nuestra 4. invitado 5. se venden 6. van 7. Me han dicho 8. hubieras 9. que 10. pude 11. intentaba/estaba intentando 12. Se te 13. que/el cual 14. sabe 15. a 16. – 17. tomar 18. pensando 19. viendo 20. quedas/vas a quedar

Exercise 149

1. Joaquín, que sabe mucho de matemáticas, hará este ejercicio. 2. Mario, que tiene muchos, nos va a traer uno. 3. La chica que vino ayer con Pedro sabe lo que pasó. 4. El fontanero que estuvo ayer en casa nos aconsejó que lo tiráramos. 5. Necesitaremos los rotuladores que están en lo alto de la repisa. 6. No usé el diccionario que estaba justo a mi lado. 7. Sonia, con quien/con la que salí durante un año, me envió una postal. 8. Ése debe de ser el perro que se les perdió a los vecinos. 9. El destornillador con el que atornillé esto es de mi padre. 10. ¿De quién era la barca en la que te vi navegando? 11. El señor Romero, al que te presenté la semana pasada en la estación, va a venir esta tarde. 12. Dame los tornillos que están al lado de esa caja. 13. Voy a reunirme con el chaval con el que mi prima está estudiando en la facultad. 14. La comida que nos dieron para celebrar nuestro éxito empresarial fue estupenda. 15. El marido de Pamela, que es la que dirige el negocio ahora, está en el hospital. 16. El capitán del barco, que vio el peligro a tiempo, dio órdenes precisas. 17. Los alumnos cuyos resultados han sido horribles no podrán quedarse en este grupo. 18. Nuestra casa, que sufrió un grave incendio el año pasado, ya ha sido reconstruida. 19. Roberto vive en el número 7 de la calle Cervantes, donde pasó su niñez. 20. El gorila que vimos ayer en el circo se escapó.

Exercise 150

1. El sobre que puse aquí ha sido cogido. 2. La bicicleta estuvo siendo lavada por Mario toda la tarde. 3. Acaban de difundir la noticia por televisión. 4. Cancelaron los pedidos del día quince. 5. Los semáforos han estado siendo cambiados. 6. La mujer que encontró el monedero no ha sido llamada. 7. El origen de la fuga de gas no ha podido ser encontrado. 8. Dos muestras de colonia nos han sido enviadas. 9. El piano tiene que ser traído antes de las siete. 10. Las ramas fueron cortadas para evitar accidentes. 11. Los bomberos de otro pueblo apagaron el fuego. 12. La antena debería haber sido instalada. 13. El camión no podrá ser metido en ese garaje. 14. Los cables han estado siendo metidos. 15. Un experto tendrá que analizar estos textos. 16. La pelea no pudo ser evitada. 17. Van a tomar nuevas medidas para eliminar gastos superfluos. 18. Tendrán que eliminar varios nombres de esa lista. 19. Forzaron las cajas fuertes de madrugada. 20. El fluido eléctrico todavía no ha podido ser restaurado.

Exercise 151

1. cogiera 2. quede 3. Correct 4. en el congelador 5. Correct 6. podría 7. necesita ser pintada 8. Mañana hago 9. enseñarle 10. Correct 11. hubieras terminado 12. regalaran 13. estén dentro 14. cantar 15. Correct

Exercise 152

1. Si no hubieran estado muy cerca, no les habría visto. 2. Si no hubiera estado inspirado, no lo habría escrito. 3. Si no me hubiera quedado sin dinero, lo habría comprado. 4. Si no hubiera hecho la mejor propuesta, no me habrían dado el primer premio. 5. Si Juan no hubiera propuesto que nos marcháramos, no nos habríamos ido. 6. Si Luisa hubiera sabido dónde los había puesto, los podríamos haber usado (= los habríamos podido usar). 7. Si no hubiera estado todo en obras, habría cruzado por allí. 8. Si no hubiera llegado tarde, no me habrían dejado sin cenar. 9. Si ella no me hubiera empujado, no lo habría roto. 10. Si Paco no me lo hubiera prestado, no me habría resultado tan fácil. 11. Si no hubieran estado construyendo a su lado, la casa no se habría derrumbado. 12. Si no le hubieran dicho a Gloria que había suspendido, no se habría echado a llorar. 13. Si Mariano hubiera estado vacunado, no habría cogido la enfermedad. 14. Si hubiera tenido bicicleta, no los habría llevado a pie. 15. Si Pepe no se hubiera quedado atrás, no le habrían pillado.

Exercise 153

1. Voy a colgar este cuadro en mi dormitorio. 2. Ella no va a hablar con él. 3. Estaba nevando, pero no hacía frío. 4. Él me aseguró que ella se iba a poner mejor. 5. Miguel se sentó junto a mí, pero no dijo nada. 6. Usted debería ir a la policía. 7. No entiendo; pensaba que los había dejado en esta mesa. 8. Él no ha podido oír la noticia. 9. Le pregunté (a ella) que dónde iba, pero no respondió. 10. La librería estaba abierta, pero no entré. 11. Podrías haber dicho algo. 12. Él me aseguró que ella tenía una relación con un profesor que estaba trabajando en la universidad. 13. Nadie podrá solucionar este problema. 14. ¿Cuándo empezaste a coleccionar sellos? 15. Había tanta gente que nadie podía ver nada. 16. Sugiero que le des las fotos (a ella). 17. Ella nos aconsejó que nos negáramos. 18. Lo que estaba ocurriendo era muy grave. 19. Pablo le preguntó a su jefe si le podría enviar a otra filial. 20. Él se negó a llevarla a casa. 21. Te dije que no le dieras las llaves. ¿Por qué lo hiciste? 22. No dije que necesitaba tanto dinero. 23. No les digas que entren. Estoy muy ocupada. 24. Marta siempre había querido tener una casa como la nuestra. 25. No regresaste. Ésa es la razón por la que me marché con él.

Exercise 154

1. tuvo 2. hizo 3. debía 4. tienes que/tienes por qué 5. tengo por qué 6. debe 7. hacía falta/era necesario 8. Tuve 9. debían/tenían que 10. era 11. tenía 12. era 13. hizo 14. haga 15. tienen que/tienen por qué

Exercise 155

1. No tienes por qué coger ese tren. 2. No hace falta que entrenes de noche. 3. No hace falta que Paco te lleve al aeropuerto. 4. Ella no tiene por qué traernos la comida. 5. No tenemos por qué prestarles ese dinero. 6. No hace falta que nos demos tanta prisa. 7. No hace falta que hagas las camas. 8. No hace falta que contrates a nadie más. 9. No tenéis por qué pintar la valla. 10. No tienes por qué gritarme. 11. No hace falta que mi mujer vaya mañana a la oficina. 12. No hace falta que Tony repita la prueba. 13. No hace falta que Carla

rellene estos formularios. 14. No tienes por qué llamarme antes de las ocho. 15. No tienes por qué preparar nada para mañana.

Exercise 156

1. vengas 2. les llames 3. Correct 4. Correct 5. Correct 6. por qué 7. hacía 8. Correct 9. era 10. tiráramos 11. Correct 12. tengo que 13. Correct 14. Correct 15. tenía

Exercise 157

1. No debes olvidar cerrar las puertas con llave. 2. Ella no tiene que recoger a los niños. Luis lo hará. 3. No hace falta que (yo) diga que esta casa es mía. 4. Él no tiene por qué aceptar el empleo. 5. No es necesario que compres nada. 6. No hace falta que ella haga la compra mañana. 7. Él dijo que yo no debía escribir la carta. 8. Él dijo que él no tenía que/por qué ayudarla. 9. Mi profesor me dijo que yo tenía que traducir el texto. 10. No hace falta que reparemos la tele. Pablo lo hará mañana por la mañana. 11. No era necesario que nos prestaras el auto, pero muchas gracias. 12. Pablo no nos acompañó, porque no hacía/hizo falta que lo hiciera. 13. No hace falta que haga mis deberes esta noche. Puedo hacerlos mañana. 14. Mi hermano no tiene que/por qué comprar otro auto. El suyo está nuevo y es muy bueno. 15. Ella dijo que yo debía esperar hasta que ella regresara. 16. El policía me dijo que yo debía mostrarle/enseñarle mi pasaporte. 17. Mi hija debe estar en casa antes de las doce. 18. Tuve que terminar el trabajo sin su ayuda. 19. Ella tenía que cuidar a seis niños. 20. Mari tenía que visitar a su abuela. 21. No tengo que jugar mañana. 22. No tengo por qué quedarme allí. 23. No hizo falta que Julia hiciera las camas. 24. No era necesario que Tony fuera a la reunión del día siguiente. 25. No hace falta que mi hermana sepa nada de/sobre esto.

Exercise 158

1. deberías haber levantado 2. dejaras 3. debiste 4. Deberías haber cogido/Debiste coger 5. tenías que hacer/tenías que haber hecho. 6. Debí 7. debe de 8. debe de 9. podría/debería 10. debiste 11. tenías que haber preparado/tuviste que preparar 12. debe de haberse equivocado/tiene que haberse equivocado 13. deben 14. debes de/tienes que 15. Debían

Exercise 159

1. Paula no debió cocinar para doce personas. 2. Antonio no debió abrir la puerta sin mirar primero. 3. Paco no tenía que haber invitado al cuñado de Jorge. 4. Mi madre no me tenía que haber castigado por algo que no he hecho. 5. Ese hombre no debió golpear al policía. 6. El cartero no le debió entregar mi correspondencia a mi vecina. 7. No debiste tutear al jefe del departamento. 8. No tenías que haber mezclado las bebidas. 9. Pedro no tenía que haber rellenado el formulario con letra minúscula. 10. Marta no tenía que haber comprado la casa de los Antúnez. 11. No te tenías que haber fumado los cigarrillos de tu padre. 12. Luis no se debió sentar detrás de esa mujer. 13. Rafael no se debió llevar a los niños a ver esa película. 14. Alberto no debió entregar el examen sin firmar. 15. No debiste llamar de madrugada.

Exercise 160

1. Debes de 2. Correct, although *Debiste de pasarlo* is better 3. Correct 4. tenías 5. debí salir 6. haberse enterado 7. Correct 8. cuidaras 9. podría haber caído 10. debió 11. Correct 12. puede 13. Correct 14. hacía 15. Correct

Exercise 161

1. Ese accidente no puede haber sido tan serio. Nadie fue/resultó herido. 2. Ella no tenía que haber traducido esta carta. 3. Miguel no tenía que haber recogido a los niños. 4. Él debe de ser mucho mayor que su mujer. 5. Debes de tener sed. ¿Te traigo algo de/para beber? 6. Debes de haber estado muy nervioso durante la operación de tu hijo esta semana. 7. Ana no tenía que haber puesto la mesa. Nadie almorzó en casa. 8. Usted no debería haber firmado sin consultar a un experto. 9. No teníamos que habernos marchado tan temprano. 10. Mi mujer no debería haber dicho nada. 11. Marcos no puede/debe de haber oído la noticia; de lo contrario, ya habría llamado. 12. Usted debe de haber tenido muchos problemas con él. 13. Alguien debería haber ordenado esta habitación. 14. Esa chica debe de estar sufriendo mucho. 15. Estoy seguro de que ella no pudo estar bailando con él. Le odia. 16. Esa asignatura debe de ser muy difícil. 17. Felipe debería

haber ayudado a su padre. 18. Natalia no tenía que haber conducido tan rápido. 19. Usted debe de ser el señor Estévez. 20. No deberías haber encendido todas las luces.

Exercise 162

1. Apenas 2. muchísimos 3. mucho/un montón 4. Casi ninguno 5. la mitad 6. mucha 7. Montones de/Muchísimas 8. Pocas 9. tanta 10. como 11. tanto 12. medio 13. Poca 14. Casi no/Apenas 15. montones de/muchísimo 16. Ningún 17. ni una 18. Ambos criminales 19. algo de 20. Uno de los dos

Exercise 163

1. E 2. G 3. A 4. I 5. J 6. B 7. D 8. F 9. C 10. H

Exercise 164

1. Correct 2. La mitad de 3. Mucha 4. Apenas recuerdo 5. Correct 6. Correct 7. ninguno 8. consiguió 9. Correct 10. mucho 11. pocas cosas 12. Correct 13. Correct 14. muchas cosas 15. mitad 16. día 17. Correct 18. Correct 19. Correct 20. Una

Exercise 165

1. No tengo mucho tiempo para hacer eso. 2. No tenías que haber comprado tanto vino. 3. Me lo pasé muy bien. 4. Él no debería beber tanto. 5. Tenía tanto que hacer, que no sabía con qué empezar. 6. Miguel tiene que hacer tantos ejercicios como su hermana. 7. Antonio ha recibido muchos (= un montón de) sellos para su colección. 8. Ella apenas tiene revistas inglesas (= Ella casi no tiene...). 9. Había tantas cosas bonitas, que no podía elegir. 10. La mitad de mis amigos son profesores. 11. Hay muy poca agua en el río. 12. Pocas personas conocen este lugar (= Poca gente conoce...). 13. Estuve allí durante media hora. 14. Usted debería invertir en esa empresa/compañía tanto como su mujer. 15. Él es un escritor poco conocido. 16. Muy pocos alumnos consiguieron aprobar el examen. 17. Puedes hablar conmigo ahora. Tengo mucho tiempo. 18. Hay mucha azúcar. No hace falta que compres. 19. Unos chicos le han pegado a tu hijo. 20. He gastado tanto como tú. 21. Cualquier alumno puede usar la biblioteca. 22. Los dos/Ambos tienen una bici azul. 23. Los dos/Ambos tendrán que ayudar. 24. Uno de los dos médicos va a venir. 25. Ninguna de las dos chicas ha aprobado el examen. 26. Las dos/Ambas saben que esto es nuestro. 27. Yo solía ir allí todos los domingos (= cada domingo). 28. Ella los llevó a todos al teatro. 29. Nos hemos gastado todo nuestro dinero en ropa. 30. Él se bebió toda la cerveza que habíamos comprado.

Exercise 166

1. nadie 2. nada 3. – 4. en cualquier parte 5. algún sitio/algún lugar 6. cualquiera 7. nada 8. todo el mundo/todos 9. Todos 10. alguien 11. en/por 12. Cualquiera 13. Nadie 14. ningún lugar 15. nada

Exercise 167

1. No he visto nada extraño en ese sitio. 2. Patricia no ha contraído ninguna enfermedad extraña. 3. Ellos no van a pasar sus vacaciones en ningún lugar del Caribe. 4. No he encontrado nada que te interese. 5. No he tenido ninguna charla con nadie que pertenezca a tu familia. 6. Nada raro ha sido descubierto en ese agujero. 7. Algo anormal ha sido detectado a esa profundidad. 8. Alguien ha entrado en esa habitación. 9. No vayamos a ningún sitio a tomar una cerveza. 10. No he estado en ninguna parte.

Exercise 168

1. E 2. H 3. A 4. I 5. G 6. J 7. D 8. B 9. F 10. C

Exercise 169

1. sabe 2. en cualquier 3. dile 4. a alguien 5. no hemos 6. Correct 7. Correct 8. No te lo bebas todo. / No te la bebas toda. 9. alguien 10. Correct

Exercise 170

1. Lo he puesto todo detrás de la puerta. 2. Nadie ha estado aquí esta tarde. 3. ¿Te ha llamado alguien esta noche? 4. ¿Vio usted a alguien allí? 5. Podría comer cualquier cosa. 6. No he vendido nada todavía/

aún. 7. Cualquiera podrá abrir esta puerta. 8. ¿Habéis estado en algún sitio este verano? 9. Ella no ha estado en ninguna parte. 10. No tengo nada que hacer. ¿Nos vamos a algún sitio? 11. Tuve que pagarlo todo. 12. No le he dicho a nadie que estamos teniendo una relación. 13. Todo el mundo vio (= Todos vieron) lo que hiciste. 14. ¿Hay alguien ahí? 15. ¿Hay alguien ahí?

Exercise 171

1. tienes por qué 2. debía /tenía que 3. hacía 4. era 5. tenías que/deberías 6. unos/– 7. podían 8. podía/ debía de 9. cualquier 10. debido 11. Ambas 12. Los dos/Ambos 13. como 14. No 15. cualquiera

Exercise 172

1. No hacía falta que nos prestaras la furgoneta. 2. No hacía falta que trabajaran hasta tan tarde. 3. No hacía falta que Mari se quedara con los niños. 4. No hacía falta que Juan fuera a la lavandería. 5. No hace falta que Carlos nos invite. 6. No hace falta que revises el motor. 7. No hace falta que hagan los últimos ejercicios. 8. No hace falta que vendas la barca. 9. No hace falta que nos digas lo que pasó. 10. No hacía falta que repararan el granero. 11. No hacía falta que os levantarais tan temprano. 12. No hacía falta que avisáramos a nadie. 13. No hace falta que Mónica debute este sábado. 14. No hacía falta que Luis ordeñara las vacas. 15. No hacía falta que nadie les vigilara.

Exercise 173

1. necesario 2. Debían 3. hizo 4. Alguien 5. un poco 6. nadie, se habían marchado 7. tenía que/debería 8. tuviste que/debiste 9. unos pocos 10. debería/tenía que 11. hacía 12. debieron 13. puede 14. ningún 15. Cada

Exercise 174

1. ningún libro 2. Correct 3. debió 4. traigas 5. debía, al día, acostara 6. hacía 7. Correct 8. Correct 9. Correct 10. debía 11. debas 12. Correct 13. Las dos 14. Nadie quiso 15. a nadie

Exercise 175

1. Antonio no tenía que haber salido a hacer un muñeco de nieve en mangas de camisa. 2. Mis padres deberían haber llegado (= debieron llegar) mucho antes. 3. José no debería haber tocado (= no debió tocar) los cables sin cortar primero la energía eléctrica. 4. Mi hermana no tenía que haber enviado la carta sin sello. 5. Luis no tenía que haber faltado al trabajo por tercera vez. 6. Pablo no puede hablar ruso. 7. Ese pintor no pudo pintar el cuadro. 8. Joaquín no tiene que haber tomado esa decisión. 9. Ella debió de hacerlo sin malas intenciones. 10. Eso debe de costar unos cien dólares. 11. El profesor no debería haberme castigado (= no debió castigarme) sin dejarme explicar nada. 12. Tatiana no tenía que haber abandonado su puesto de trabajo. 13. Ellos no pueden haber roto el cristal. 14. Marcos no debería haberse gastado (= no debió gastarse) todo su dinero en esa moto. 15. Luis debe de tener razón.

Exercise 176

1. Ha habido unos/algunos problemas con el auto. 2. Alguien debería haber cocinado para ellos. 3. Todos los alumnos deben estar en clase a las nueve. 4. Ella no tenía que haber escrito nada. 5. No tienes por qué escuchar su música. 6. Miguel no tenía que regresar al día siguiente. 7. No tengo tiempo para jugar con vosotros. 8. Ella no debería haber hecho café para tanta gente (= tantas personas). 9. El hombre en el vestíbulo me dijo que (yo) tenía que esperar. 10. No tenía que haber dicho que quería pagar. 11. Pepe tendrá que pedir un préstamo. 12. No fue necesario que yo explicara nada. Ellos ya sabían lo que había ocurrido. 13. Amalia no podía estar escuchando música en su habitación; yo la vi hablando con Pedro en la calle. 14. Había tanta gente en la tienda, que tuvimos que esperar durante dos horas. 15. Ese hombre debe de ser el jefe. Está dando órdenes. 16. Elena no puede haber escrito esto. Sólo tiene cinco años. 17. No deberías haber tocado (= No debiste tocar) ese cable. 18. No hace falta que des de comer al loro. Tiene mucha/muchísima comida. 19. No tenías que haber dado de comer (= No hacía falta que dieras de comer = No tenías que dar de comer) al loro. Tenía mucha/muchísima comida. 20. Podríais haber comprado el pan.

Exercise 177

1. Juan es el más alto de todos. 2. Tus condiciones son peores que las de mi contrato. 3. La casa de Antonio es más grande que la mía. 4. Yo soy bastante más bajo que Carlos. 5. Este libro es el que menos páginas

tiene. 6. Luis sabe menos español que Paco. 7. La película que vimos ayer es/era más interesante que ésta. 8. María es la que menos dinero necesita. 9. Mi hijo Jorge es el mayor. 10. Patricia es la que más naranjas ha recolectado.

Exercise 178

1. Cuanta más ropa se pone Paco, más frío pasa. 2. Cuanto más envejece la gente, menos oye. 3. Cuanto más practicas, mejor juegas. 4. Cuanto menos dinero tiene mi hermano, más feliz es. 5. Cuanto más lo intento, peor me sale. 6. Cuanto más lo pienso, más nervioso me pongo. 7. Cuanto más hablo con mis hijos, mejor me comprenden. 8. Cuanto más gasta Luis, peor se siente. 9. Cuanto más corres con el auto, más peligro corres. 10. Cuanto mejor te preparas, mejores oportunidades tienes en la vida.

Exercise 179

1. mejor (*not* más bien) 2. Cuanta 3. están cada vez más 4. Es la máxima concesión 5. menos deberes 6. Correct 7. Correct 8. Correct 9. muchas 10. Correct

Exercise 180

1. Es la mujer más guapa que he visto jamás. 2. Tengo muchas revistas aquí, y hay muchas más en esa habitación. 3. Ella es la que menos libros tiene. 4. Ana compró muchos más libros que su hermana. 5. Recibí más de veinte cartas. 6. Ella es mucho más inteligente de lo que tú piensas. 7. Las casas están cada vez más caras. 8. Tu hijo está cada vez más fuerte. 9. Cuanto más barato es un coche, peor. 10. Cuanto más como, más hambre tengo (= más hambriento estoy). 11. Felipe es el hombre más amable que conozco. 12. Él es mucho mayor que su hermano. 13. Había más pájaros juntos de los que yo había visto jamás. 14. Andrea es la que menos asignaturas tiene. 15. Es la película más aburrida que jamás he visto.

Exercise 181

1. Este auto es tan caro, que nadie puede comprarlo. 2. Era un trabajo tan peligroso, que no había operarios. 3. Mi padre necesita ir al dentista, y mi madre también. 4. Yo no voy a ir a ese parque de atracciones, y ellos tampoco. 5. Juan no lo rompió y Elisa tampoco (lo rompió). ¿Quién lo hizo entonces? 6. Fue una fiesta tan aburrida, que todos se marcharon antes de las doce. 7. Carola necesita tanto dinero, que ya no sabe dónde conseguirlo. 8. Yo colecciono sellos, y mi primo Pepe también. 9. No está lloviendo en el centro del país, y en el sur tampoco. 10. Está lloviendo tanto, que las calles se están inundando.

Exercise 182

1. semejante 2. tan 3. así 4. tampoco 5. también, así que 6. así 7. tampoco 8. así que 9. tan, tampoco 10. también

Exercise 183

1. tampoco les 2. también ha 3. colegio tan bueno 4. Correct 5. restaurantes así 6. Correct 7. así que 8. creía que sí 9. porque tampoco 10. Correct

Exercise 184

1. Tampoco necesito tu ayuda. 2. Me gustaría vivir en una casa así. 3. Son unas personas tan agradables, que no me gustaría hacerles daño. 4. Sergio debería acostarse ya, y tú también. 5. Usted tampoco ha visto al criminal. 6. Miguel no pudo decir nada, y Pedro tampoco. 7. Una chica así es el sueño de mi vida. 8. No has hecho tus deberes, así que no te dejaré salir. 9. Los precios eran/estaban tan altos, que decidí no comprar nada. 10. No voy a trabajar en una oficina así (= semejante oficina). 11. Había una cola tan larga, que tuve que esperar durante una hora. 12. Nadie vino, así que nos fuimos a la cama (= nos acostamos). 13. Mis amigos no hicieron el último ejercicio. Yo tampoco. 14. Ella me preguntó si yo iba a estar allí; yo respondí que creía que sí. 15. He dicho que creo que no.

Exercise 185

1. a causa 2. Como 3. por si 4. por tanto 5. en caso 6. resultado 7. ya que 8. para 9. para que 10. para

Exercise 186

1. a/para 2. para 3. para 4. a/para 5. Para 6. para 7. a/para 8. para 9. a/para 10. para

Exercise 187

1. Debido a 2. viera 3. para regar 4. por si íbamos 5. Por esa razón 6. Correct 7. Correct 8. para no ser 9. Correct 10. Correct

Exercise 188

1. Ella vino a verme ayer. 2. Me marché temprano para no llegar tarde de nuevo. 3. Jugamos el sábado por si llovía el domingo. 4. Fui a la casa de Pedro a/para hablar sobre el partido. 5. El avión tuvo/tenía una avería; como resultado (de esto), no pudo despegar. 6. Miguel no tiene dinero, ya que se lo gastó todo ayer. 7. Como Pedro tiene que estudiar para sus exámenes, no le diremos que hay una fiesta. 8. No pude tomar parte en los juegos a causa de (= debido a) mi enfermedad. 9. María no sabía mi número de teléfono, así que no me llamó. 10. Me quedé en casa para estudiar un poco. 11. Uso este bolígrafo rojo para corregir exámenes. 12. Felipe me prestó su diccionario para que yo pudiera traducir el documento. 13. Ella estaba muy nerviosa; por tanto no pudo decir una palabra. 14. Mi auto es muy bueno, así que no necesito usar el tuyo. 15. Use esto en caso de peligro.

Exercise 189

1. tengas 2. cuando 3. diga 4. cenaban 5. salía 6. contaras 7. cenar 8. hasta 9. de 10. marchara

Exercise 190

1. Prepara la comida mientras yo ordeno el jardín. 2. Devuelve el dinero tan pronto como puedas. 3. Envíame un mensaje cuando termines el examen. 4. Siempre me doy una ducha antes de acostarme. 5. Pepe tiene que acostarse después de hacer sus deberes. 6. Tira de la cuerda hasta que yo te diga que pares. 7. Nadie puede tocar nada hasta que yo lo diga. 8. Nunca como mucho cuando tengo partido. 9. Recoge a los niños tan pronto como puedas. 10. Limpia todo esto antes de que venga Pedro (= antes de que Pedro venga).

Exercise 191

1. Correct 2. antes de que 3. dormía 4. tan pronto como 5. después de terminar 6. empiece 7. estés 8. de que, diera 9. Correct 10. Correct

Exercise 192

1. Ella ya estaba allí cuando yo llegué. 2. Fui al hospital tan pronto como oí la noticia. 3. Escribí una carta mientras ella estaba leyendo (= ella leía) el periódico. 4. Ella se quedó allí hasta que la policía llegó. 5. Esperamos hasta las doce. Entonces nos marchamos. 6. No suelo beber nada antes de cenar. 7. Siempre está cocinando cuando la visito. 8. María llamó a Paco después de la cena (= después de cenar). 9. Ella se puso muy nerviosa cuando le vio. 10. Traduce esto cuando hayas terminado con ese ejercicio. 11. Jaime nos ayudará cuando venga del supermercado. 12. Él nunca me visita cuando viene del trabajo. 13. Estaré con vosotros tan pronto como hable con mi jefe. 14. Pedro tendrá que quedarse en su habitación hasta que yo le diga que venga. 15. Empezó a nevar cuando yo venía a casa.

Exercise 193

1. La madre de Rafa es muy trabajadora, mientras que su padre se pasa el día bebiendo. 2. Aunque Antonio es muy inteligente, no estudia nada y suspende. 3. A pesar de que Luis tiene una pierna rota, va a participar en la carrera. 4. Aunque nadie me quiera ayudar, yo lo voy a hacer. 5. Mis amigos se lo estaban pasando muy bien mientras yo estaba sufriendo con las matemáticas. 6. A pesar de que estaba lloviendo a mares, decidimos dar un paseo. 7. Aunque Roberto no tiene dinero, se empeña en comprar ese auto. 8. La empresa ha tenido malos resultados este año; sin embargo, pensamos mejorar en el próximo ejercicio. 9. A pesar de que Paco no ha estudiado nada, se empeña en hacer el examen. 10. Aunque no tenemos los medios adecuados, vamos a buscar a los montañeros perdidos.

Exercise 194

1. cueste 2. gaste 3. haya 4. sabe 5. quede 6. es 7. habla 8. insulten 9. aburran 10. habla

Exercise 195

1. A pesar de hacer mucho frío en la calle, los niños jugaban y se divertían. 2. A pesar de ganar (= haber ganado) el segundo premio, no estaba muy contento. 3. A pesar de coger (= haber cogido) un taxi, llegué tarde. 4. A pesar de tener mucho dinero, María nunca iba a restaurantes. 5. A pesar de ser muy famoso, Carlos no es vanidoso. 6. A pesar de no tener ni idea de electricidad, Antonio siempre se empeña en arreglar enchufes. 7. A pesar de hablar ruso perfectamente, Luis no nos quiso ayudar con el texto. 8. A pesar de vender (= haber vendido) mi casa por mucho dinero, no pude comprar el apartamento. 9. A pesar de tener mucha ropa moderna, Andrea siempre se pone el mismo vestido. 10. A pesar de ver (= haber visto) la película tres veces, no entendí nada.

Exercise 196

1. Amelia tiene muchos amigos. Sin embargo, nunca sale. 2. A pesar del tiempo, decidimos almorzar en el jardín. 3. Él trabaja día y noche, mientras que su hermano sólo va a fiestas. 4. Aunque tenía mucho/ muchísimo tiempo, no los esperé. 5. Los esperaremos aunque lleguen tarde. 6. Aprobaré ese examen aunque tenga que estudiar día y noche. 7. A pesar de que se lo traduje todo, ella no entendió nada. 8. A pesar de que yo no había hecho nada, el profesor me castigó. 9. Aunque Joaquín había estado allí varias veces, no reconoció el lugar. 10. Ella dijo que veríamos esa película aunque no nos gustara. 11. La casa era muy pequeña. Sin embargo me gustó (= Aunque me gustó). 12. Juan salió con sus amigos, aunque su padre le había dicho que no lo hiciera. 13. Aunque la casa estaba vacía, las luces estaban encendidas. 14. Rosa cocinó para doce personas, a pesar de saber que sólo seis personas venían. 15. Alba es alta y delgada, mientras que su hermana es baja y gorda.

Exercise 197

1. tan 2. a/para 3. debido 4. – 5. para 6. peor 7. lugares así/semejantes lugares 8. tendrá 9. guste 10. así que

Exercise 198

1. Ésa es la carta que me enviaron ayer. 2. La chica que conocí en el tren estuvo aquí ayer. 3. Ahí está la camisa que me voy a poner ahora mismo. 4. Ése es el despacho en el que/donde firmé el contrato. 5. Ahí está la mujer con la que me viste hablando. 6. El tren llegó a las siete, cuando yo llegué. 7. El señor Vázquez, con el que/con quien/con el cual trabajo, vendrá esta noche. 8. La mujer cuyo hijo se peleó con el tuyo quiere verte. 9. Paco, que/quien/el cual ha estado demasiado ocupado últimamente, necesita un descanso. 10. El libro que me prestaste la semana pasada es muy interesante.

Exercise 199

1. Van a cortar la carretera por el accidente. 2. Están estudiando el asunto. 3. Están evaluando las nuevas cifras. 4. No podrán derogar esa ley hasta el año que viene. 5. Abandonaron el barco debido al temporal. 6. Han operado a Carla esta semana. 7. Multaron a mi padre por exceso de velocidad. 8. Han restablecido el suministro. 9. Iban a nombrar a Mario director. 10. No me podrán sustituir.

Exercise 200

1. Si ana hubiera usado guantes, no se habría quemado. 2. Si la película no hubiera sido muy aburrida, no habría apagado la tele. 3. Si Juan se marcha a España, lo celebraremos. 4. Si Amalia fuera elegida, organizaríamos una gran fiesta. 5. Si nieva esta tarde, jugaremos en el pabellón. 6. Si Antonio no hubiera oído un ruido, no se habría levantado. 7. Si no hubiera creído que había alguien en la cochera, no habría ido. 8. Si el fiscal no me hubiera llamado irresponsable, no me habría enfadado. 9. Si mis padres me hubieran llamado, no me habría ido a la cama. 10. Si no me hubieran obligado, no lo habría hecho.

Exercise 201

1. Acabo de oír que él nos va a visitar esta noche. 2. Ella acababa de cerrar la puerta cuando Paco llegó. 3. Pedro no compró las bebidas. Melisa tampoco. 4. Alguien tendrá que rellenar los formularios. 5. Ella no viene mañana. Tiene que cuidar a su madre. 6. No me estaba sintiendo muy bien, así que les dije que se marcharan. 7. Ella nos dijo que pusiéramos la compra en la cocina. 8. Marcos me pidió que le llevara a la casa de su madre. 9. Es posible que (yo) venda este auto. 10. Si Antonio supiera que voy a hacer eso, se enfadaría mucho. 11. Usted debería esperar hasta que le llamen. 12. Felipe comprará la casa, a no ser que le digas que no lo haga. 13. Andrea quiere vivir en ese país, aunque no habla el idioma. 14. Yo tampoco puedo llevarle allí. 15. ¿Reconoció usted al hombre que la atacó? 16. Como ella no quiere que yo la ayude, me marcho. 17. Él fue enviado allí para aprender los hábitos del país. 18. Fernando solía leer el periódico durante el almuerzo. Su mujer también. 19. Rogelio no podrá estar con nosotros esta semana. 20. Ella dice que alguien ha robado el libro que tú le prestaste.

Exercise 202

1. está, está 2. Está 3. estás, estás 4. estamos 5. Soy 6. somos/estamos 7. está 8. son 9. son 10. están 11. son 12. está 13. es 14. estamos 15. está 16. está, está 17. están 18. estoy, Estoy/Soy 19. está 20. está/es

Exercise 203

1. Todas las cajas estaban detrás del garaje (= detrás de la cochera). 2. Carlos no está acostumbrado a vivir solo. 3. No puedo comer eso. Estoy a dieta. 4. Esas chicas son muy parecidas. ¿Cuál es tu hija? 5. La policía dice que ella está involucrada en el crimen. 6. Según el tablero, nuestro vuelo está retrasado. 7. Elena está muy guapa con esa ropa. 8. El coche no está listo/preparado todavía/aún (= El coche todavía/aún no está listo/preparado). 9. Ella estaba a punto de irse/marcharse. 10. Las manzanas estaban a dos dólares el kilo. 11. No estoy interesado/interesada en ese empleo/trabajo. 12. Este libro es bastante interesante. 13. Las luces estaban encendidas. Fueron encendidas por el vigilante/guarda. 14. El coche está siendo arreglado/reparado en este momento. 15. Después de/Tras veinte años en la cárcel, él es/está libre ahora. 16. No estoy libre esta noche. 17. ¿Cómo es Antonio? 18. ¿Cómo están los padres de Susana? 19. La casa no está en muy buenas condiciones. 20. Mis padres están muy enfadados conmigo.

Exercise 204

1. participan 2. jugamos/vamos a jugar, apetece 3. depende/va a depender, puedo/voy a poder 4. está sacando/va a sacar, examina/va a examinar 5. estoy pasando, va a despedir (*compulsory*) 6. vas a comer (*compulsory*), como 7. tienes, metes, tragas 8. dice, tenemos/vamos a tener, tenemos/estamos teniendo 9. dan, reactiva/está reactivando 10. vamos a tener (*compulsory*), debemos 11. estoy reformando, mantenemos/vamos a mantener 12. dejan/están dejando, surten/están surtiendo 13. está molestando/molesta, ve, empuja, mete 14. voy a entrenar (*compulsory*), resulta 15. entreno, voy, trabajo

Exercise 205

1. Miguel no va a estar aquí esta noche. Tiene que trabajar. 2. El lunes que viene me examino. Por eso estoy estudiando mucho ahora. 3. El martes que viene nos reunimos con ellos. 4. Normalmente aparco (= Suelo aparcar) mi coche delante de mi casa. 5. La televisión dice que va a llover en esta zona el fin de semana. 6. ¡Siempre estás hablando de política! 7. El sábado que viene actúan en vivo en este teatro. 8. ¿A qué hora sale/parte el próximo tren? 9. ¿Está usted disfrutando de la fiesta? 10. El médico/doctor dice que tengo que dejar de fumar (= dejar el tabaco) de inmediato. 11. ¿Cuántas asignaturas tienes los lunes? 12. El martes que viene (ella) se marcha a Dinamarca. 13. ¡Te vas a estrellar contra ese árbol! 14. Este viernes tenemos una fiesta en nuestro jardín. 15. Mi mujer está tomando/dando clases de conducir en este momento. 16. ¿Ves (= Vas a ver) a Tony esta noche? 17. Mi hermano se casa el mes que viene. 18. ¿Cuándo cierran el colegio para las vacaciones de verano? 19. ¿Qué está diciendo (ella)? 20. Él casi nunca nada (= va a nadar) por la(s) mañana(s).

Exercise 206

1. la, – 2. El, un, el 3. –, la, una 4. la, la 5. –, el, (el), (el) 6. un, El, el 7. un, el 8. –, La, (un) 9. las, el 10. las, las 11. el, un, la 12. –, (un), – 13. la 14. el, lo, una 15. lo, lo, lo 16. lo, un, el 17. lo, las, la, la 18. –, la/una 19. los, –, una, un 20. (las), Las, la

Exercise 207

1. le/lo, le 2. la, le 3. le, le 4. los, les 5. le/lo, le, lo 6. nos, nos 7. se, le 8. os, nos 9. se, le 10. se, se 11. la 12. se, le/lo 13. las, las 14. nos, se 15. se, les/los

Exercise 208

1. Ya te lo he dicho. 2. Se lo tengo que enviar antes del martes. 3. Os la voy a contar. 4. Te los voy a prestar para la excursión. 5. Se lo voy a comprar. 6. Mis padres me lo van a dar. 7. Elena me las va a traer. 8. Se les ha caído al río. 9. Nos lo han enviado. 10. Se te ha salido.

Exercise 209

1. hubo, acabaron 2. llegaron, entraron, vieron, estaba 3. estuvo, estaba, vio, estudió/estudiaba 4. hablaban, tuvo, tenían 5. leí, desapareció, fue 6. encontró, estaba, tenía, presentaba 7. contó, tenía, dijo, pudo, tuvo 8. llevó, esperábamos, debimos, dijo, debíamos 9. estaba, mentía/mintió, aseguraba/aseguró, hacía/hizo 10. desmayó, preguntó, había, respondía/respondió, tuvimos 11. estrelló, había, funcionaba/funcionó, podían/pudieron 12. era, iba, practicaba 13. decidí, tuve, alquilé, monté 14. fue, estaban, cayeron, asusté, jugaba 15. estuve, Hacía, veía, fue

Exercise 210

1. se estrelló, se quedó 2. ya no estaba casada con Antonio 3. se cayó, le gritó 4. estaba medio vacía, la puse debajo del grifo 5. Acabo de recibir una carta de Matías, la he leído 6. Ayer compré, estos textos (= este texto) 7. Había dos hombres, querían, contigo 8. No sé qué edad tiene (= tendrá) esa mujer, parece mayor que 9. Me gusta esquiar, muy completo 10. Nadie ha estado, Ha estado 11. se negó a reparar, le pagaba 12. se iban a poner, despedir a la mitad de la plantilla 13. A nadie le gustó, estaba muy mal organizada 14. Nos tomamos un café = Tomamos café (without *nos*), el intermedio 15. No suelo desayunar tan temprano, Prefiero hacerlo

Exercise 211

1. lo, sin 2. hace, profundidad 3. a, los 4. veces, de 5. Hace, vez, le/lo 6. que, cuál 7. Los, del 8. Ni, para 9. estatura 10. distancia, tan 11. les, lo 12. se/los 13. Lo, acerca 14. para, sino, los 15. cuya, La

Exercise 212

1. ¿Cuánto (tiempo) llevas coleccionando conchas?/¿Desde cuándo coleccionas conchas?/¿Cuánto (tiempo) hace que coleccionas conchas? 2. Ella acaba de terminar la carta que estaba escribiendo esta mañana. 3. Felipe iba a cerrar la puerta con llave cuando su padre le/lo llamó. 4. Cuando llegamos al cine, la película ya había empezado. 5. Él acababa de empezar la explicación cuando una alumna se desmayó delante de él. 6. Había cristales por todas partes porque alguien había roto el cristal de una ventana. 7. Ellos se conocen desde que estaban en el colegio. 8. Tomás lleva ya seis horas conduciendo. 9. Ellos se casaron hace veinte años. 10. Eso significa que llevan veinte años casados/Eso significa que están casados desde hace veinte años. 11. Le/Lo vi por última vez cuando se bajaba/se estaba bajando del avión. 12. Yo no sabía lo peligroso que era montar en bicicleta sin casco hasta que tuve el accidente. 13. Le dije al médico que no me sentía muy bien. 14. Mi mujer me dijo que yo tenía que cortar el césped/la hierba antes de la cena. 15. Esas chicas se odian. Siempre están discutiendo. 16. Noté (= Me di cuenta de) que alguien me seguía/me estaba siguiendo cuando paré delante del banco. 17. Hice/Preparé la cena mientras mi mujer bañaba/estaba bañando a los niños. 18. Ella se estrelló contra un árbol cuando venía al pueblo. 19. Él llevaba seis meses viviendo allí cuando decidió marcharse a París/Él había estado viviendo allí durante seis meses.../Él había estado seis meses viviendo allí... 20. Carmen dijo que no había podido comprar un buen vino.

Exercise 213

1. corras 2. viniera/viniese 3. tenemos 4. averigüen 5. debes 6. llueve 7. debamos 8. haya 9. sepa 10. ves 11. ganes/ganas 12. seamos 13. digas 14. invirtieran 15. sepa 16. estuvo 17. estuvo/estuviera 18. paséis 19. traigan 20. esté